人類行為與社會環境

李聲吼、邱奕綺　著

巨流圖書公司

國家圖書館出版品預行編目（CIP）資料

人類行為與社會環境 / 李聲吼, 邱奕綺著. -- 初版.
-- 高雄市：巨流，2018.09
　　面；　公分

ISBN 978-957-732-571-6（平裝）

1. 社會心理學　2. 人類行為　3. 社會環境

541.75　　　　　　　　　　　　　107014457

人類行為與
社會環境

著　　　者　李聲吼、邱奕綺
發　行　人　楊曉華
總　編　輯　蔡國彬
責　任　編　輯　邱仕弘
封　面　設　計　毛湘萍

出　　　版　巨流圖書股份有限公司
　　　　　　80252 高雄市苓雅區五福一路57號2樓之2
　　　　　　電話：07-2265267
　　　　　　傳真：07-2264697
　　　　　　e-mail: chuliu@liwen.com.tw
　　　　　　網址：http://www.liwen.com.tw

編　輯　部　23445 新北市永和區秀朗路一段41號
　　　　　　電話：02-29222396
　　　　　　傳真：02-29220464
劃　撥　帳　號　01002323 巨流圖書股份有限公司
購　書　專　線　07-2265267 轉236

法　律　顧　問　林廷隆律師
　　　　　　電話：02-29658212

出版登記證　局版台業字第1045號

ISBN 978-957-732-571-6（平裝）
初版一刷 · 2018 年9月
　　　　　　　　　　　　　　　　　　　　　　定價：400 元

目　　錄

序言

　　「人類行為與社會環境」的主旨是從生命週期的角度，來探討不同階段的個人，在生活環境中可能遭遇的問題與適應情況。其中，特別重視生理、心理、與社會等三個面向的議題。對社工員而言，案主目前的情況，是屬於哪個階段，哪些面向與問題可能較具有威脅性；或是，會阻礙當事人發展的主要原因或項目有哪些？這些都是必須加以瞭解與掌握的要素。因此，「人類行為與社會環境」的功能在於提供社工人員一個基本的概念架構，或是一個基本的理解，以作為服務案主的基礎。

　　本書共計十章，其中，第一章是總論，內容呈現人類行為與社會環境的基本概念。第二章介紹相關的理論與概念，主要是在討論生理心理社會等三個面向的知識內涵。第三章開始對人類行為在不同階段的特徵與危險因素進行探討，內涵是以艾瑞克森的發展八階段論為主軸，探導新生兒在社會環境中，必須完成的任務與危機。

　　第四章介紹幼兒在逐漸具備有自由行動、溝通、社會行為能力的過程裡，應該關切的議題。第五章介紹幼兒早期發展的一個主題，也就是「主動與罪惡感」，兒童主動的發起各種不同的活動，包括動作、認知、想像、語言等各方面，如果努力常常受到鼓勵讚美，便能夠發展自動自發的主動行為。

　　第六章探討的兒童中期是介於小學期間，也就是所謂的「勤奮對自卑」的時期，兒童如果能勝任在認知、心理和社交技巧方面的發展任務則比較能夠努力，否則可能會產生自卑感。第七章介紹的青少年時期是兒童與成人之間的過渡時期，具有承先啟後的功能，很多的心理學家把青少年視為最重要的發展時期，對未來人生的開展具有關鍵性作用。青少年是自

我辨識與認定的重要時期，此時期發展不利者，將阻礙以後人生各期心理社會危機的克服。

第八章的成年前期被視為人生轉變的重要階段，也是人生重要角色建構的關鍵時期。開始與他人建立親密關係，及擁有穩定工作之需求是成年前期的主要任務，此階段有「經濟獨立」及「做決策」等兩大重要發展議題及特點。第九章的成年中期被視為人生的黃金階段，也是人生重要角色發揮的關鍵時期。如果發展順利，就能擁有較好的生活品質。如遭遇不利因素的打擊，就會造成停滯的現象。

第十章呈現成年晚期的相關議題，成年晚期通常指退休後的這段期間，成年晚期發展的任務是統整對絕望，也是一個回顧與反省的人生階段。在生命回顧的歷程裡，老年人如果能有感於自己的人生是豐富有價值的，就較能感到滿足且充滿意義，體驗自我人生統整的價值；反之，則是悔恨與遺憾、心生絕望。

本書第一章至第七章是由李聲吼撰寫，第八章至第十章是由邱奕綺撰寫，並由李聲吼審定，敬請各界不吝指正。最後感謝巨流出版公司協助出版，謹此致謝。

李聲吼于戊戌仲夏

第一章　基本概述

　　社會工作主要的任務是提升人類的福祉以及幫助人民並滿足案主們的基本需求，社工員特別關注那些需要幫助與充權的人；例如弱勢易受傷害的、受壓迫的、貧窮的人們。社會工作在歷史上較明確的特質是聚焦在社會環境中的個人福利與社會福祉。而社會工作的基礎是關注在有關環境的影響力，這些力量會對生活上問題的產生與處理具有影響性。

　　社會工作者藉由代表案主以促進社會正義及社會交換。「案主」通常包含個人、家庭、團體、組織和社區。社會工作者對文化、種族間的差異是敏感的，以及要努力去結束歧視、壓迫、貧窮和其他種形式的社會不公平現象。這些活動或許以直接實行的形式，其內容包含：社區組織、督導、諮詢、行政、倡導、社會和政治上的行動及政策發展、履行教育和研究與評鑑。社會工作者企圖提高本身的能力以滿足人們的需求。社會工作者也尋求提升自己對社區、組織、其他社會機構、個人需要和社會問題的反應能力。

　　社會工作專業的任務根植於一系列的核心價值標準。這些核心的價值標準包括了社會工作者在專業歷史中所堅持的信念，也是社會工作獨特的目的與觀點，其內容包含：

- 服務：協助社會上需要被幫助的人。
- 社會正義：符合公正平等的原則。
- 人的尊嚴與價值：對人的尊重。
- 人群關係的重要性：與社會各界保持良好的關係。
- 正直：做對的事，做該做的事。
- 能力：有效執行與完成任務。

• 終身學習與自我提升：持續學習與進步。

　　這些重要的核心價值反映了社會工作的獨特性。核心價值觀念和原理來自於這些觀點，核心價值必須與人類經驗的複雜性與背景環境取得平衡。

第一節　人類行為的影響因素

一、人類行為與社會環境的重要性

　　由於當前社會環境遭遇科技創新、生態環境破壞、全球經濟連動、個人價值轉變等因素之影響，使得社會工作人員在實務工作上面臨巨大的挑戰。為了使社工員在專業服務的處遇能夠順利的進行，一套專業的基本素養與概念是必須具備的知識內涵。

　　人類行為與社會環境這門課程期望社工人員在面臨個案、團體或社區的問題時候，能夠藉由整體的觀點，來思考如何有效地提供服務，使案主獲得最佳的服務。假使社工員所面對的案主與情境皆相似，則他們在評估時所採用的處遇模式或理論就比較單純。然而，在真實的工作環境中，案主與情境都有其獨特性的特質，多樣性的特質包含各種可觀察到，會影響人類與環境的變項。

　　案主來自不同的族群背景，他／她們會呈現不同的態度、偏見、膚色、外型與體型；每個人在其生命過程上有不同的遭遇與差異。這些個別的差異與多樣性是提供人類生活中會有潛在性變化的最佳證據。此種人類與環境的差異性也是使世界多采多姿，而且能增進不同型態生活的價值。

　　人類行為這門學科採用整合性多面向途徑，是一種較新的趨勢。各種主要的面向皆有其特別的背景，並且有助於瞭解該領域的特色與分析的層面。處於今日的社會環境，其複雜性遠勝於以往；在處理社會工作的服務議題與行動時，如果只有單一面向來提供協助，其效果可能較有限

（Garcia, 2004）；相對的，人類行為若採用一個整體的系統或多重群組模式，則效果較佳（Barlow & Durang, 2011），該系統可以從整合性的方式來考量，而非單一性的因素。社工人員必須能夠從行為、認知、健康、社會等科學方法與技巧，將概念合而為一，來評估社會功能及其他的目標。

　　這種多面向架構是聚焦於整合理論及科學的展現，從生理、心理、社會等面向來討論人類行為與社會環境。此架構與系統理論亦有相當的關聯性，系統理論主張每一個系統皆會彼此互相影響。另外，從發展性系統理論而言，人類並非僅是具有生物性、心理性、社會性的特質，相對的，應該是系統性的屬性，發展性系統理論認為，任何一種發展性分析採用一種合理的單位去做分析是必須的事情。發展性系統理論可以看見組織的多元層面，因為其內容包含人類發展的生態面。

　　這種人在環境中的系統，其焦點在於瞭解在組織各層面中，彼此的關係性，如何去影響發展的結果。

　　影響人類行為的最主要因素是什麼？答案或許是生物組織構造、心理特質、或是社會環境。在這種背景之下，人們面對生理上、心理上與社會面的需求，必須有效的處理與反應。此種能夠有效去反應在個人、家庭、全體、社區與組織之需求的能力就是適應力（adaptation）。

　　人類能夠成功的適應變化中環境的能力是與每個人的「發展性彈性」有關聯。因為人類發展（human development）是一項重要的社會文化過程，適應並不僅限於基因或生物性的考量。諸如信仰、技能、價值、社會期待等因素，皆必須在快速變遷的環境中進行調適。這些適應會因我們的社會機制以及文化遺產的彈性而變得可能。

　　身為人類，我們對適應的發展能力與文化實踐以及傳統有高度相關（Kornblum, 2008）。在此處，文化是與所有的心理、社會、物質、符號（知識）等資源有關，這些資源是跨越世代的。對於社工員而言，學習人類行為與社會環境之目的在於：

1. 人類行為受到身體、心理及社會情境等多重因素影響。
2. 人類經常需要面對生活、心理或社會上的需求，且必須有效的因應、

適應；另外，也需具備在面對個人、家庭或團體需求時，能有效因應的能力（例如：脫離貧窮）。

3. 社會工作實務中需要一個有系統的架構以幫助社工員瞭解各項單獨的知識（心理學、人類學、生理學、政治學、經濟學等）。

二、人類社會與文化

（一）文化的內涵

　　人類社會中因為文化的差異性而衍生出不同的生活環境與習慣。例如，中華文化的特質就是包容性。此外，歷朝歷代對「士」都非常重視，因此遂有萬般皆下品，唯有讀書高之說。因而對文憑與學歷特別重視。另外，中華文化似乎與飲食有著顯著的關聯性，台灣有句俗語「寧可做撐死鬼，也不做餓死鬼」；新北市永和區有一條文化路，結果路上有一半的商店是賣吃的，這就是文化乎？

　　文化實際上主要包括器物（物質文化）、制度（制度文化）和觀念（精神文化）三個方面，具體包括語言、文字、習俗、思想、國力等，客觀地說文化就是社會價值系統的總和（邵台新，1997）。在「器物層次」方面：人類為了克服自然或適應自然，創造了物質文化，簡單說就是指工具、衣食住行所必須的東西，以及現代高科技創造出來的機器等等。人類藉助創造出來的物質文化，獲取生存所必須的東西（Harper, 2001）。其次，在「制度層次」方面：為了與他人和諧相處，人類創造出制度文化，即道德倫理、社會規範、社會制度、風俗習慣、典章律法等。人類藉助這些社群與文化行動，構成複雜的人類社會。第三，在「理念層次」方面：為了克服自己在感情、心理上的焦慮和不安，人類創造了精神文化。例如，藝術、音樂、戲劇、文學、宗教信仰等。人類藉助這些表達方式獲得滿足於安慰，維持自我的平衡與完整。

　　經由對不同文化的比較研究，才能瞭解文化的特點。首先，文化是共

有的，它是一系列共有的概念、價值觀和行爲準則，使個人行爲能力爲集體所接受的共同標準。文化與社會是密切相關的，沒有社會就不會有文化，但是也存在少數沒有文化的社會。在同一社會內部，文化也具有不一致性。例如，在任何社會中，男性的文化和女性的文化就不同。此外，不同的年齡、職業、階級等之間也存在次文化的差異。

文化亦是從學習得來的，而不是透過遺傳而天生具有的。生理的滿足方式是由文化決定的，每種文化決定這些需求如何得到滿足。從這一角度看，靈長類動物也有一些文化行爲的能力，但是這些文化行爲和人類社會中的文化象徵體系相比較，顯得微不足道。

有學者認爲人類是由基因與社會所塑造而成，其主要目的是能生活在一種文化中（Baumeister & Bushman, 2011）。人類特殊的心理與心智過程，也就是瞭解自己與別人，是由自然所選擇，使人類能創造並維持文化。學者們假設，除非我們瞭解「人類的心智過程是被設計去獲得某種東西」的概念，否則我們就無法理解人類的心理（Ashford, 2012）。再者，價值（Values）與文化的關聯性亦很大；價值是人和文化的主要元素。各族群之間的文化差異性是很大的。如果使用自己的文化觀點去對其他的社會、社群、族群做價值判斷就是所謂的「民族中心主義」，應該盡量避免之（Rogoff, 2003）。另外，民族中心優越感（ethnocentrism）亦爲社工員在全球化社會趨勢下的主要挑戰（Ashford, 2012）。

以睡眠爲例，它也是解釋不同文化的差異。例如，在美國，大約只有1%-3%的兒童在就寢時是與父母親睡在一起。但是，在日本有50%的11-15歲兒童或青少年是與父母親睡在一起（Baumerster & Bushman, 2011）。

價值是任何一個文化的核心或主要成分，社會之間的差異不在於價值存在與否，而在於所珍惜和主導的價值觀念的內涵。社會工作人員和社會科學家爲了協助來自不同文化和社會的個案或家庭，需要瞭解不同文化與社會形式的內涵，才能夠提升工作的效率。

（二）文化能力

文化能力（cultural competence）近年來常被提及，並與許多社會服務系統在協助弱勢族群、外籍人士時所遭遇的阻礙有關。它的內容強調社工員在工作時，若是在文化信仰、行為、生活習慣皆不同的背景環境中，如何有效的執行任務。這些差異亦包含宗教信仰、身體障礙、社會階級、不同性別等因素。社工員必須能夠接受上述挑戰，並有效與案主及社區一起努力。

多元文化實務工作將是21世紀社會工作在少數族群服務情境，與解決問題時的主要重點。社工員在服務案主時所提供的增權、賦能、以及生態環境架構、服務、評估、介入時都必須能符合並考量案主的價值與文化上的差異，以便有效提供助人的專業服務（李聲吼，2007）。

與多元文化能力有關的族群敏感性與關切，近年來逐漸受到實務工作上的重視（Green, 1995; Devore & Schlesinger, 1999; Lum, 1999; Fong, 1997; Mokuan, 1991; Pinderhughes, 1995）。所謂多元文化能力是指：社工員在進行專業工作時，能將期望與行為同步化，使不同文化成員能覺察自己個人受到適當的對待（Gutierrez, 1990）。社工員必須瞭解案主的真實情況並率先察覺種族的特質，獲得案主文化的知識並瞭解其民族的世界，發展社工技巧以施行符合案主實際情況的適當方法。

以美國為例，在2000年時，少數族群的人口占全部的30%（Zane, Sue, & Young, 2004）。美國人口統計局推估，在2042年，少數族群的人口將過半（U.S. Census, 2011）。由於人口的改變會影響人民的健康及福利，而且社會結構也會變化。另外，全球化的普遍性也會影響民眾的認知及其他文化與族群的關係（Castells, 2002）。

三、社會功能

社會功能（social function）是一個專業術語，它著重人與環境的互

動，包括對人類基本需求的重視、期待個人需求能夠被滿足。社會功能也關切個體如何發揮功能，對社會有所貢獻。此觀點使社工員將焦點從個人轉移到人與環境的交互作用。

「社會功能評估架構」重視如何提高個人社會功能的潛力，而非糾正個人的偏差行為，使社工實務導向更正面與積極的方向發展。

在1950年代之前，社會工作在瞭解個案、問題、與行為的問題上與其他人群服務專業並無多大的差異。薄漢（Boehm）認為，社會功能是一種技巧上的術語，它支持社工專業聚集在個人與環境間的轉變。它強調案主在日常生活中完成某種任務時所需具備的能力，例如：獲得食物、庇護所、交通工具等功能，並且能履行自己的主要社會角色，而角色是由個人所居住的社區及其文化來界定（Karls & Wandrei, 1994）。社會功能包含描述一般人類必須能適當完成的任務，使個體能夠達成合理程度的實踐，並能有效率的發揮自我的功能，並且對社會有所貢獻。

薄漢（Boehm, 1959）提出的社會功能架構，在人類行為的課程內容上包含五項主要的教育目標，分述如下：

1. 瞭解生物本能（基因、特質）以作為潛在人類功能運作的本源。
2. 理解環境的力量，可能會增強或危害社會功能的發展。
3. 瞭解天生本能與環境力量的互動，以致增進或危害到社會功能的運作潛力。
4. 理解個人的改變與壓力反應。
5. 理解如何評估社會功能的潛力。

社會功能概念的根本是出自於社會互動理論及角色理論。這些理論主張，藉由社會角色的執行，個人可以獲得自我價值及歸屬感的概念與感受。當人類無法正確安置自我的社會環境時，會改變對於自我的期望。在常態生態學的觀點中，認為許多人會在意自己的表現，即是一種社會功能的呈現（Levine & Perkins, 1997），個人自我的失敗與失望，以及別人的反應會嚴重影響自我安置或定位。

社會功能觀點導引社工員聚焦於與行為角色有關的因素，該角色藉由

他們所學與不同的社會團體，去實現個人的期望。在此觀點中，介於人與環境的連絡點是社會角色。社會角色是一個分析的單元，它連絡個人與不同的社會系統。在評估個人行為的關切點時，此觀點強調，角色行為促使焦點從個人轉移到「個人與不同社會系統的互動」上。

角色的概念是定義社會功能的關鍵因素。因為它是各種界定個人與社會環境途徑的中心議題，所謂個人（person）的概念是從拉丁文而來，它的意思是指面具。個人在此處的意思是指其所扮演的角色。

四、醫療與疾病診斷

《心理異常診斷分析手冊——第四版》（*Diagnostic and Statistical Manual*, DSM-IV）是由美國精神病學協會（American Psychiatric Association）所出版的實務工具書；其內容涵蓋所有心理健康異常的成人與兒童。DSM-IV 亦列出造成異常的起因，其內容涵蓋：性別、年齡等統計資訊、也包含適切的處遇方式等項目（Heffer, 2014）。心理健康專業使用此手冊以瞭解案主的疾病狀況與可能之處理方式，以便瞭解當事人的需要（APA, 2015）。DSM 的內容包含五個面向：

1. 臨床特徵：本階段是屬於診斷性的構思與考慮，例如：憂鬱症、思覺失調症。
2. 發展異常與人格異常：發展異常包含兒童早期所顯現的自我中心與心智遲滯；人格異常的症候顯現於與周遭環境的互動方式，例如：妄想症、反社會特質等。
3. 生理狀態：生理狀態是描述在第一與第二階段所衍生的異常現象，例如：發展性、持續性，或加速性。例如：腦部受傷、愛滋病等。
4. 社會心理壓力源的嚴重程度：個人生活的事件，例如：親人的過世、新工作的開始等。這些事件必須列舉並評等。
5. 作用的最大層級：個人生活的事件，例如：目前與過去幾年的嚴重情況，此項分級有助於呈現症狀對個案的影響程度，以及期望的改善程

度。本階段臨床醫師會評估個案在目前與未來的功能層級。此種措施有助於臨床醫師瞭解前四個面向如何影響案主，以及期望的改變。

《心理異常診斷分析手冊》（DSM-IV）的主要內容的相關用詞包含下列內容（Heffer, 2014）：

1. 不適（illness）：個人主觀的感覺不舒服。
2. 疾病（disease）：一種阻礙身體功能運作的情形，它可以由一組前兆與徵候來分類，並且有臨床或病理上的依據。
3. 徵候（symptoms）：案主本身描述不適、問題或失去功能，再由主觀標準來認定。
4. 前兆（signs）：經由可靠的實驗與測試結果，及醫師客觀的判斷敘述。
5. 症候群（syndrome）：前兆與徵候所組成的集合。
6. 違常（disorder）：生理、心理、社會方面失能的症候群，一般無法對疾病有清楚的定義。

第二節　人在環境中系統

一、「人在環境中」之目的

人在環境中（person-in-environment, PIE）系統，是評估社會功能問題的一套系統，使社會工作者在分析或溝通案主問題時，有一個普遍性的分類系統可供參考（Ashford & LeCory, 2012）。

PIE 評估系統設計之目的在於，評估個體在發揮社會功能之時可能碰到的問題，依據問題的持續度、嚴重度評估案主解決或因應問題的能力，最終希望能減輕案主所面對的問題，它可從四層面描述案主問題：

1. 社會角色：家庭、人際、職業、特殊生活情境角色等。
2. 環境：經濟／基本需求系統、教育／訓練系統、司法／法律系統、健康／安全及社會服務系統、志願協會系統、情感支持系統。

3. 心理違常：因環境或情境影響心理疾病等狀況。

4. 生理：由心理疾病而延伸出生理問題。

　　社工員在描述案主問題時，此四因素缺一不可。前兩項要素是社工實務者作為評估社會功能的依據；在此系統中，社會功能是指案主有能力完成生活需求與任務，並且實現社會認同的角色。因素三關注的是心理違常。因素四包括可能影響社會功能的相關醫療情況。PIE 系統對範疇、術語、規則等作操作化定義，以便對案主問題明確分類，並提高評估社會功能的可靠度。

　　Karls（2002）強調 PIE 系統可以協助實務工作者回答下列的問題。

1. 案主在社會功能上呈現哪些問題？

2. 在社區中的社會機構裡，哪些現存的問題會影響案主？

3. 案主是否顯現任何心理健康的問題或優點？

4. 案主在身體健康上的問題或優點是否已被記錄？

5. 案主具有哪些優點或資源來處理他們所關切的事情、議題或問題？

案例分析

　　16 歲少女小娟，今年剛升上高一，是家中獨生女，其父親是上班族、母親是家庭主婦，兩人長期因為金錢、個性發生爭吵，鬧到要離婚，少女擔心幸福的家庭恐就此破碎，嚴重失眠，加上課業壓力繁重，成績落後，趁父母晚間入睡後，竟然持水果刀爬出住家三樓陽台窗外，揚言跳樓輕生。對面店家發現後連忙報警，父母親連忙對她進行溫情喊話，但少女仍不為所動，還一度持刀自殘，最後消防員乘機將她救下，化解危機。少女被救下後，母親陪同她就醫治療，並不斷安慰她「離婚只是氣話，爸媽怎麼會不要妳！」，醫生診斷少女罹患憂鬱症，目前少女請假在家休養，據悉少女曾接受校方情緒輔導，透露父母親對她期望甚高。

1. 社會角色問題：案主爲家中獨生女，案父母對案主期望高，然而擔心案父母吵架後離婚，加上成績不佳，未能達到案父母期望而對自己感到失望，與自己角色期望有落差。
2. 環境問題：由於剛升上高一，案主對學校生活不適應，課業壓力繁重，幾星期以來案父母焦點在於爭吵，忽略對案主情感、情緒支持，且尚無其他手足可相互支持，而無法得到心情抒發。健康安全部分，案主因家庭及角色落差因素而導致嚴重失眠。
3. 心理違常問題：案主問題來自於家庭失和、學校不適應、支持系統薄弱，長期處於壓力下而患有憂鬱症。
4. 生理問題：自殘行爲。

二、生理心理社會的交互作用

　　人與環境交互作用的層面，包括：生理、心理、社會三個層面。個人之生理層面是指由分子到質子；心理層面是指從情緒到行爲；社會層面的範圍包括家庭、團體、鄰里、文化與社會背景等。

　　在社會工作評估的過程中，社工員對個案與情境的概念（case or situation conceptualizations）會去提供有關案主情況之描述，以及爲何案主會如此的解釋。這些資訊提供生物、心理、社會因素對個人、團體、組織、社區、社會等層次之對象所造成影響的假設。在某些情況下，個案或情境的概念就如同「個案公式化」（case formulations）一般（Porzelius, 2002）。它提供一種系統化的途徑來解釋或理解問題的情況。

三、壓力的影響

　　身爲社工人員，應該較有興趣去瞭解各種型態的壓力所導致案主在生活中顯現出的適應力變差、健康變壞等。

　　這些壓力的型態包含身體與社會環境，例如：貧窮、社會階級、性別、族群、失業等已知的壓力源。這些因素亦與個人在社會結構中的地位或位置有關。在環境面向的因素則包含人口密度、污染、溫度、噪音、化學毒物易造成壓力的提升（Wapner, et al., 1997）。

　　亦有研究顯示，有一些情境的改變亦會對個人造成壓力，或心智的失常。研究發現日常生活的改變也會造成心理疾病的症狀。專家對危機（crisis）的定義包含任何生活情境中的明顯改變。當這些改變超過個人的內在調整或外在適應的能力時，就會造成危機。由此可知，改變若是結合生活中的「非特別事件」（non-extreme events）也會造成個人險境而導致嚴重的心智干擾（Dohrenwend, 1998）。

　　危機亦指個人面臨一個重要的轉變點，個人必須做一個決定性選擇，其結果可能會變好或變壞。艾瑞克森（E. Erikson）認為危機是一種挑戰或轉捩點，它是一個機會，讓個人去選擇並與發展中的任務有關（Newman & Newman, 2002）。

第三節　人類發展

一、人類發展過程

　　社會工作對「發展」這個主題，以及在人類及其環境中有關改變過程的知識一向都很重視。「發展」這個名詞是一個科學的領域，它的焦點在探討有關生物心理改變的肇因與結果（Davies, 2004; Austrian, 2009）。這些改變會造成人類行為及生活型態上的正面或負面結果。心理學較注重瞭解一個人生命過程中在行為上的改變。社會學則注重瞭解社會的力量與社會改變對不同年齡的個體在生命歷程的影響。社會學家基本上對於「在社會環境路徑中生活型態如何改變」等方面的研究較有興趣（Moen, 2003）。

（一）生命階段觀點

　　生命階段觀點（life span approach）一般包含兩種型態，第一種是在生命過程中一段完整的時間內，關於行為、傾向、技巧、特質的研究。第二種型態是研究聚焦於釐清在人生的某一階段中特定心理功能、特質與技巧，以及與其他階段的比較。

　　生命階段觀點提供人類從出生到死亡過程中，一種與年紀有關的生物、心理與行為改變的描述（Lyons, et al., 1998）。例如：生命階段理論比較關切在人類的成人中期的發展與其他階段有何不同。生命階段的理論主張「改變的過程在人的生命中不斷發生」，意指人格的可塑性以及人們具有改變的能力。生命階段觀點認為個體不是只對環境刺激進行被動的回應，人類經歷不斷的與環境磨合，透過情境的選擇進一步去改變情境，也會被情境所影響與改變。

　　以偏差行為為例，社工員可以運用生命階段觀點對青少年的偏差行為或犯罪現象去瞭解其發展脈絡，以及改變的可能性。例如，特殊的人格特質、犯罪傾向的持久性、犯罪傾向的醞釀時間、偏差行為改變的可能性等。國外學者將犯罪類型區分為「終身持續型」及「青少年階段型」兩種，此兩種型態的起因不同，對生命軌跡的影響也不同。終身持續型的行為問題出現較早，且犯罪種類也不同。青少年階段型犯罪時間較短，且較易受到同儕的影響（Hodgins & Janson, 2002）。

（二）生命歷程觀點

　　一個「生命歷程」觀點者（life course approach）會去調查人們的生命路徑，瞭解他們如何完成自己的歷史脈絡，以及情境與改變對他們的塑造作用（Moen, 2003）。生命歷程進路的主要目標是去瞭解時間在社會歷史與個人層面是如何的的運作（Elder & Johnson, 2004）。其重點包含個人角色改變、分析角色與生命軌跡的變遷。生命歷程觀點重視歷史變遷與社會制度對不同年齡民眾生活的影響。

對生命歷程的研究而言，長久以來就有一項爭議，內容是關於「特質與行為的傾向是否具有持續性？再者，「改變」對一般人而言是非常困難的嗎？佛洛依德（S. Freud）認為七歲定終身，意指一旦人格特質建立後就難以改變（Barlow & Durand, 2011）。另外有一種較進階的主張，認為改變在生命歷程中的每個階段都會出現，它是與可塑性有關（Lerner, 2002）。

生命歷程觀點的特質如下：

1. 聚焦在瞭解生活模式的改變，相對較不重視個性、特質或行為的改變。

2. 強調個體的生命是由一串聯結的生命路徑或軌跡所組成。個體的路徑（path）包含工作、生涯、婚姻、宗教、健康等要素，個人的早期經驗可能導向某種軌跡或人生的結果。

3. 對生命的目的、結果深感興趣。生命理論家期望能描述或解釋生命目標是否會影響生命軌跡。

4. 主張生命的軌跡包含個人角色的改變，可以透過微觀或鉅觀的因子，分析角色及軌跡的改變。試圖瞭解一般人如何在生活的轉變中去建構意義，認為一般人可透過講故事之方式建構自己生命的意義。

5. 強調重要的時代或歷史效應對個人發展的影響。

生命歷程是一個受到歷史改變的社會制度中，以年齡差異為主的生命模式（Elder, 1991; 1996）此觀點聚焦於瞭解生活模式的改變，大過於對人格、特質、行為等要素。生命歷程觀點採用軌跡（trajectory）的概念，去瞭解人們所經歷的環境與社會過程（包含：工作、婚姻、犯罪、父母角色等）。此處的過程（path）亦關切不同的社經地位，目前與過去的差異比較，本觀點亦對瞭解其他的生活目標與結果有興趣。本觀點企圖依據軌跡與轉變的方式來描述與解釋生活目標。

表 1-1　生命階段與生命歷程的比較

生命階段 (Life span)	生命歷程 (Life course)
個體（微觀影響）	團體（巨觀影響）
年齡常態（norms）	年齡分級（grades）
生命階梯（stages）	年齡階層（layers）
連續與不連續	環境轉變
個人的移動路徑	社會路徑或生命路徑
持續關注的行為	生命選擇與生命機會
成熟效應	夥伴效應
行為特質表現	角色與事件表現
社會環境中的行為改變	生命領域中的模式改變（patterns）

二、人類發展的危機

（一）風險累積假設

　　風險累積假設（cumulative-risk hypothesis）的觀點認為，一般人在正常的情況下，處理 1-2 個危險因素是沒有問題的。但是，假使一個人同時遭遇兩個以上的危機時，負面的影響就會大增。以兒童為例，遭遇風險並非問題，關鍵在於累積風險的程度（Kloos, et al., 2012）。一般而言，危險因素經常會同時產生，當它們持續一段時間之後，極有可能造成個體負向發展的結果（Masten, 2009）。基本而言，單一問題比較不會造成的個人的嚴重影響。

　　當案主面對多重風險因素時（圖1-1）社工員必須積極處遇，圖1-1 顯示，個案可能遭遇的危險因子與保護因子。就發展的觀點而言，社工員不僅需瞭解風險與負面發展的結果，而且需確認在不同情況下的回彈力。相對於危險因子（risk factors），保護因子（protective factors）則是可以幫助社工員去瞭解或預測正向型式的調適力（Mark & Fraser, 2015）。

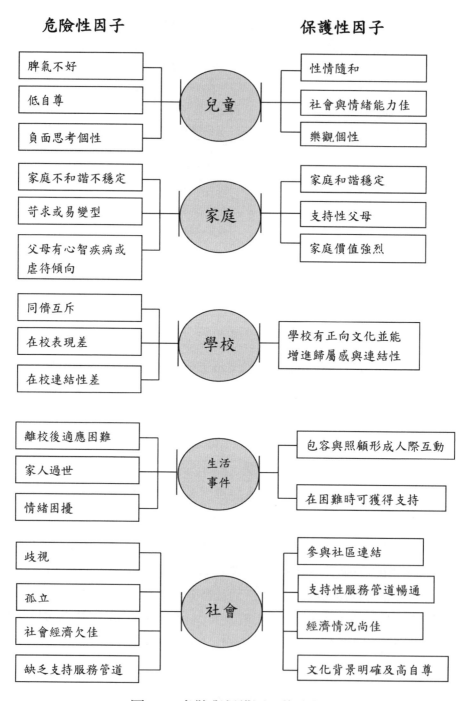

圖 1-1　危險與保護因子的比對

（二）危機理論

危機是指「任何快速改變或遭遇的事情，它會造成個體感覺到一種以往不存在的挑戰」（Levine & Perkins, 1997），當事人無法選擇但卻必須面對或處理。一般而言，危機意指在某件進行的事情中，一個關鍵的轉折點，它可能會變好或變壞。艾瑞克森認為，危機是一種轉折點的挑戰，它提供個體一些機會去發展過程中的關鍵任務，例如，信任或不信任。

在危機理論（crisis theory）中，中了樂透彩券被認為是一種個人生活型態的挑戰（Ashford, LeCory, & Williams, 2017）。找到一個新的工作或老闆，也是改變的一種，也需要在個人與社會層面學習新的適應力。為了理解上述挑戰，社工員必須理解有關危機理論在實務上的意義與內涵，亦須瞭解生命歷程中的常態性改變，因而可以協助某些適應力不足的案主或缺乏幸福者逐漸找回自我。

本章主旨在探討人類行為的重要性，人在環境中的情境，以及人類發展的主要觀點。對社工人員而言，人類行為在環境中的概念，將有助於案主處遇的介入與成效的提升，雖然過程可能較為緩慢。PIE 則是提供一個評估系統，使社工專業能夠更加提升；另外，社會功能的探討，將使社工員對工作的特質與目標，會有進一步的認識。在人類發展的議題上，則是對生命階段觀點與生命歷程觀點進行討論，釐清社會科學與心理學對人類發展看法的差異性。

問題與討論 🖉

1. 請說明社工人員要學習「人類行為與社會環境」之原因？
2. 人類對適應的發展能力與文化實踐以及傳統有高度相關，其關聯性為何？
3. 請說明文化的內涵，以及文化與價值的關聯性。
4. 何謂社會功能，此功能對社工人員有何幫助？

5. 人類行為課程包含五項主要的教育目標中，哪一項最重要，原因為何？
6. 請說明 PIE 的內涵，以及，PIE 對社工人員有何幫助？
7. 請比較「生命週期觀點」以及「生命歷程觀點」的異同？

參考書目

李聲吼（2007）。多元文化能力在社工實務上的運用。**社區發展季刊**，117: 142。

邵台新（1997）。**中國文化史**。台北：大中國圖書公司。

APA, (2015). *American Psychiatric Association. DSM-V.* 1000 Wilson Boulevard, Suite 1825, Arlington, VA: 22209.

Ashford, J. & LeCory, C. (2012). *Human behavior in the social environment.* NY: Cengane Learning.

Ashford, J., LeCory, C., & Williams, L. (2017). *Human behavior in the social environment.* MA: Cengage Learning.

Austrian, S. (2009). Guidelines for conducting a biopsychosocial assessment. In A. R. Roberts (ed.), *Social Workers' Desk Reference* (2nd edition). New York: Oxford University Press.

Barlow, D. H. & Duran, V. M. (2011). *Abnormal psychology: An integrative approach* (6th ed). Belmont, CA: Wadsworth/Thomson.

Baumeister, R. F. & Bushman, B. J. (2011). *Social psychology: Human nature* (3rd ed.). Belmont, WA: Thomson/Wadsworth.

Boehm, W. W. (1959). *Objectives of the social work curriculum of the future* (Vol. 1). New York, NY: Council on Social Work Education.

Breton, M. (1994). On the meaning of empowerment and empowerment-oriented social work practice. *Social Work with Groups*, 17, 23-37.

Brower, A. (1988). Can the ecological model guide social work practice? *Social Service Review*, 411-429.

Castells, M. (2002). *The power of identity.* Padstow, Cornwall, UK: Blackwell.

Collins, P. H. (1991). *Black feminist thought: Knowledge, consciousness, and the politics of empowerment.* New York: Routledge.

Cox, E. O. & Joseph, B. H. R. (1998). *Social service delivery and empowerment.* In L. Gutierrez, R. J. Parsons, & E. O. Cox, (eds.), *Empowerment in social work practice: A source book* (pp. 167-186). Pacific Grove, CA: Brooks/Cole.

Davies, D. (2004). *Child development: A practitioner's guide* (2nd ed.). NY: Guilford Press.

Dohrenwend, B. P. (1998). *Adversity, stress, and psychopathology*. NY: Oxford University Press.

Dressel, P. (1988). Gender, race, class: Beyond the feminization of poverty in later life. *The Gerontologist*, 28, 177-180.

Elder, G. H., Johnson, M. K., & Crosnoe, R. (2004). The emergence and development of life course theory. In J. T. Mortimer & M. J. Shanahan (eds.), *Handbook of the life course*. NY: Springer.

Fong, R. & Furuto, S. (2005). *Culturally competent practice: skills, interventions, and evaluations*. CA: Newbury Park, Sage.

Garcia Coll, C., Bearer, E. L., & Lerner, R. M. (2004). *Nature and nurture:The complex interplay of genetic and environmental influences on human behavior and development*. Mahwah, NJ: Erlbaum.

Germain, C. B. (1979). *Introduction: Ecology and social work*. In C. B. Germain (eds.), *Social work practice: People and environments* (pp.1-22). New York: Columbia University Press.

Germain, C. B. & Gitterman, A. (1980). *The ecological model of social work practice*. New York: Columbia University Press.

Germain, C. B. & Gitterman, A. (1995). Ecological perspective. In National As-sociation of Social Workers (ed.), *19th encyclopedia of social work*, vol. 1. Washington DC: NASW Press.

Gutierrez, L. (1990). Working with women of color. *Social Work*, 35, 149-154.

Gutierrez, L. (1992). Empowering clients in the twenty first century: The role of human service organizations. In Y. Hasenfeld (ed.), *Human service organiza-tions as complex organizations* (pp. 320-338). Newbury Park: Sage.

Harper, D. (2001). Online Etymology Dictionary.

Heffer, C. L., (2014). *Diagnostic and Statistical Manual of Mental Disorders*, Fourth Edition (DSM-IV). http://www.psychiatry.org/psychiatrists/practice/dsm

Karls, J. M. (2002). Person in environment system: Its essence and applications. In A. R. Roberts & G. J. Green (eds.), *Social Works' Desk Reference* (pp. 194-198). New York: Oxford University Press.

Karls, J. M. & Wandrei, K. E. (1994). *Person-in-environment system: The PIE classification system for social functioning problems*. Washington: Taylor Francis.

Kloos, B. & Hill, J. (2012). *Community psychology: Linking individual and communities*. Belmnt: CA: Wadsworth, Cengage Learning.

Kornblum, W. (2008). *Sociology in a changing world* (6th ed.). Belmont, CA: Thomson/Wadsworth.

Lerner, R. M. (2002). *Concepts and theories of human development* (3rd ed.). Mahwah, NJ:

Erlbaum.

Levine, M. & Perkins, D. V. (1997). *Principles of community psychology* (2nd ed.). New York, NY: Oxford University Press.

Lyons, P., Wodarski, J. S., & Feit, M. D. (1998). Human behavior theory: Emerging trends and issues. *Journal of Human Behavior in the Social Enviroment*, 1, 1-21.

Mahoney, M. J. (1991). *Human change processes: The scientific foundations of psychotherapy*. NY: Basic Books.

Mark, J. M. (2015). *Social policy for children and families*. Newbery Park. CA: Sage.

Masten, A. S. (2009). Resilence in development. In S. J. Lopez (eds.), *Person and Environment Psyohology*. NY: The Oxford University Press.

Moen, P. (ed.) (2003). *It's about time: Couples and careers*. Ithaca, NY: ILR Press.

Porzelius, L. K. (2002). Overview. In M. Hersen & L. K. Porzelius (eds.), *Diagnosis, conceptualizations, and treatment planning for adults: A step-by-step guide*. Mahwah, NJ: Erlbaum.

Rogoff, B. (2003). *The cultural nature of human development*. Oxford, UK: Oxford University Press.

Stark, S. (2006). Cultual diversity and social work. Western Kentucky University. KT: Bowling Green, 31th Rural Community Organization and Building Conference.

Wapner, S., Demick, J., Yamamoto, T., & Takahashi, T. (1997). *Handbook of Japan-United States environment-behavior research*. NY: Plenum Press.

Zane, N., Nagayama-Hall, G. C., Sue S., Young, K, & Nunez, J. (2004). Research on psychotherapy with culturally diverse populations. In M. J. Lambert (ed.), *Bergin and Garfield's handbook of psychotherapy and behavior change*. NY: Wiley.

第二章　社會功能基本理論與概念

　　本章將介紹與社會功能有關的理論與概念，以及理論對於生理、心理，以及社會層面的影響。

　　一個理論是一種解釋為什麼某些事件或現象會發生在真實世界中的嘗試（Jacobs, 1989）。理論不僅是事實的蒐集，或已知事件的總和；它代表一種嘗試，去組織及整合知識，使其為有用之物。理論試圖讓事實變得有意義，並將事實聯結為系統化的一般性關係。理論讓我們瞭解事件，可以測量在某種情況下，事件會再度發生，並且去測試有關事件的假設。Dubin（1969）認為，理論嘗試將實務的世界加以模式化。我們為何需要理論，因為，真實世界太複雜，需要加以簡單化以便利於解釋；個別的觀察不足以說明實際測試的實體。

第一節　生理層面

一、生理學知識對社工員的幫助

　　社會工作專業雖然一直強調生理、心理、社會的整合架構，然而，一般實務工作者還是較為偏重於心理和社會層面。未來，社會工作人員將被要求評估案主的多元要項，其內容包含：生理、心智、靈性、環境等面向（Ginsberg & Nackerud, 2004）。

　　社會工作實務中許多功能的發揮，必須依賴生物學的知識，這些功能包括：篩檢、評估、轉介、協調醫療與精神照顧者的服務、個案監控、心

理治療等。如果缺乏生物學方面的知識，可能會造成不良的轉介或判斷錯誤（Sallebay, 2001）。

（一）生物理論

1. 演化論與演化心理學的發展

　　演化論在建立人類行的生理基礎上扮演很重要的角色，此理論協助我們瞭解生存過程和人類發展之相關因素與機制，說明生物隨時間演變的情形，並說明演變的原因。而變異則是其中最主要概念，變異是指影響個體間功能的差異，有些變異來自於外在環境，以及其他種種外在因素。

　　因為在種族及性別議題上濫用個別差異的研究，造成心理學及其他社會行為科學中的演化性思考式微，因此，演化論為種族及性別議題研究與社工實務帶來新的思考方式。

　　Buss（1999）強調演化過程在心理學的角色，他提出一個專有名詞「演化心理學」，假設既然演化是經由自然淘汰所致，則複雜的生物機制與後天適應行為是有因果關係的。拉馬克（Lamark）反對以這種說法來解釋心理學及生理學機制的變化，Lamark 是早期的演化論學者，他相信後天特徵可以遺傳至下一代。達爾文所著之《物種起源》，確認了經由後天發展得來的特質無法遺傳給下一代，物競天擇的理論，認為物競天擇才是生物體產生變異的主要歷程。物競天擇理論大致說明了人類如何從低等演化到高等，但是在遺傳歷程上卻沒有清楚的解釋，直到 Gregor Mendel 在遺傳研究上的發現，那時人類才更進一步瞭解到生物體的變異情況。

　　演化論常被運用來處理演化機制，以及社會和生物環境之間相互影響的理論。在社會心理學的領域中，原則也是相同的，沒有社會生存機制就不會有社會行為的產生，瞭解這些機制可以協助我們瞭解基礎的社會功能，包括心理機制的生物基礎。

　　舉例來說，在 1990 年代，有研究發現，膚色較白的人如果暴露在陽光下，會產生少許的維他命 B 及葉酸；另外，血液也會在一小時後會減少 50% 的葉酸含量。此種維他命 B 缺乏症也與出生缺陷神經系統有關

（Jablonski & Chaplin, 2002）。由上例可知，進化理論學者聚焦其調查在由生理、行為、文化等機制所提供大量的功能性解釋，是因為它們提供不同的途徑，且它們假設多數的行為與社會問題，是起因於發展或心理的過程中違背了理性的原則所致。

（二）相關科學

1. 社會生物學

　　社會生物學藉由觀察動物的生理因素，瞭解其如何對動物的社會行為造成影響。例如，危爾森（Wilson）在他的著作《社會生物學》中，說明該書的目標在於瞭解動物行為，並且主張基因控制文化的觀點，人類與動物行為間具有共通性。Wilson 的研究受到「利他基因原則」的影響極大。在 1946 年，William Hamiton 更進一步發展此原則，他認為利他行為並非以幫助他人為主，行為動機是為了延續後代（Maxwell, 1991）。生物領域有很多理論，例如，社會生物學與演化，提供瞭解機制，在社會和其他人類功能的進展扮演重要的角色。

2. 社會神經科學

　　社會神經科學屬於綜合性的領域，探討人們為何會緊張（內在和外表）、內分泌、免疫系統，這都與社會文化過程有關（Harmon, 2007）。社會神經科學探討一些重要的生物概念，以利瞭解人類行為的基本生物學理論，以及重要的生物機制如何運用在人類多元複雜的生活領域中。

　　演化論與演化心理學的發展具有關聯性。演化論對於建立人類行為的生理基礎而言扮演很重要的角色，變異是指影響個體間功能的差異，因為外在因素而造成的個別變異或差別，通常稱為後天所造成的發展特質。

3. 生理成長與發展

　　生理方面的成長與發展對於人類行為而言，扮演著重要的角色，所以社工人員必須瞭解生物生理過程的變化。基本上，「成長」是指身體組織成分的增加，例如，身高增加。「發展」則是指生理層面中身體成分的改變和精緻化，例如，投籃的命中率提升。人類發展某些部分受到遺傳所決

定，依循著典型的發展途徑而侷限在此生長與發育過程，則稱之爲定型化（Wilson, 2003）。

二、基因異常

人類的的進化是由遺傳基因的變異所導致，其中一種變異是因爲細胞分裂時產生問題，任何影響雙親染色體複製的因素，都有可能造成有機體特徵的變異，例如，染色體違常。染色體在數量或結構上產生變化時所造成的現象，包括唐氏症、鐮刀型細胞貧血、肌肉萎縮症等（Ginsberg, et al., 2004）。

社工人員可能會遇到因細胞缺陷或失去功能而產生疾病的案主，因此，我們也需要瞭解有關細胞成長的基本知識。基因異常問題可能發生在發展階段或器官成熟後，這些都會影響人類的行爲（Wilson, 2003）。

（一）顯性與隱性基因

基因違常共計區分爲三類，分別是：單一基因違常、染色體違常、以及多重因素基因違常。

1. 單一基因違常

杭廷頓舞蹈症（Huntingtons chorea）：特徵是漸進式肌肉痙攣（無意識的動作：包含手臂、臉部等），最後演變成失智症，全身性顫抖。後代發生率是50%。通常四十歲後才會發病。隱性症狀的情況是纖維性囊腫（Cystic fibrosis），患者的肺功能、消化功能會異常，壽命較短（Kalat, 2007）。鐮刀形紅血球症（Sickle shaped blood），症狀是患者會因紅血球聚集而感到劇烈疼痛。

2. 染色體異常

染色體異常：染色體異常是基因異常的一個主要類別。常見的病症是白血症，白血症（hemophilia）之症狀是血液無法正常凝固，亦稱血友病，通常爲男性患者。染色體異常，是因爲細胞分裂出現問題，造成

染色體異常，最常見的是分裂不全，像是唐氏症、Trisomy 18（Edwards syndrome）、Trisomy 13。這些疾病皆是因為基因違常所造成（Kalat, 2007）。

耐漢症候群（Lesch-Nyhan syndrome）：常見的症狀是智能不足、痙攣、自殘。病患在孩童時期經常會有咬手指、咬嘴唇的動作、或是代謝功能不良等。患者幼童的尿布會有橙色沙狀結晶，是因為無法新陳代謝之故。

唐氏症（Down syndrome）：此病發生率與母體年齡有關，婦女在35歲後風險性增加。高齡父親也會增加神經疾病之風險，例如自閉症與精神分裂症等。（據聞，二次世界大戰時，日本海軍大將山本五十六，出生時期父親五十六歲，故命此名。）

特納症候群（Turner syndrome）：新生女嬰的發病機率是1/3000，身上會出現紅斑，這類女性病患身材較矮小，脖子較短。可能會有先天性心臟及腎臟病。病患只有一個 X 染色體。此外，可能會有智能不足、痙攣、自殘等現象。

3. 多重遺傳因子異常

此類病症的特色是由多重遺傳因子與環境交互作用下而產生。多重遺傳因子異常疾病包含神經管缺陷（症狀名稱：無腦症、腦炎、脊髓裂、智能障礙）。

社工人員在處理案主的問題時，必須協助案主決定他們是否要接受遺傳諮詢的服務。此外，在進行評估工作時，必須將焦點放在遺傳基因問題上，以澄清實務上所面臨的問題。

（二）社工員對遺傳異常案主父母處理原則

遺傳異常案主的父母經常會有非理性的想法。例如，案主父母會責怪自己、配偶或衍生無關真實原因的行為。因此，社工應瞭解各種型態的基因異常，以便有效轉介或修正案主父母錯誤觀念，或是建議當事人做遺傳諮詢服務。亦可告知案主若已有身心障礙子女，其下一胎發生率相當低。

　　社工員在服務輸送系統中扮演一個極為重要得角色，接觸服務對象包含：受傷害的青少年、嚴重心理功能失調，以及許多大腦受傷的案主群，對於大腦重要發展階段的知識是必須瞭解的。

　　在人類發展階段中，有很多生物因素會讓當事的個人具有復原力（resilient），生物復原力牽涉各種的保護過程，讓個體可以適應壓力和其他威脅。生理恢復力是指個人抵抗生理的創傷或傷害，它能增加個人的癒合率和預測個人如何從創傷中復原（*Cambridge dictionary*, 2012）。

　　生理危險因素：生理缺陷與個人的社會活動有密切的關係，而社工人員的任務是評估個人在生理方面的缺陷如何影響其生活能力。社工人員必須注意任何會威脅到健康的因素，社工員也應該瞭解在各種情境下，健康對個人的認知、行為與期待所造成的影響。

　　人類的器官系統中生理的缺陷和疾病，往往會影響患者與他人互動關係和自我認知。例如：（1）發展新的壓力調適方法（2）改變以往的生活習慣（3）去除以往會引起疾病復發的行為（4）改變飲食習慣與運動。

　　社工人員需要對案主的疾病行為有基本瞭解，疾病行為是患者主觀對自己生病事實所抱持的看法與反應，此種行為會因為不同的疾病而有所差異。所以社工員必須瞭解生化系統的功能，以及這些系統如何影響行為，以便提升患者在生理與心理方面的因應能力。

三、大腦與身體系統

（一）生化系統、大腦與行為

1.腦的結構

（1）大腦的皮質層分為兩個球（左半球、右半球），而每一個半球又分為四葉；四葉分別以其上方的頭骨命名為：額、頂、枕、顳。

（2）額葉主要控制著身體的運動、思想、身體感覺與決策能力；在社交抑制和情緒表達上扮演重要角色，而左側額葉在語言上扮演重要角

色。頂葉的主要功能是整合身體的感覺。枕葉位於頂葉下方，主要是視覺訊息的接收與傳達。顳葉控制的是情緒和動機（*Medical News*, 2014）。

（3）腦的構造可分為三個區域：前腦、中腦、後腦。（a）前腦，為腦中最大的一部分，包含了腦下垂體、基底神經節和邊緣系統。（b）中腦，包含腦幹與網狀系統。（c）後腦，包含延髓和小腦。

2. 自律神經系統

（1）包含：中樞神經系統以及周邊神經系統等兩部分。

（2）周邊神經系統又分為軀體神經系統和自律神經系統；軀體神經系統控制我們的骨骼肌或橫紋肌，而自律神經系統則是與交感與副交感神經系統有關聯。

（二）神經系統的生化功能

我們的大腦具備許多不同群組的生化系統，這些系統是依照神經系統上的功能區分類別，社工人員雖然無法評估這些生化系統，但是應該瞭解這些系統如何運作以及它們與人類行為的關係。

1. 神經元的成長及發展

神經元（neuron），又稱為神經原或神經細胞（nerve cell）。神經元在嬰兒出生前的發展極為快速，神經系統就像一團沒有接好的電線，然而卻沒有人能夠連接它們，人在出生後大腦的發展會影響許多不同的神經元系統，我們的基因建立了許多神經元及連結，而由後續的經驗來選擇數量有多少，以及哪些會持續存在。

大腦的神經元發展具有下列四種功能（*Medical News*, 2014）：

（1）繁殖：是指新的細胞產生，神經元經由分裂之後會產生新的細胞，有些細胞停留在原本的地方繼續分裂，其他則變成原始細胞遷移到大腦另一處。

（2）遷移：是指細胞的移動，特別是構成外皮組織的神經元細胞。

（3）區別：是指在遷移過程之後，開始建構突觸及樹狀突。突觸
　　（synapse）是神經元之間，或神經元與肌細胞、腺體之間通信的特
　　異性接頭。樹狀突（dendrite）是接收單位，專門接收別的神經元
　　傳來的訊息。

（4）髓鞘化：是指突觸被一種類似脂肪的葉鞘所隔離，因此，訊息刺激
　　傳導速度會比未被隔離保護的突觸快 100 倍。

（三）生物優勢：生理復原力與動態恆定

　　生物復原力牽涉各種的保護過程，讓人們可以適應壓力和其他威脅。
生物復原力是指個人抵抗生理的創傷或傷害，它能增加個人的癒合率和預
測個人如何從創傷中復原；而動態恆定在生物學和生物社會學意指，經過
改變後可以回復到穩定的能力（曾文志，2004）。

1. 生理危險因素：生理缺陷與個人的社會活動有密切的關係，而社會工
　作人員的任務是評估個人在生理方面的缺陷會如何影響案主的生活能
　力。

2. 癌症：任何活的有機體都有可能罹患癌症，癌症是一種細胞不正常、
　無目的成長疾病。

3. 心臟血管系統問題：心臟有如中空的肌肉幫浦，推動身體內的血液至
　身體各部位，這是人體中少數持續在工作的器官，也因此使得心臟十
　分脆弱。

4. 呼吸系統問題：呼吸循環系統的作用是將氧氣帶入身體，並且將二氧
　化碳排出體外，整個系統包括肺、橫膈膜、氣管及支氣管。

5. 內分泌系問題：內分泌系統是一種腺體系統，並非被自主神經系統的
　導管所控制；主要包含腦垂腺、甲狀腺、腎上腺、生殖腺和胰腺。

　　在試圖瞭解人類行為時，社工員若是忽略了生理因素，將會嚴重影響
到理論與實務工作上的品質。因此，在進行評估工作時，我們也必須確認
個體生理系統的健康情況，以作為後續服務的參考。

第二節　心理層面

　　心理系統的功能在於達成目標，其中有許多相關的心理功能，可以幫助我們對心理歷程有所瞭解，這些功能和歷程能夠協助人們達成預期的目標。心理層面包含許多系統和次系統所屬的重要概念，社會工作人員可以將這些概念運用在案主問題的心理評估上。心理系統的主要功能是：運用人類生理與社會的資源，以便達成特定的目標；心理系統可以協助人類免於種種危險的過程之中。

　　心理系統描述人類認知和心理科學的關鍵發展特質，有助於我們對人類行為的個人層次進行瞭解。藉由對一些概念、理論和觀點的探討，可以增進我們對於人類行為的認知與心理基礎的認識。這些心理因素在人類的生物和社會系統之間，扮演著仲介的重要角色。這些因素會影響到人們在解決或面對問題時，如何去因應與處理。心理系統的許多次系統都是人類行動的內在動機和動力。心理系統包括幾項關鍵的功能，人們若能夠善加利用，將有助於正確的引導自己的行為。

一、心理學理論

　　心理動力理論：佛洛依德是個內科醫生兼神經學專家。他在十九世紀末發展出重要的人格理論，理論之中融合了醫學和人文科學中許多相關的知識領域。佛洛依德理論的建構是立基於臨床徵狀的觀察，他對病人的心理問題特別感興趣，他認為童年時期發生的事件和經驗是人格形成和心理違常最重要的決定因素。佛洛依德的理論影響深遠，雖然他的理論缺乏實際研究的驗證，許多內容也被其他心理學家質疑與修正，但他在心理學上的貢獻仍然是無人可及的（Schultz & Schultz, 1999）。

　　佛洛依德有關原慾的理論是現代心理分析的基礎，他認為人類行為被一種特別的能量，也就是「原慾」所驅使，原慾的驅力與其反作用力都會影響人類行為。所謂的原慾是指本能的慾望（St. Clair, 2002）。

　　佛洛依德除了提出性衝動的慾望及本能觀點之外，亦提出侵略的慾望與本能，指的是動物為了生存而必須消滅其他的生命或有機體，他指出：「所有的動物為了維持生命，必須吞食其他的生命」，他認為這是極大的暴力，因此，侵略性和生殖力需要被監控，人類才能存活在社會裡（表2-1）。

　　佛洛依德對病患心理問題的探索極有興趣，他相信童年時期發生的事件會影響個體日後的行為。佛洛依德主張人格架構的三個組成要素包含「本我、自我、超我」等（Dilts, Jr., 2006）。

　　本我（id）就是人類心理動力的能源儲存庫，是本能的總匯，依循「享樂原則」而運作。其特徵是非理性、非邏輯、幻想取向，與社會現實脫節，本我不只是不以理性從事，往往忽略了現實狀況的考量，並且以幻想現實中無法獲得的事物來滿足慾望的需求。

　　自我（ego）源自於本我，依循「現實原則」而運作，它能夠考量現實的狀況，使得慾望的滿足符合現實的要求，或是將享樂延到適當的時機再予滿足，舉凡衝動的控制、感官知覺、情緒、思想過程、現實感、人際關係等等，這些功能都與個人適應環境的方式有密切的關係。

　　超我（superego）是從自我發展而來，約在三到五歲形成，其功能是提供道德指引，作用在於制衡本我的享樂驅力。超我源自於社會與家庭的行為標準，個人在成長過程中，時時受到這些標準的薰陶；本我與超我，一是享樂，一是道德規範，所幸，自我可以調節兩者之間的衝突。

表 2-1　佛洛依德性心理發展階段

階段	性焦點	關鍵任務	固著
口腔期（0-1 歲）	口腔	斷奶（母奶或奶瓶）	過度飲食、說話、吸煙、酗酒
肛門期（1-3 歲）	肛門	刷牙、入廁訓練	固執性、強迫、佔有慾
性器期（3-6 歲）	生殖器	戀母情結（Oedipal）成人角色楷模認同	同性戀、自戀、傲慢
潛伏期（6-12 歲）	無	社會關係	
兩性期（青春期）	性接觸	發展親密關係	

資料來源：Austrain (2002)

二、艾瑞克森之心理社會發展論

　　艾瑞克森認為人格的發展是依照固定和有順序的發展階段進行，每個階段都有必須完成的任務，這些任務是由生理驅力、社會、以及文化對不同年齡個體的期待所決定。

　　艾瑞克森提出心理社會發展八階段論（表2-2），其特徵是：

1. 人人都必須依序經過每個階段，沒有例外。
2. 每個階段都有個體必須面對的生理、情緒、與認知等各種任務。
3. 每個階段的發展都涵蓋一種特定的心理社會危機或衝突。
4. 無論每個階段的任務能否完成，個體終將因生理的成熟和社會的需求而推進至下一階段。
5. 每個階段的主要任務完成之後，或者對立任務的衝突解決之後，並不表示往後可以不必再去面對該階段的課題。

表 2-2　艾瑞克森心理社會發展八個階段

任　務	年　齡	重要事件
一、信任對不信任	0-1.5	哺乳餵食
二、自主、羞愧對懷疑	1.5-3	奏廁
三、主動對罪惡感	3-6	活動
四、勤勉對自卑	7-12	學校
五、認同對角色混淆	青少年期	同儕
六、親密對孤立	成人前期	愛情
七、成長對停滯	中年期	父母創造力
八、統整對絕望	老年期	回顧與接納

資料來源：Sigelman (1995)

三、認知發展與訊息處理

　　認知心理學家所關切的焦點是：感覺、知覺、和認知的過程。以下為一些關鍵名詞的涵義：

感覺（sensation）是指各種感覺器官偵測到內在與外在刺激的過程。

知覺（perception）則是指對感覺器官接收的訊息所進行的詮釋。

認知（cognition）是指從環境、過去經驗、和其他心理活動當中，取得、組織、及運用感官與知覺之訊息的過程。

意識：（consciousness）個體對自己與環境內外刺激的覺知。

（一）結構取向的認知理論

皮亞傑（J. Piaget）以研究人類如何發展、學習，以及兩者之間的關係爲志業。其中，適應與組織是皮亞傑認知發展理論的主要概念，意指人類運用基模或認知架構以適應環境，或是去整合與組織環境中的資訊（Cohen, 1983）。

人類認知功能另一個特徵是組織（organization），它將任何過程整理出一個系統，使其具有條理，它也是物種共通的趨向與特質。皮亞傑結構取向的認知理論對臨床工作者在處理兒童問題方面有重大的影響，這種影響不僅在問題評估方面，也包括適當處遇模式的選擇。

例如，在1995年美國奧克拉瑪地區行政大樓爆炸的事件中，社工人員便扮演重要的角色。社工員與其他諮商專家，在爲父母提供如何向兒童解釋這件悲慘事件的諮詢服務時，皮亞傑的認知取向理論成爲這類實務工作的指引，促使實務工作者特別注意到兒童的認知能力；在他的理論中提到：前運思期的兒童無法瞭解成人視爲理所當然的因果概念，因此需要更進一步的說明。

（二）資訊處理

社工人員在評估案主的心理功能時，必須對人類資訊處理（information processing）的過程具備基本的概念。資訊處理的觀點試圖解答的問題是：內外在刺激如何進入個人的知覺系統，使得個體對這些刺激有所覺知？個體對這些刺激產生何種反應？以訊息處理觀點爲主的專家將資訊處理過程視爲一連串的階段，包括：接收（uptake）、選擇（selection）、編碼

（coding）、和儲存訊息（storage）。

（三）意識

意識（consciousness）是人類認知活動中最基本以及最重要的元素。有關意識的定義繁多，最常用的定義是：個體對自己、他人、和物理環境等內外在刺激的覺知。

（四）知覺

感官的功能是人類認識社會與物理環境的基礎。它與知覺的差別在於：感覺（sensations）是指當感官接收系統在偵測到訊息後，將訊息傳遞到腦部的過程。知覺（perceptions）是對於接收到的感官訊息予以解釋的作用。

（五）注意力

注意力（attentiveness）和清醒（alertness）兩者是不同的。注意力是指將精神集中在特定的訊息或刺激上，不會因為外在無關的訊息而分心。注意力還有兩個重要的層面，這兩個層面是警覺性（vigilance）和專注力（concentration），前者較注重對外在環境的注意力，後者是注重內在的關注力。

四、學習與學習理論

（一）學習

觀念聯想（associationism）是哲學家亞里斯多德的主要概念，也是心理學中相當具有影響的理念，聯想的三個基本要素為：連續性、相似性、與重複性（Boring, 1950）。

連續性（continuity）意指兩件事情在時間或空間上同時發生，所造成

的聯想。相似性（similarity）發生在記憶之中，是指緊密發生的事件具有類似的特徵而引起聯想。重複性（repetition）是指接踵發生的事情被認為具有關聯性。

心理學家對知覺聯想（sensory association）與刺激反應聯想兩者有所區隔。知覺聯想是指，個體對一個事件的經驗與對該事件的感受有直接的關聯，對事件的感受會在心中產生印象或想法。此外，大腦所具有連結的功能，能夠使印象或想法相互連結。這種觀念後來被刺激反應聯想所取代。刺激反應聯想的觀點認為，學習是一連串刺激與反應的連結，而這些連結的過程是可以進行研究與觀察的（*Medical-dictionary*, 2012）。

國外學者在研究聯想的過程中，發現學習過程中的一項重要因素「增強」（reinforcement）。有兩種最重要的增強學習是指：「古典制約與操作制約」，兩者對增強的定義是不同的。在古典制約中，增強是指透過二個刺激來強化第一個刺激與反應之間的連結性。操作制約的增強作用則是指在環境中學習到一種新的反應（Malenka, Nestler, & Hyman, 2009）。

（二）學習理論

華森（J. Watson）被認為是行為主義（behaviorism）的創造者，他主張心理學應放棄主觀「唯心」（mentalistic）的概念，只集中在外顯行為的觀察，他的努力使得行為主義在心理學領域中抬頭。其理論立基於可觀察的行為，認為人出生時就像潔淨的白板。Watson 相信人類的發展完全依賴學習，只要提供適當的經驗，學習就能夠產生（Kintsch & Cacioppo, 1994）。

操作性制約中的兩個重要概念是指：增強（reinforcement）與懲罰（punishment）。增強是指某一事物在行為發生後能增加行為發生的頻率；懲罰則會在行為發生後降低行為發生的頻率。另外兩種學習的概念與行為的習得有關，一是負增強（negative reinforcement），另一是消除（extinction）。負增強是因不悅刺激的出現，當事者為了除去該刺激，行為的頻率因而增加。消除是指在制約過程中，因增強作用的停止，而使制約

反應消失的情形（parentingforbrain, 2015）。

（三）社會學習理論

1. 班都拉（A. Bandura）將人類視爲有意識、主動思考的生物，可與環境產生互動。然而，史金納（B. F. Skinner）則認爲學習是被動的（Miller, 2005）。
2. 觀察學習：人們經由訊息處理的過程可主動與環境產生互動，經由觀察角色楷模以學習新的行爲。
3. 社會學習理論強調「角色楷模」（mentoring）對人格的發展的重要性。例如，兒童如何學到攻擊行爲？
4. 社會學習理論中，有一個重要觀點是自我效能（self-efficient），意指個體對自己是否有能力達成目標的信念，會影響目標的達成。

五、記憶與推理

（一）記憶

在臨床的評估上必須區別瞬間記憶（immediate memory）、短期記憶、和長期記憶之間的差異。瞬間記憶是指能夠將資訊維持十秒鐘的能力，其功能是能夠幫助人們立即複述，但無法達成更進一步的記憶。

短期記憶可保持的時間較爲有限，未經複誦的訊息約可維持20到30秒，若經由複誦則可達5到10分鐘。

長期記憶：是指能夠將訊息保存數天、數月、或數年的能力，除了時間可維持較久之外，訊息的容量是無限的（*Medicaldictionary*, 2015）。

（二）推理與判斷

認知心理學（cognitive psychology）將思考分成三部分：解決問題、推理、和概念思考。解決問題通常被定義爲：有能力進行分析、整理相關

或不相關的資訊，能夠採取策略或計畫，以達成目標和解決所面對的問題
（Ashford & LeCory, 2012；江紹倫，2009）。

　　社工實務上常遭遇的問題是：「為何有些案主無法解決生活中的問
題？」回答這類問題的第一步是必須先對「問題」有概念性的瞭解，基本
上，問題的存在基於下列三個條件：

1. 個人面對的先前狀態或起點。
2. 與先前狀態不同的目標狀態是個人所欲達到的。
3. 將先前狀態轉變為目標狀態的行動，這種行動通常不是顯而易見，或
　 隨意可得。

　　推理是指一種「使用理智從某些前提中產生結論」的行動。有兩種主
要的方式可以達成推理的結論：其一為演繹推理（deductive reasoning），
給予正確的前提，就必然推出結論（結論不能為假）。在歸納推理
（inductive reasoning）當中，當前提為真時，可推演出某種機率性的結
論。歸納推理可以擴展知識，因為結論比前提包含更多的資訊或信息
（Trudy, 2014）。

　　概念式思考（conceptual thinking）是指藉由彙整資訊與證據，並能以
整體性觀點來瞭解一個狀況或問題，此種過程包含：找出關聯並不明顯
之情況的模式或關係，然後找出複雜情況中的關鍵或根本議題。概念式思
考的主要表現方式是：察覺到別人沒有發現的某種聯結或模式；注意到
別人沒有注意到的各種矛盾或差異；迅速的把握問題的關鍵並採取行動
（Trudy, 2014）。

六、態度與情緒

（一）溝通

　　溝通是日常生活中不能缺少的活動，其方式包括：口語、文字、肢
體語言或其他訊息的交換的模式，社工人員有時需要評估案主的口語

（speech）和語言（language）能力。

（二）態度與情緒

態度（attitude）是指對某事物的評價性反應與感覺；這種反應和感覺是經由學習得到的，一旦習得之後，就會持續影響個體對此事物的行為。態度與情緒（emotions）兩者不同。情緒無特定目的，態度則有一定的對象；態度是較持久的，而情緒的時間則較短暫（Wood, 2000; Ajzen, 2001）。

態度在人類發展與行為動機上扮演著重要的角色，因此社工人員必須對態度的形成與改變有所瞭解；社會心理學家們發展出的有關態度的理論可以作為實務工作的導引。

（三）態度改變理論

社會工作的基本假設之一是：改變案主的態度，將影響其行為。因此，態度可影響或預測人們的行為。雖然許多研究已發現其中的關係，但是結果並不一致。直覺上我們會預期態度與行為是一致的，這種觀點促成許多理論的發展，調和理論便是其中之一。調和理論（consistency theory）是指人們會努力維持對自己的看法、所處情境、與他人關係等三者間的一致，也因此刺激人們保持態度與行為的一致。當態度與行為不一致之時，不舒服的感覺將促使人們重新建立兩者的平衡與一致性（Heijenoort, 1967）。

認知失調理論（cognitive dissonance theory）是 Festinger 在 1957 年所提出的觀點，認知失調論主張，當個體面對新情境，必須表示自己的態度時，當事人會在心理上出現「新認知」與「舊認知」相互衝突的狀況，為了消除此種緊張與不適感，個體可能會採取兩種方式進行調適，其一為對於新認知予以否認；另一種則是尋求更多新認知的訊息，提升新認知的可信度，藉以取代舊認知，獲得心理平衡。

認知失調理論主張，人在面對認知之間的差異時、認知與行為不一致會使人產生焦慮。其過程如下：

認知不協調 > 改變認知 或 改變行為 > 改變態度

自我知覺理論（self-perception theory）是由 D. J. Bem 在 1972 年提出，主要內涵是在探討行為是否會影響態度。當我們詢問一個人對於某件事物的態度時，個體首先會去回憶自己與該件事物有關的行為，然後根據過去的行為推斷出對該件事物的態度。

（四）情緒

情緒（emotions）這個名詞，早期是指生理上的感動或激動，目前的定義是指被激起的心理狀態（表 2-3）。

表 2-3　理論學家的情緒分類摘要

Silvan Tomkins	Robert Plutchik	Carroll Izard
恐懼	恐懼	恐懼
憤怒	憤怒	憤怒
享樂	快樂	快樂
嫌惡	嫌惡	嫌惡
感興趣	期待	感興趣
驚奇	驚奇	驚奇
討厭	傷心	討厭
羞愧	接納	羞愧
憂傷		傷心

資料來源：Mandle (1984)

個體若無情緒，則無法對環境做出有意義的反應。社工人員須發展出實務上的方法，以描述案主情緒狀態的改變。社工人員若想辨認案主情緒上的特徵，必須辨別情緒表達（expression of emotion）與情緒體驗（experience of emotion）兩者之間的差異。

實務工作者必須能分辨「感動與心情」的差異。心情（mood）沒有特定的對象，是一種整體的感受狀態，感動（affect）則是對某個對象短暫的即時反應（Baumeister, 2005）。

七、社會認知與規範

　　以往專家們普遍認爲社會認知是關於人們（people）的各種社會概念，包括：自己、他人、社會關係、社會風俗、團體與組織的想法與知識。近年來則比較重視自我系統（self-system）在各種人類認知領域中所扮演的角色。自我系統是指一個人對對自己的感覺與想法。

　　社會認知（social cognition）領域的學者發現，重要社會行爲的引發是因爲人類與生俱來所擁有想要控制環境的需求。能力（competence）是指個人有辦法與環境做有效的互動。在本質上，人類產生動機之目的在於引發個人的自我效能，這項假設使社工員在評估人類互動模式之時，會將社會認知的原則列入考量。

　　認知取向使實務工作者能有效的評估影響人類行爲的重要因素。生態與社會層面的影響相當廣泛，社會認知的概念將我們從個人因素的層面提升到環境因素的層面，焦點特別專注在自我建構（self-constructs）。在自我建構之下，社會與自我之間是存有高度依賴的關係，因爲社會認知取向中的自我建構系統，並非將個人孤立於社會現實之外。

八、心理威脅因素

　　心理威脅（hazards）因素是個人爲了控制生理、心理、和社會系統所採取的反應，這些反應可能危及到個人的心理過程與功能，包括：生活事件、感受的問題、能力和技巧的缺乏、認知失調、情緒失調、和行爲失調等。每個人在生命歷程中，會經歷許多可能造成心理危機的生活事件，當心理系統無法協調時，危機便會發生；同樣的，個人如果缺乏發展能力的機會，無法滿足生活上的需求時，危機便可能產生。

第三節　社會層面

　　社會功能呈現社會層面與系統的關鍵要素，本節除了討論重要的概念之外，同時也介紹社會組織形成的過程與結構，這些系統能夠整合與規範個體彼此之間的互動。在討論社會系統時，亦說明社會工作與社會科學早期的傳統與現代的概念。同時也探討在社會關係中，造成壓迫與成長的社會結構，並且描述社會結構彼此之間連接的方式與類型。這些概念對於社會工作實務極為重要，可以幫助社工人員將案主的經驗賦予社會層面的意涵，有助於瞭解族群、階級和性別對人類行為的影響。

一、社會理論

　　生態系統理論：生態學是一門研究有機體之間與環境之間互動關係的科學。生態系統理論認為，人類必須在個人生活的系統脈絡下才能瞭解自己，它也強調全人的重要性，並可作為提供瞭解人和環境交互作用的催化劑。

　　生態系統觀點的基本概念說明如下（Germain, 1991）：
1. 社會工作實務包含雙重焦點：人與情境和系統與環境之間的互動。
2. 社會工作實務產生在人類系統及其環境之間交互的介面。
3. 在處遇關係上，個體與系統兩者都會受到改變作用的影響。
4. 社會工作實務的最佳執行方式，是讓個體與環境之間的交互作用能提升有機體的成長與發展，同時強調環境的改善，環境系統處在妥適狀態中。

　　現代功能主義：帕森斯（T. Parsons）認為，行動模式是由一連串方向交替變動的行動所塑造，這些方向交替變動的行動稱為模式變項。這些模式變項會限制個體在與他人互動過程中選擇行為的方式，行動者僅能從一個模式變項中的多種選項中選取其一。在任何社會中，這些選擇都會左右社會互動關係，這些選擇也因此被廣泛應用於社會結構的分類上。帕森

斯曾修改並研究社會系統結構的方法，將焦點放在這些系統的功能上，進一步強調社會系統的重要性，經由它修正後的理論就稱爲結構功能主義。帕森斯發展出社會系統包含四個必要功能條件，這四個要件稱爲 AGIL 系統，分別是：適應、目標的達成、整合、潛在模式維持（Layder, 1994）。以 AGIL 系統爲例，說明社會體制的需求，內容如下：

社會體制→需求達成管道

1. 適應→經濟（例如：金錢）。
2. 目標達成→政治體系（例如：權力）。
3. 整合→社會體系－社會控制（例如：道德、法律條文）。
4. 潛在模式維持→社會化（例如：家庭、學校）。

衝突理論：Denisoff 與 Wahrman（1979）提出了現代衝突理論的基本理念：

1. 利益是社會生活的基本元素。
2. 壓迫存在於社會生活中。
3. 社會生活牽涉到不同的利益團體。
4. 社會生活會產生對立排斥與敵意。
5. 社會生活會造成衝突。
6. 社會上的差異牽涉到權力。
7. 社會系統並不是和諧或整合的樣態。
8. 社會系統趨向於改變。

後現代主義與社會理論：後現代主義（postmodernism）的代表人物之一是 Jean F. Lyotard。Lyotard（1994）在《後現代情境》的書中提到：「知識地位已經改變，社會進入後工業時代，而文化則進入後現代時期。」在現代時期，科學地位崇高並被奉爲眞理，因爲藉由科學的方法發現了所謂的「事實」與「眞理」，也解決了許多傳統的錯誤認知。然而，Lyotard 認爲到了後現代時期，科學只是另一種神話或語言遊戲（Brown, 1994）。

二、團體

一個人隸屬某個團體的成因很多。Schein（1980）認為團體成員想要表達的基本目標包含下列五項：（1）滿足親密關係的需求（2）為了增進團體的認同感與自尊（3）為了與他人進行社會比較（4）為了獲得安全感與權力（5）為了達成特殊的任務。

（一）治療團體與任務團體

社會工作專業將團體分為治療性與任務性團體兩種（Toseland & Rivas, 2005）。兩者之目的不同，前者在於滿足成員社會情感的需求，類型包含：支持、教育、治療、成長或社會化；後者的基本目的是完成團體組成所要達成的任務。

（二）瞭解團體如何運作

瞭解團體動力可以幫助我們釐清這些影響的正負面作用力，團體動力包含：引導團體成員行為的規範、成員在團體內所扮演的角色、影響團體成員彼此間互動的溝通模式，以及，促成團體成員之間互相影響的團體位階、權力或地位、成員對團體的向心力和互相分享與投入的程度。再者，團體中的角色與規範的意涵是：規範是指團體對成員行為的期待與成員之間互動的信念；角色則是個人在團體中被期待，以及表現出來的行為模式。

（三）溝通模式

團體中的溝通具有下列功能：
1. 瞭解其他人以及自己在人際關係中的位階。
2. 說服他人。
3. 取得或維持權力。
4. 為自己辯護。

5. 引發其他人的回應。

6. 塑造他人對自己的印象。

7. 維持或促進人際關係。

8. 呈現團體整合的現象。

（四）地位與權力

團體的權力來源包含下列五種：

1. 酬賞權力：成員可以獎勵其他成員。

2. 強制權力：成員可以懲罰其他成員。

3. 專家權力：成員具有專業知識，可以影響其他成員。

4. 參照權力：成員的特質可以影響其他成員。

5. 合法權力：成員被授予的權利。

（五）凝聚力

凝聚力的形成對團體的幫助說明如下：

1. 成員比較可能留在團體。

2. 成員比較可能會堅持團體目標的達成。

3. 成員的出席率會比較高。

4. 成員可能接受比較多的團體責任。

5. 成員對團體的滿意度可能會比較高。

6. 成員心理苦惱的感受可能會比較少。

7. 成員的自尊心與自信心會比較增強。

（六）支持性團體

自助與互助團體：社會支持最常來自於自助或互助團體，這類團體通常由一群面對相同問題的人們所組成，主要目的是為了提供情緒和實質上的協助，以因應面對的問題（例如：戒菸、戒酒）。自助或互助團體的特徵：最基本的差異在於自助團體的成員擁有自我管理、規範、運用資源和

決策的權力。自助團體的功能有三：（1）取得因應問題的相關資訊（2）當有需要時，取得物質上的協助（3）感受到關心和支持。

三、家庭

家庭逐漸被確認是一個社會系統。有些學者則是將家庭視為一個複雜的社會系統，這個系統由個別成員和各種次系統（夫妻、父母、手足）所組成。成員之間、次系統之間、成員與次系統之間都相互關聯，且交互影響，每個成員與次系統對整體的功能皆可能有所貢獻，整個家庭系統會受到家中任何成員與次系統的影響。家庭的定義可藉由，婚姻、傳宗接代、親族的連結和延續等因素來解釋。家庭生命週期可分為六個階段：（1）家庭之間（成年男女）（2）家庭聯姻（新婚夫婦）（3）有幼兒的家庭（4）有青少年的家庭（5）子女離家就學或就業（6）生命晚期的家庭（Carter, 1988）。

（一）變遷中的家庭

社會的變遷，必然帶來家庭在結構及功能上的改變，亟需調整與因應。尤其在目前台灣社會，面臨民主化、工業化及都市化的衝擊，帶來了家庭在生活型態、家庭承受的壓力、以及兩性關係改變的問題，亟需藉由家庭教育功能的發揮，才能做好調整及因應的工作（中華民國家庭教育協會，2002；Sigelman & Shaffer, 1995）。

1. 跟過去比較，成人選擇單身的比率日增。
2. 為了追求教育與職場的目標，許多人傾向於晚婚。
3. 每個家庭的子女人數有減少的趨勢。
4. 不生小孩的比率日增。
5. 大多數的女性在外工作，包括有子女的人。
6. 已婚的年輕族群有一半會離婚。
7. 1980 年代之後的兒童，約有 50% 的人在生命中某一時期會住在單親

家庭。

8. 離婚夫妻再婚的比率日增。

9. 沒有兒女在身邊的銀髮族夫妻比率日增，沒有子女的單身銀髮族逐漸增加。

四、社會制度

以下介紹社會制度中的一些關鍵的概念。

社會制度：任何社會的存續皆必須依賴制度。Giddens（1989）強調制度就像水泥一般，將各種型態的社會生活予以固著或連結在一起，無例外可言。在制度的組成要素方面，Scott 認為制度含括三個要素：節制性、規範性和文化認知性（Ashford & LeCory, 2012）。

偏見與歧視：偏見（prejiduce）是指社會對某些少數團體，所持有的負面態度與偏誤觀點。歧視（discrimination），是針對特定族群的成員，僅僅由於其身分或歸類，而非個人特質，給予不同且較差的對待（Thompson, 2016）。歧視的內容廣泛，例如、年齡、膚色、族群、性別等等。基本而言，歧視是一種行為，偏見是一種態度。

多元種族機會和障礙的探討：目前有一種新的族群與文化融合的型態稱為文化融合，也就是一個人因為父母結合的關係，有機會跨越兩種族群與文化，生活上能夠分享兩種獨特族群以及文化的傳統，即使原先的文化傳統與新繼承的傳統會有衝突，當事者能夠在新的雙重認同之間找到新的定位。

種族主義與特權：種族主義可能起源於自發性或無意識的內在認知過程；也可能是家庭、團體、人際互動中的產物，它屬於意識性認知過程的副產品。

性別壓迫：性別主義意識型態具有許多種形式，其表現方式也很多元，如同種族主義，性別主義是針對一個人或一個群體的性別，所產生對該群體的壓迫、控制或剝削的想法與行為。

　　同志恐懼症：是指對於同志之間的親密關係的恐懼與仇恨。例如：族群與性別、民眾對性偏好的態度、想法和行為都是社會所建造出來的。

　　性別角色刻版印象：是指人們對於兩性的信念，這些信念通常具有對兩性特質的差異主張，這些差異並不是真正存在於兩性之間，而是社會大眾對成員的主觀認定。

問題與討論 ✎

1. 請說明生理知識對社工員有哪些幫助？
2. 請說明演化論與演化心理學的發展過程？
3. 請說明社工員對遺傳異常案主父母處理的原則？
4. 請說明「艾瑞克森心理社會發展論」的特徵與內涵？
5. 請說明皮亞傑認知發展理論的兩個主要概念？
6. 請說明生態系統觀點的基本概念，這些概念對社工實務有何幫助？
7. 請舉例說明治療團體與任務團體的不同？
8. 認知心理學將思考分成三部分，請以某個案為例，說明處遇之過程？

參考書目

中華民國家庭教育協會（2002）。**變遷中的家庭教育**。台北：師大書苑。

江紹倫（2009）。**認知心理與通識教育：二十一世紀透視與實踐**。香港：中文大學出版社。

曾文志（2004）。如何和孩子談復原力。**師友月刊**，10: 60-65。

Ajzen, I. (2001). Nature and Operation of Attitudes. *Annual Review of Psychology*. 52: 27-58.

Ashford, J. & LeCory, C. (2012). *Human behavior in the social environment*. NY: Cengane Learning.

Austrain, S. G. (2002). *Developmental theories: Through the life cycle*. New York: Columbia University Press.

Baumeister, R. F. (2005). *The cultural animal: Human nature, meaning and social life*. New York: Oxford University Press.

Boring, E. G. (1950). *A history of experimental psychology*. New York, Appleton-Century.

Brown, R. H. (1994). Reconstructing social theory after the postmodern critique. In H. W. Simons & M. Billig (eds.), *After Postmodernism: Reconstructing ideology critique*. London: Sage.

Buss, D. M. (1999). *Evolutionary psycholoty*. Boston, MA: Allyn & Bacon.

Cambridge dictionary (2012). Cambridge University Press. London: Cambridge University Press.

Carter, B. & McGoldrick, M. (1988). *The changing family life cycle: A framework for family therapy* (2nd ed.). New York: Gardner.

Cohen, D. (1983). *Piaget: Critique and reassessment*. London: Croom Helm.

Denisoff, R. S. & Wahrman, R. (1979). *An introduction to sociology* (2nd ed.). New York: Macmillan.

Dubin, R. (1969). *Theory building*. New York: The Free Press.

Germain, C. B. (1991). *Human behavior in the social environment: An ecological view*. New York: Colunbia University Press.

Giddens, A. (1989). *Sociology*. Cambridge, MA: Polity Press, In association with Basil Blackwell.

Ginsberg, L. & Nackerud, L., (2004). *Human biology for social worker*. Boston: Parsons.

Harmon-Jones, E. & Winkielman, P. (2007). A brief overview of social neuroscience. In E. Harmon-Jones & P. Winkielman (eds.), *Social neuroscience: Integrating, biological and psychological explanations of social behavior* (pp. 3-11). New York: The Guilford Press.

Jablonski, N. B. & Chaplin, G. (2002). Skin deep. *Scientific American*, 287(4), 74-81.

Jacobs, R. L., (1989). *System theory apply to HRD, Theory to practice monograph*. ASTD. Alexandria, VA.

Kalat, J. W. (2007). *Biological psychology* (9th ed.). Belmont: Thomson Wadsworth.

Kintsch, Walter & Cacioppo, J. T. (1994). Introduction to the 100th anniversary issue of the psychological review. *Psychological Review*, 101(2), 195-199.

Malenka R. C., Nestler E. J., & Hyman, S. E. (2009). *Reinforcement and Addictive Disorders. In Sydor A, Brown RY. Molecular Neuropharmacology: A Foundation for Clinical Neuroscience* (2nd ed.). New York: McGraw-Hill Medical.

Mandler, G. (1984). *Mind and body: Psychology of emotion and stress*. New York: W. W. Norton & Co.

Maxwell, M. (ed.). (1991). *The sociobiological imagination*. Albany: State University of New York Press.

Medical News (2014). http: //www. news-medical. Net/ health/ Human -Brain-aspx

Medical-dictionary (2012). thefreedictionary.com/ Sensory association area

Medical-dictionary (2015). thefreedictionary.com/immediate memory

Miller, K. (2005). *Communication theories: Perspectives, processes, and contexts* (2nd ed.). NY: McGraw-Hill.

Positive and Negative Reinforcement (2015). https://www.parentingforbrain.com/ difference-between-positive-negative-reinforcement-and-punishment/

Sallebay, P. (2001). *Human behavior and social environment*. NY: Colombia University Press.

Schein, E. H. (1980). *Organizational psychology*. Englewood Cliffs, NJ: Prentice Hall.

Schultz, D. P. & Schultz, S. E. (1999). *A history of modern psychology*. Fort Worth, TX: Harcourt.

Sigelman, C. K. & Shaffer, D. R. (1995). *Life-span development* (2nd ed.). Pacific Grove, CA: Brooks/Cole.

Thompson, N. (2016). *Anti-Discriminatory Practice: Equality, Diversity and Social Justice*. Palgrave Macmillan.

Trudy, G. (2014). A Practical study of argument. *Cengage Learning*. University of Calgary. NY: Cengage Learning.

Van Heijenoort, J., (1967). *From Frege to Gödel: A source book in mathematical logic*. Harvard University Press, Cambridge, MA.

Wilson, J. F. (2003). *Biological foundations of human behavior*. Pracific Grove, CA: Brooks/ Cole Thomson Learning.

Wood, W. (2000). Attitude Change: Persuasion and Social Influence. *Annual Review of Psychology*, 51, 539-570.

第三章　新生兒時期

　　孕婦經過四十周的努力與等待，新生兒將要拜訪這個世界。對於即將扮演父母角色者而言，首要之務就是開始心理上的準備。如果不是計畫中懷孕，可能還得決定是否終止懷孕；即使是計畫中懷孕，也可能會焦慮，除了擔心自己是否準備好之外，還會擔心生產過程。另外，年輕的未婚媽媽可能會故意忽視自己懷孕的事實，甚至不願意承認已經懷孕。從懷孕確定後，許多孕婦對懷孕會有矛盾的情緒；例如，會變得自我中心，並專注自己的想法與感覺，而孕吐及疲勞的情形，亦會使孕婦心中更確定自己懷孕的事實。懷孕時，孕婦會常有悲傷的感受，再者，荷爾蒙的改變會影響情緒；另一方面，可能是因為意識到必須放棄某些以前的自我意識（Gorski, 1999）。

　　懷孕後期，孕婦開始為生產做準備，會開始幻想胎兒模樣、為寶寶規劃未來、回憶小時候與家人的關係。在這樣的過程中，將重新經歷以往成長歷程中未解決的問題與衝突，直到認清如何扮演母親的角色。

　　社工員在面對有懷孕狀況的服務對象時，必須學會如何評估父母親在這個人生重要角色轉變階段的準備狀況。有學者認為，社工員在面對準父母時，有五個因素需要評估：（1）依附和承諾；（2）胎兒或嬰兒的智能表現；（3）過去的社會史和專業支持；（4）失落史；（5）安全感（Murray, Mckinney, & Corrie, 2002）。

　　懷孕引起的許多改變，準父母需要重新考慮和討論彼此間的關係，包括其他的孩子。因此，專業人員需要與新手父母建立關係，讓孕婦願意討論有關角色衝突與喪失的感受。現今社會有些男性在其配偶懷孕期間，也會出現害喜的現象，包括作嘔、疲倦、背痠、甚至腹痛。經過九個月的懷

孕，當孩子出生，父母都得捨棄想像世界中的嬰兒，而去接受這個在現實世界裡的真正嬰兒。產後的適應過程，重點取決於孕婦的健康狀況和支持系統強度。貧窮的新移民媽媽特別容易適應不良，因為無法獲得足夠的支持與養育服務。確實，孩子出生在不同在社會文化和經濟環境之下，會影響其生存機會與未來的發展。

現代雙薪家庭常使為人母者面臨工作上的抉擇，從1990年代開始，雙薪家庭增多，媽媽的抉擇最常見的是孩子在3歲之前。過去的丈夫比婦女更重視職業工作，但是當男性的實際收入減少後，加上婦女亦參與勞動，讓夫妻易產生更大的衝突。也有研究顯示，婦女較晚生育，是因為要因應職業與工作的要求所致。很多婦女不想懷孕是因為與工作期望或是其他原因產生衝突，但對於任何年齡中的女性而言，這都是一個困難的決定。

另一個常見的議題是墮胎。對任何年齡層的女性來說，墮胎都是最難、最痛苦的決定之一。墮胎是很複雜且矛盾的問題；反對墮胎的人認為，無論有任何理由，在懷孕期間，墮胎就是謀殺，是不道德的行為；贊成的人則認為女性有權力去支配自己生育的過程，有權利決定自己的命運（Ashford & LeCory, 2012）。社會工作者在協助女性思考墮胎問題時，扮演非常重要的角色，過程中，社工員必須能夠將個人價值與專業價值劃分清楚。最重要的是，女性必須能夠自己做決定，別人不能代替她做決定；此時社工員扮演一個支持者的角色（Hamark, Uddenberg, & Forssman, 1995）。假使墮胎是出於自願而非被迫，女性事後較不會後悔，情緒問題也較少。墮胎前後尋求諮商，將有助女性平衡自己的情緒，目標在於協助女性做最正確的決定。

第一節　生理層面

一、生理成長與發展

　　嬰兒最早是由一個細胞發育而成。當女性卵巢產生成熟的卵子後，在排卵期之時，進入輸卵管內，等待受精。受精過的卵子稱為受精卵，經過30小時後，開始細胞分裂，並花費三天時間進入子宮，發育成一個卵細胞，是一個充滿液體的球體。卵細胞內層發育成胚胎，外層則形成絨毛膜，使受精卵外表成毛茸狀。受精卵移植過程稱為胚胎期，大約2週，移植後受精卵開始釋出絨毛膜激素（HCG），懷孕後7天可於母體血液中檢測出HCG，是懷孕初期驗孕的根據（Berger, 2005）。

　　胚胎經過8週後逐漸具備人形，並具備人體主要的基本構造，包括臉、手臂、手、腿和腳，此階段稱為胎兒期。在第12週時，絨毛膜發育成附著於母體子宮的胎盤，胎兒則經由臍帶和胎盤相連，不論母親吃什麼，都會傳送給體內的胎兒。12週後，胎兒開始在羊水裡活動；20週時，母親開始感覺到胎動；24週時，胎兒形成一個小體型，身上被一種看起來很像油酥的胎兒皮脂所覆蓋，此皮質保護胎兒的皮膚，長期曝露於羊水而免受到傷害。有些早產兒出生時，身上還會覆蓋此種物質。此時胎兒已有呼吸的動作，會打嗝並對聲音有反應，也有規律的週期。在懷孕的最後二週，胎兒開始儲備脂肪，體重也隨之增加，是肺臟發育的重要階段，胎兒在子宮多待一週，其存活機會就越大。早產兒在現今的醫療技術協助下，存活率很高，但其他諸如體重不足和發育不全等問題還是存在。胎兒在第40週後發育完成，可以在脫離子宮之後適應外界的生活。

　　生產前的陣痛感覺來自於腫脹的子宮頸及嬰兒頭部的推擠，目前廣受歡迎的拉梅茲（Lamaze）分娩法，鼓勵嬰兒的父親在產婦生產時全程陪伴，給予協助及支持。新生兒的父母在產前要上課，認識生產過程和學習減輕痛苦的技巧，並學會有規律的呼吸法和放鬆法，減緩生產帶來的痛苦。國外有些婦女選擇在家生產，透過熟悉的環境，減輕痛楚，會有助產

士前來協助，以順利生產；近期亦有母嬰同室的概念，讓嬰兒在出生後直接交給母親，嬰兒可以直接哺乳，讓嬰兒儘早與母親直接碰觸，建立關係。

正常新生兒體重約介於2.5 至 4 公斤之間，自然生產的嬰兒頭形通常呈長形或圓錐形，因為新生兒頭部骨骼尚未密合，在生產過程中改變位置，讓頭形可以調整適當以便通過產道。通過產道也會使嬰兒的臉部瘀傷或紅腫，許多新生兒皮膚略呈青色，開始呼吸後才會改變略呈紅色，帶有皺紋且粗糙。

新生兒情況良好與否有一個客觀的檢查標準，即亞培格分數（Apgar scores），該量表為評估新生兒對外界生活的適應程度（劉仲康、鍾金湯，2015）。一般在新生兒出生後1-5 分鐘內即可接受該量表的評估。醫師針對嬰兒的膚色、心跳、肌肉狀態、呼吸情況及對刺激的反應等項目進行評估，並打分數。得分介於7-10 分之間表示情況良好；5-7 分則表示情況不佳，嬰兒可能需要醫療協助；若得分介於0-4 分，表示情況惡劣，嬰兒可能需要急救，且死亡的危險性相當高。在出生後五分鐘內得到0-4 分的新生兒可能會死亡或造成神經方面的缺陷。

二、生理風險

社工員在蒐集案主資料時，若能同時取得其產前資料，包括在懷孕期間或生產期間發生的任何問題或併發症，對於降低生理風險是有幫助的。

大部分孕婦在懷孕早期都有噁心想吐或晨間不適的情況，懷孕期經常性嘔吐的現象，稱為妊娠劇吐。一天數次或長時間嘔吐，可能導致營養不足或脫水症，嚴重嘔吐則需要住院治療。妊娠糖尿病必須經由飲食或注射胰島素來控制血糖，產後仍應由醫生定期追蹤，約有高達62% 有妊娠糖尿病的女性在產後患有糖尿病（Pasui & Mcfarland, 1997）。另外，懷孕期由母體本身造成的併發症亦包含胎兒發育不良，通常包括胎兒體重不足，有時子宮發育不良是子宮剝離所造成的，這也增加胎兒死亡的機率及產後嬰

兒疾病的危險性。

（一）環境的影響

　　嬰幼兒生長的家庭環境，會塑造並影響其一生的發展。在出生前，人類的行為對發育中的胎兒就開始有重大的影響。近年來，18歲以下、35歲以上孕婦，在懷孕問題的比例逐年增加，高齡產婦生病及出現併發症的危險性尤高，特別是唐氏症類型的染色體異常現象，最易見於高齡孕婦。24歲孕婦唐氏症的發生率是六千分之一，但41歲以上的發生率是百分之一。未成年媽媽在懷孕時也有較多的問題，經濟上的問題也會造成她們未能獲得應有的產前醫療照顧（Ashford & LeCory, 2012）。

　　多胞胎會增加懷孕期併發症的產生，尤其是子宮發育不良和早產。一個胎兒的平均懷孕期是40週，雙胞胎是35週，三胞胎是33週，四胞胎則是29週。多胞胎發生缺陷的機率也比一般高2倍。人工受孕的技術是造成多胞胎的一項原因，故想藉由人工受孕的女性及夫婦應該接受更多有關這方面的資訊及諮詢。另外，懷孕次數多且時間間隔不長的婦女，其胎兒健康較易出現問題（Feinbloom, 1993）。

　　為了獲得充分的營養，孕婦每天須比常人多攝取300卡路里的食品。孕婦缺乏葉酸與神經方面的缺陷有密切關聯，嚴重的營養失調會增加胎兒先天性缺陷及死亡的可能性，懷孕期的最後三個月是胎兒增加體重及腦細胞發育的時期，因此蛋白質的攝取最為重要。

　　有些疾病會在婦女懷孕或生產時引發嚴重的問題。例如，梅毒經由胎盤傳給胎兒，胎兒感染梅毒會造成流產或使胎兒的眼、耳、骨骼或腦部產生缺陷。而患有淋病的婦女，會在生產時把淋病傳染給新生兒，造成嬰兒失明。患有人類免疫缺乏病毒的婦女，有50%會將病毒傳染給寶寶，受感染嬰幼兒約有95%在3歲前死亡。

　　產婦不當的使用藥物會導致先天性缺陷的物質，又稱為畸型媒介物，藥物會導致胎兒畸型的嚴重後果，故醫師們都建議孕婦不要隨便服用成藥，服用前應先徵詢醫師的意見。不明的藥品會增加胎兒早產、死亡、出

血及體重過低的情況。

　　抽菸會使孕婦血液的一氧化碳增加，減少胎兒氧氣量的獲取，導致早產、胎兒死亡、流產及其他懷孕期和生產時的併發症，同時抽菸也被認為會增加嬰兒猝死症候群的發生機率，並減少子宮內胎兒對外界的反應（Jedrychowski, 1996）。

　　孕婦產前憂鬱與焦慮，在剛懷孕及剛出生嬰兒的階段最常見。相較於母親沒有憂鬱的新生兒，母親患有憂鬱的新生兒會有不正常的行為、生理及生物反應（Field, 1998）。產前焦慮與對懷孕有負向認知、以及各種兒童發展狀況有關，媽媽有高度焦慮就會增加風險，嬰兒會展現出無法集中注意力與行為問題。研究顯示產前母親有焦慮狀態，能預測孩子在4歲時的行為與情緒問題，產婦的情緒可能會對胎兒的大腦發育造成影響（Dieter, Emory, & Johnson, 2008）。

　　多數父母發現胎兒具有重大先天性缺陷時，會選擇墮胎。當父母面對胎兒異常而考慮是否要墮胎時，有五個重點需評估（Street & Soldan, 1998）：

1. 肇始：指此狀況是突發或漸進式的。
2. 過程：指此狀況是否會維持，改變或變得較差。
3. 結果：是指此狀況將會對孩童造成什麼影響。
4. 缺陷：指對孩童影響的缺陷程度如何。
5. 不確定性：指此狀況的不可預測性，有多少能被瞭解或不被瞭解，及可能改變的機率為何？

（二）生產併發症

　　有研究顯示，學習障礙、注意力不集中與懷孕和生產併發症之間是有關聯的，影響嬰兒發育的生產併發症之一是缺氧，即分娩時胎兒缺乏足夠的氧氣，可能是母體失血，母體用藥過度或受到臍帶的擠壓（Street & Soldan, 1998）。當胎兒不適時，其心跳便會下降或不規律。缺氧會造成胎兒腦部受損，甚至會造成胎兒死亡。另一個後果是腦性小兒麻痺，亦即在

分娩時，即使輕微的氧氣不足，也會對嬰兒早期的發育造成問題。長時間待產會讓產婦精力耗損過多及脫水，嬰兒在長時間待產下，因頭部承受壓力過久，則面臨頭蓋內出血的危險性，嚴重時會出造成死產、智能障礙或腦性麻痺。

　　新生兒主要的危險因素之一是體重不足，即嬰兒出生時體重低於2.5公斤。懷胎40週產下的嬰兒，但若體重少於2.5公斤，還是會有成長遲滯方面的問題。另外，懷孕時期皆有可能發生胎兒在子宮內發育不良的情況，胎兒期體重正常的早產兒，出生時的體重不足是早產所致，但胎兒期體型較小的嬰兒，其出生時的體重不足則是發育異常所致。

　　有7%左右的胎兒生產會發生於懷孕37週前，也就是早產。早產會導致體重不足，引發呼吸困難、餵食問題及黃疸等相關問題。倘若出生時體重越低，早產週數越多，發生問題的可能性就越高。在懷孕最後一個月，胎兒的肺已經發育完成，為誕生做好準備，倘若肺部尚未發育完全即出生的嬰兒，可能會罹患呼吸壓迫症候群（Bank, 1999）。這時的嬰兒需要供給氧氣，且須密切觀察；因為高濃度的氧氣易導致嬰兒失明。因此，需要換氣輔助裝置幫助呼吸，即在嬰兒的氣管內置入呼吸管。早產兒遭遇中樞神經系統出血或感染的危險性相當高，可能造成永久性的傷害。

（三）嬰兒缺陷及發育失調

　　影響嬰兒腦部的先天性缺陷有許多種。例如，水腦症的情況是嬰兒的腦部有過的多的液體並形成壓力，而造成智能發展遲滯、癱瘓及肌肉伸展失調。胎兒在生產前或生產時，因缺氧或顱內出血而造成腦部受損，進而可能發展成腦性麻痺。其最主要的問題是癱瘓、肌肉衰弱及肌肉共濟失調部分腦麻病童會有智能遲滯的情形，其發生語言及聽力障礙、視力障礙、學習障礙等綜合情況的比例更高，約有7至8成（Bradley, et al., 1994）。

　　產下有殘疾的嬰兒時，對新生兒的父母親而言都是傷痛和損失。嬰兒的父母親一般都會經過悲傷、震驚和否認的階段；當嬰兒的父母意識到問題的存在時，他們通常會被罪惡感和失敗感所影響，並會折磨自己，不斷

回想自己做錯哪些事情才會造成此種結果，也可能認爲自己無法生出正常的寶寶，是個失敗者。這一切壓力再加上沉重的經濟負擔，家人可能覺得孤立無援，擔心所有親朋好友都會與他們斷絕往來，家中有智障兒的夫妻離婚率是一般家庭的三倍（Kowalski, 1985）。有發育缺陷嬰兒的家庭必須經歷種種身心調適、健康狀況不佳、家庭關係等等的問題。

（四）嬰兒常見疾病

新生兒常見的疾病比較多，凡是在孩子出生28天內經常生的疾病，就可以叫做新生兒常見病，患病的範圍比較普遍。雖然每個孩子嬰兒未必都會患病，但是提前的預防措施和積極預防的心態，作爲家長還是要未雨綢繆。

新生兒根據個體狀況不同，包括身體素質、生活環境、遺傳因素等等，常見的新生兒疾病有敗血症、新生兒肺炎、化膿性腦膜炎及缺氧缺血腦病等（成大醫院，2016）。

1. 新生兒敗血症主要表現先是食慾低下、精神欠佳、發熱（早產兒或病情重也可表現體溫不升）、面白、好睡、黃疸加重、身上有出血點、腹脹及肝脾腫大等。多見於孕母有發熱感染、胎膜早破、羊水混濁，新生兒有臍部感染或皮膚膿皰疹、破損等。

2. 新生兒肺炎主要表現爲呼吸急促、費力或呼吸不規則、咳嗽、吐沫等症狀，患兒有不同程度口周、鼻周發青，部分足月反應良好的新生兒可有鼻翼顫動等症狀。常見於母親有急產、胎膜早破，母親或與嬰兒密切接觸的人近期曾患上呼吸道感染者。

3. 化膿性腦膜炎表現爲面白或青紫，拒乳、反應差、體溫不升或有發熱、哭聲弱或尖叫、雙眼凝視、前囟飽滿，重者出現抽搐現象。症狀類似缺氧缺血性腦病、敗血症，且常與敗血症同時存在。

4. 缺氧缺血性腦病早期主要表現爲過度興奮、肢體顫抖、睜眼時間長，甚至抽風，重病兒一開始可表現嗜睡、昏迷、肢體發軟、前囟飽滿，觸之像面鼓。在患兒病史中常有宮內、產時缺氧，伴有顱內出血等，

做頭部 CT、顱腦 B 超、磁共振及必要的化驗等可明確診斷。

這些病種雖然不同，但是症狀卻也有相似之處。例如不吃、不哭、體重不增、體溫不升。這些症狀的發生可以隱藏病症的嚴重性，因為症狀並不明顯。而且這些症狀並不是早期症狀，出現的時候已經生病有一段時間了。所以到這個時候治療就已經耽誤了。因此，掌握以上這些新生兒疾病的特異性及新生兒常見疾病的早期症狀還是很有必要（成大醫院，2016）。

（五）疹

許多兒童期感染疾病的主要徵候之一是長疹子，其中包括水痘、德國麻疹和麻疹。疹癬、金錢癬等皮膚病則會有局部性的疹子。嬰幼兒如果對藥物過敏在服藥時會長疹子。

在接觸蕁麻和其他植物時，也會長疹子。一種稱為紫斑症的皮膚狀況，看起來像疹子，但它是血液不正常的結果。斑點不癢，也沒有其他皮膚性的變化。要區別紫斑和其他疹子，可用玻璃杯輕輕壓上去，如果仍然看得見斑紋的話便是紫斑。紫斑可能由感染或對藥物過敏所引起（孕婦族群資訊網，2015）。

1. 嚴重性

雖然難受，但疹子本身並不是嚴重的病，亦不能忽視，因為它可能是某種嚴重疾病的徵兆。紫斑更可能是嚴重的白血病、肝炎或腦膜炎以及對藥物過敏的症候。

2. 檢查

檢查注意疹子在嬰幼兒身上的部位，以及它是否從其一部位向其他部位蔓延。嬰幼兒可能是患了一般性感染如水痘、麻疹或德國麻疹。

量體溫看有沒有發燒。看看嬰幼兒是否吃了某些沒吃過的東西如甲殼類或草莓。或服了什麼藥如盤尼西林。看看嬰幼兒是否有受到什麼擾害的現象，如指間的皮膚特別癢，則可能是疥癬。

（六）疝氣

疝氣是腹部肌肉壁有小缺陷而使軟組織突出的狀況。嬰幼兒們最常見的疝氣是臍膨出，出現在肚臍附近，是因出生時腹壁有缺陷所造成。鼠蹊膨出則是在鼠蹊部位，是男孩子最常患的，這是因為睪丸降到陰囊後發生的異常現象。鼠蹊膨出也可以自行痊癒，但是如果小部分的腸子陷入則需經小手術修正。除非腸子陷崁，此症並不嚴重。

1. 可能症狀

在肚臍附近或鼠蹊部位的皮膚表面有不痛的突出物，它在孩子咳嗽、打噴嚏、或哭啼時會變大。如有腸子陷崁會發生嘔吐和肚子劇痛。

2. 檢查及處理

輕輕試著把它往裡推，多數的疝氣可以靠輕推滑回腹壁內。如果嬰兒在6個月大以前在腹部有突出物，又如果突出物變硬，而且輕輕壓不能推回去，還會肚子痛、嘔吐時，要立即就醫。如果嬰幼兒有臍膨出，在洗澡時要注意它是否變大、變硬，輕輕壓能不能推回去。與醫師討論嬰幼兒的狀況，以決定是讓它自然痊癒或動手術。請醫生做定期檢查。如果疝氣是硬的而不能推回去，建議做修正手術，這種手術很簡單。如果嬰幼兒小於6個月患有鼠蹊疝氣，建議手術修正以免腸子陷崁。

（七）腦膜炎

腦膜炎是覆蓋腦和脊髓的膜發炎，大多是由病毒或細菌感染所引起。病毒腦膜炎最常在腮腺炎後發生，但並非嚴重疾病。細菌性腦膜炎比較嚴重，但是如果能及早診斷，可以用抗生素處理。

腦膜炎的症狀包括發燒、脖子僵硬、昏睡、頭痛、怕強光、偶爾也會有粉紅色疹子。嬰幼兒的腦膜炎，因為不能溝通所以很難診斷。在兩歲以下的孩子，囟門會略微凸出。

細菌性腦膜炎非常嚴重，如未加處理可能致命。腦膜炎很容易傳染，如確定孩子受感染要通知學校。可能症狀包括：發燒、高達攝氏39

度、頸子僵硬、倦怠、頭痛、怕強光、囟門突出、昏睡、迷惑、嘔吐、身體的大部分長粉紅疹子。

茲卡病毒感染症Q&A（懷孕婦女注意事項）

一、茲卡病毒簡介

茲卡病毒（Zika virus）為黃病毒（黃病毒科、黃熱病毒屬）的一種，是一個有包膜、二十面體、單股正鏈RNA病毒。最早在1947年於烏干達茲卡森林中的彌猴體內分離出來，依據基因型別分為亞洲型和非洲型兩種型別。茲卡病毒主要經由斑蚊傳播（孕婦族群資訊網，2015）。

二、茲卡病毒的傳染方式

主要傳染方式是被帶有茲卡病毒的病媒蚊叮咬，經過約3至7天的潛伏期後（最長可達12天）開始發病。感染者在發病第1天至發病後11天，血液中存在茲卡病毒，此時如果再被病媒蚊叮咬，病毒將在病媒蚊體內增殖，經過約15天左右，病毒進入蚊子的唾液腺，就具有傳播病毒的能力，而當牠再叮咬其他人時，這一個人就會感染茲卡病毒。由於約有75%的個案無明顯症狀，因此在流行地區有可能經輸血感染，也有可能發生母嬰間垂直傳染。此外，有文獻報告指出茲卡病毒可能透過性行為傳染。臺灣可傳播茲卡病毒的病媒蚊為埃及斑蚊及白線斑蚊。（疾病管制署，2015）。

三、茲卡病毒感染症狀與預防之道

典型的症狀是發燒（通常是微燒）合併斑丘疹、關節痛（主要是手和腳的小關節）或結膜炎等，其他常見症狀為頭痛、後眼窩痛、厭食、腹痛及噁心等。法屬玻里尼西亞等流行地區曾有少數病例出現神經系統（如Guillain-Barré syndrome）或免疫系統（如特異性血小板低

下性紫斑症）併發症，且巴西有孕婦產下小頭畸形新生兒之案例，惟
這些神經異常與感染茲卡病毒之關聯性仍待進一步證實。

　　近期茲卡病毒感染症疫情在巴西流行地區同時發現小頭畸形新生
兒的病例遽增，雖然這與感染茲卡病毒的關聯性尚待證實，但依據目
前相關報告及文獻資料，仍建議任何孕期的懷孕婦女特別注意。

　　茲卡病毒感染症主要經由斑蚊叮咬傳染，目前無疫苗可預防，
建議懷孕婦女如無必要應暫緩前往流行地區，若必須前往請做好防蚊
措施，如穿著淺色長袖衣褲、皮膚裸露處塗抹衛福部核可的防蚊藥劑
等，返國後自主健康監測，如有任何疑似症狀，應儘速就醫，並告知
醫師旅遊史。

（資料來源：衛生福利部，2016）

第二節　心理層面

一、認知發展

　　新生兒在出生時是敏感而且有反應的，也喜歡看到對比、線條複雜的
圖案，尤其是臉部。嬰兒自出生後即與外在環境產生互動、開始學習，甚
至更早就已開始學習。

　　母親的情緒也會影響胎兒，有證據顯示，母親情緒低落或過度緊
張產下的嬰兒，通常體重不足，愛哭，精神方面的問題也較多（Creno,
1994）。母親在懷孕期間情緒低落也與新生兒哭不停、無法安慰有關。越
來越多的心理健康專家們相信，孩童的情緒健康始於受孕期，他們也相信
在產前冥想與胎兒溝通，可以增加親子間關係，更可以讓孩子擁有良好的
情緒。有些研究人員認為這種早期親密關係的建立可以防止日後虐待兒童
事件的發生。

　　新生兒大部分時間皆處於下六種狀態的其中一種，六種狀態分爲爲：安靜的警戒狀態、好動的警戒狀態、哭的狀態、昏昏沈沈的狀態、安靜的睡眠狀態、好動的睡眠狀態。嬰兒在大部分的時間都處於睡眠狀態，嬰兒也會利用睡眠來控制他們周圍的環境，當他們覺得壓力太大或受到刺激時，會閉起眼睛睡覺以調適自己（Trout, 1995）。

二、心理優勢與風險

　　目前大多數醫院，都會將足月的健康寶寶交給母親做肢體上的接觸，也鼓勵產後母親與寶寶間多一些接觸與互動。研究人員則是認爲情感的形成是一種持續性的過程，產後接觸並不是強化家庭關係的唯一機會，在面對家庭複雜的社會及情感因素時，不必過於強調建立早期親密關係（Grusec, 1988）。

　　研究顯示，長期接受特別看護的嬰兒，受到虐待的可能性較高，可能是親子之間長期疏離，無法建立親密感所致（Frank, 1993）。外國學者強調親子應早期接觸，以及建立親密關係的重要性，其他研究雖無法證明敏感期的存在，卻有許多研究顯示觸摸早產兒的重要性。

　　多胞胎的父母承受比一胞胎父母更多的壓力。研究發現，母親較會有憂慮或焦慮症，包括驚慌及強迫症，這些症狀不僅影響父母，也會影響到小孩。社會工作者應提供一個不會評論好壞的情境，使得多胞胎的父母盡情抒發他們的感受及經驗（Wilcox et al., 1996）。在可能的狀況下，社會工作者也應該尋求其他的健康照護服務來提供幫助。

三、嬰幼兒語言發展

（一）語言發展方式

　　以下所述，爲嬰幼兒語言發展在不同階段之情況。

1. 哭與發聲（0～1 個月）

（1）哭是新生兒最原始的溝通方式。

（2）3-5 週：嬰兒會發出「阿阿阿」、「喔喔喔」。

（3）這時候語言的意義：新生兒或剛出生不滿一個月的嬰兒，其哭聲、抽咽聲和咕咕聲都不能被視為早期的語言，有些則是生理的刺激而發出聲音的，諸如：飢餓、不舒服、要大人抱抱、或者是表達自我意願等等。

2. 兒語（1～10 個月）

（1）3-6 個月：嬰兒會把英語中的子音和母音組合一起重覆說出。

（2）初期常見的兒語："mamama"、"papapa"。

（3）嬰兒大約在六個月大的時候，開始有牙牙學語（babble）的現象產生。（這個階段兒童會學習如何保留正確的聲音，屏除錯誤的聲音）

（4）7-8 個月時，他們會對別人說出聲，會由聽轉換為開口說。

（5）9-11 個月大會以單一字或詞表現。

　　此階段對於無聽力喪失的幼兒，有些研究者主張，應該用出聲語言及動作手勢來做溝通。

3. 全片語詞（10 個月～1 歲 4 個月）

（1）大約一歲後，兒童開始使用重複的字義。相同的一連串的聲音來表達自己的意思。

（2）兒童兩歲時，已能夠把簡單的兩個字詞組合說出，然後再漸漸形成句法，清楚語意關係，進而形成真正的雙語詞。

4. 電報式語言（1 歲 4 個月～1 歲 10 個月）

（1）所說出的單句簡略而結構不完整，就像電報文件一樣，如「媽媽、糖」，其實是「媽媽給我糖」，因此又稱電報句期。會說謝謝、或回答一般問話如「那是什麼？」等。

（2）兒童說話時的表現像是在讀電報般，所以也稱為電報式語言。

（3）兒童的語句並非只是字詞的隨意組合而成，雖然缺乏語法詞素，但也有明顯的層次結構。

（二）嬰幼兒語言發展遲緩

　　「語言發展遲緩」最簡單的定義：兒童之語言發展明顯落後其同年齡者。一般來說，正常兒童在一歲半左右會說一些簡單的字彙，兩歲半以後會使用簡單句型，三歲多可以說一些較複雜的句子，大約在四足歲左右就可以發展出日常生活對話能力；若孩子到了三歲左右仍不會說任何有意義語彙，就可能是「語言發展遲緩」，需要語言治療師作評估與檢查，無論是幼兒本身的「生理因素」或「環境因素」（韓菁，2006）。

1.影響語言發展，常見的原因

　　某些幼兒因先天生理上的缺陷，腦部功能發育不良，或後天文化刺激不足，環境剝奪等因素，使得語言發展速度無法跟上，或造成語言發展緩慢或偏差。以下列舉常見原因：

（1）先天性障礙：如唐氏症。

（2）先天性耳聾或聽力障礙。

（3）腦性麻痺、自閉症、情緒障礙或過動兒。

（4）學習經驗缺乏、不當的養育、過度保護或忽略也可能使語言刺激不足、語言發展落後。

（5）身處複雜的語言環境、學習能力低落或較內向畏縮的幼兒。

2.兒童常見的語言問題

（1）構音異常

　　構音異常又稱「口齒不清」，也是台語俗稱的「臭乳呆」，是兒童語言問題中最常見的一種，可能與幼兒口腔動作協調性差或語音聽辨力、口腔靈敏度不良有關，例如「婆婆吃香蕉」變成「伯伯知江蕉」，說話含糊不清。

（2）口吃

　　「口吃」指在說話時結結巴巴，不斷重複某些字，拉長語音或字句中斷等現象，使說話變得十分不流利，嚴重者還會合併聳肩、頓腳、眨眼、甩頭等動作。

（3）聲音沙啞

　　多發生於五到十歲的幼童，而且男孩較女孩多；多因長時間的吼叫，大聲尖叫……錯誤的發聲習慣所致，這類幼兒會有說話聲音沙啞、音調降低、喉嚨緊乾不適、發聲費力等現象。

3. 語言治療的基本理念

（1）治療是不斷進行且活生生的過程，參與者要共同投入，發展話題，並留意可能產生的誤會。

（2）治療不是單向，乃是雙向的過程，教育用示範來引導孩子學習，然後更要讓小孩在開放與包容的環境內試驗新的語言模式。

（3）治療不應只在教室，資源教室、治療室內或家中進行，而應是在每一個人、每一處地方都能進行。

（4）家庭中每一成員在語言治療均扮演重要的角色，因此父母的參與十分重要。

（5）語言治療不是片面，而是全面的，需要顧及內容、形式和運用的組合。

（6）語言治療該合情合理及顯而易見，需要有組織，且自然的活動組合，才能表現多種語言形式。

（7）治療要因人而異，配合個人之需要。

4. 語言發展異常之重要指標

　　語言的發展雖然有個別差異存在，但大致均循著一定的順序完成，可以依據正常的語言發展時序，推斷兒童語言能力是否有落後或異常的現象，早期發現問題，把握治療的先機，使兒童得到最適切的幫助。

　　下列任何一種情況發生時，均須提高警覺，找出可能原因，並且及早診治，使兒童能減低語言異常的程度。

（1）嬰兒時期太過安靜，或對大的聲音缺乏反應。

（2）至二歲仍無任何語彙出現。

（3）至三歲仍無任何句子出現。

（4）三歲以後，說話的內容含糊不清難以理解。

（5）五歲以後，說話句子常有明顯錯誤。

（6）五歲以後，說話句子仍有不正常的節律、速度、或語調。

（7）五歲以後，說話語音仍帶有許多省略、替代、或歪曲的現象。

（8）說話聲音單調平直、音量太大或太小、或音質太差。

（9）說話聲音有明顯鼻音過重或缺乏鼻音的現象。

（10）年齡愈長，說的話反而愈少或愈不清晰。

第三節　社會層面

一、家庭與支持系統

　　Bradley（1987）的研究顯示，激勵與支持是家庭最重要的必備條件。新生兒需要會與他們說話、對他們有回應的父母，他們需要一個穩固安全的家，還有可以刺激官能的遊戲和好玩的玩具。特別需要一小群充滿愛心和溫情，隨時準備滿足新生兒需求的成人。

　　新家庭面臨的問題，可能有家庭暴力、壓力、貧窮、失業及無家可歸。住院二天並沒有給他們很多時間去處理這些問題，不幸的是帶嬰兒回到這樣的生活環境，只會增加虐待事件和棄養事件的發生率（Seitz, 1985）。美國「亞利桑那健康好家庭」為一個家庭拜訪式輔導活動，該活動在嬰兒出生時過濾出未來可能會造成高度壓力的危險因素，有可能發生兒童虐待事件的家庭，每週都由專業的助理工作人員進行訪視，並提供實際的協助（Goldson, 1991）。

　　在一般社會中，青少女懷孕被視為一種循環的社會問題。此年齡層的青少年在情感穩定，以及對事情的判斷程度仍然不足，經濟上也缺乏自主能力。調查顯示，成功的青少女母親是能妥善運用內外在力量及資源的人，她們能自我檢視評估新的角色及狀況，且能運用外在適當社區資源。她們也和父母、家人、老師、同儕及孩子的父親保持緊密的

關係（Goldson, 1991）。

二、社會風險

　　對於嬰兒發育結果造成負面影響的社會危險因素，包括貧窮、失業、母親缺乏教育、父母有精神的疾病、家庭人數眾多、父親出走、不良的居住環境、經濟不景氣以及不當的保健系統，而這些危害因素都有一個共同的源由，就是貧窮。出生貧窮家庭的孩子，遭遇健康和發育問題的危險性較高（Kleigman, 1992）。貧窮是造成缺乏產前檢查、出生體重過低、早產及母體不健康習慣的主因，低收入更與孩子受到虐待有極大的關係。此外，受虐兒童及遭棄養兒童在發育上也面臨較多問題。

　　胎兒期曾受到藥物影響的新生兒，由於神經系統的脆弱與失調而導致非常敏感，無法與其生活環境密切結合。他們較少能維持在安靜的警戒狀態；一旦受到外界刺激，不是閉上眼睛睡覺，就是大哭一場（Griffith, 1988）。要和這類嬰兒產生互動不容易，他們可能一看到人的臉孔就會受驚嚇。當吸毒的母親試圖與寶寶互動時，期盼得到寶寶的愛與接受，但寶寶往往一看到人的臉孔即瞬間嚎啕大哭，讓母親覺得遭拒絕，無法勝任該角色，而感到挫折。

　　家庭暴力是危害孕婦和胎兒的因素之一，懷孕時受到毆打可能導致傷害情況加劇。婦女在懷孕期受到身體上的虐待容易造成流產、早產及嬰兒先天體重不足等結果（Chambliss, 1994）。一般受虐婦女不會主動向人透露自己受虐，在進行訪談時，應該將婦女與其先生隔離，女性通常較容易對另一位女性吐露自己受虐的情況（Newberger, 1992）。對於家暴事件，家庭情況也需要評估，例如：家暴程度，是否懼怕配偶、是否曾去過警局或法院等。對於受虐婦女，相關機構必須訂出一套安全策略，並且應該強調，沒有人應該被自己所愛的人所傷害。

問題與討論 ✐

1. 請扼要說明嬰兒生理成長與發展的過程？

2. 請說明常見的嬰兒缺陷及發育失調情況，及一般父母的反應？

3. 新生兒常見的疾病有哪些，請扼要說明？

4. 請扼要說明嬰兒語言的發展方式？

5. 請扼要說明語言治療的基本理念？

6. 請扼要說明語言發展異常的重要指標？

7. 請說明茲卡病毒感染症狀與預防之道？

8. 父母面對胎兒異常而考慮墮胎時，有哪五項重點需要評估？

參考書目

成大醫院（2016）。**新生兒常見的疾病**。http://www.ibabyhealth.com/education/detail-cf4.html。

疾病管制署全球資訊網（2015）。http://www.cdc.gov.tw/CountryEpid Level.aspx。

孕婦族群資訊網（2015）。**孕婦族群資訊網站——大肚婆網站**。http://www. dadupo. com.tw

韓菁（2006）。復健科語言治療。**嘉基院訊**。http://www.cych.org.tw/cych/ medknow/。

劉仲康、鍾金湯（2015）。新生嬰兒量表亞培格。**科學發展**，511 期。

衛生福利部（2016）。**衛生福利部中華民國 105 年 2 月 2 日部授疾字第 1050100179 號公告**。

Ashford, J. & LeCory, C. (2012). *Human behavior in the social environment*. NY: Cengane Learning.

Bank, B. A., Seri, I., Ischiropulos, H., Merrill, J., Rychik, J., & Ballard, R. A. (1999). Changes in oxygenation with inhaled nitric oxide in sersre bronchopulmonary dysplasia. *Pediatrics*, 103, 610-619.

Bradley, R., Whiteside, L., Mundfrom, D., Casey, P., Kelleher, K., & Pope, S. (1994). Contribution of early intervention and early caregiving experiences to resilience in low-birthweight, premature children living in poverty. *Journal of Clinical Child Psychology*, 23, 425-434.

Chambliss, L. (1994). Domestic violence － What is health care provider's responsibility? *Samaritan Air Evac News Physiciansand Mangers*, Fall, 1-3.

Creno, C. (1994). *Bonding before birth: Child's mental health begins at conception, small-*

but-growing group insists. The Arizona Pepublic, E1.

Dieter, J. N. I., Emory, E. K., Johnson, K. C., & Raynor, B. D. (2008). Maternal depression and anxiety effects on the human fetus: Preliminary findung and clinical implications. *Infant Mental Health Journal*, 29, 420-441.

Feinbloom, R. (1993). *Pregnancy, birth and the early months: A complete guide*. Reading, MA: Addison-Wesley.

Frank, D., Silver, M., & Needlman, R. (1993). Failure to thrive: Mystery, myth, and method. *Contemporary Pediatrics*, 114-133.

Goldson, E. (1991). The affective and cognitive sequelae of child maltreatment. *Pediatric Clinics of North America*, 38, 1481-1496.

Griffith, D. (1988). The effect of prenatal exposure to cocaine on the infant and on early maternal-infant interactions. In I. J. Chasnoff (ed.), *Drugs, alcohol, pregnancy, and parenting* (pp. 142-158). Lancaster, UK: Kluwer.

Grusec, J. & Lytton, H. (1988). *Social development: History, theory and research*. New York: Springer-Verlag.

Hamark, B., Uddenberg, N., & Forssman, L. (1995). The influence of social class on parity and psychological reactions in women coming for induced abortion. *Acta Obstetricia et Gynecologica Scandinavica*, 74, 302-306.

Jedrychowski, W. & Flak, E. (1996). Confronting the prenatal effects of active and passive tobacco smoking on the birth weight of children. *Central European Journal of Health*, 4, 201-205.

Kleigman, R. (1992). Perpetual poverty: Child health and the underclass. *Pediatrics*, 89, 710-713.

Kowalski, K. (1985). The impact of chronic grief. *American Journal of Nursing*, April 398-399.

Murray, S. S., Mckinney, E. S., & Gorrie, T. M. (2002). *Foundations of maternal-newborn nursing* (3rd ed.). Philadelphia: Saunders.

Newberger, E., Barkan, S., Lieberman, E., McCormick, M., Yllo, K., & Gary, L. T., et al. (1992). Abuse of pregnant women and adverse birth outcome: Current knowledge and implications for practice. *Journal of American Medical Associations*, 17, 2370-2372.

Pasui, K. & McFarland, K. F. (1997). Management of diabetes in pregnancy. *American Family Physician*, 55, 2731-2739.

Seitz, V., Rosenbaum, L. K., & Apfel, N. H. (1985). Effects of family support intervention: A10-year follow-up. *Child Development*, 376-391.

Street, E. & Soldan, J. (1998). A conceptual framework for the psychosocial issues faced by families with genetic condition. *Families, Systems, and Health*, 16, 217-232.

Trout, M. (1995). Infant attachment: Assment, intvention and developmental impact. Workshop presented by M.Trout,Direct of the Infant Parent Institute, Tucson, AZ.

Wilcox, L. S., Kiely, L., Melvin, C. L., & Martin, M. C. (1996). Assisted reproductive technologies: Estimates of their contribution to multiple births and newborn hospital days in the United States. *Fertility and Sterility*, 65, 361-366.

第四章　嬰幼兒時期

　　嬰幼兒的父母對於子女的發展多半是抱持較為緊張的態度，然而嬰幼兒的發展多半是以循序漸進的方式進行，不論是行動與溝通方式皆然，不必太過擔心。一般嬰幼兒在睡眠、感覺、學習、運動等方面的能力都是漸進完成，一眠大一寸。

　　初生嬰兒到十八個月或兩足歲之間的發展階段稱為「嬰幼兒時期」。嬰幼兒的發展階段只占人類生命的3%左右，但卻是往後在身體、智能、情緒、或社會等功能發展的重要基石。

第一節　生理層面

一、幼兒生理成長與發展

(一) 嬰幼兒動作發展

　　嬰幼兒動作發展乃是依照身體發展的順序而為，其原則如下（Johnson, 2001）：

1. 由頭至腳原則：剛出生的嬰兒頭部的動作較身體其他部位活動頻繁，直到神經系統成熟後，才發展至四肢及軀幹的活動控制。
2. 由中心發展至週邊原則：嬰幼兒在抓取物品時，開始是用肩頭與手肘，然後才學會用手腕及手指。
3. 由大動作發展至小動作原則：嬰幼兒的動作順序是先出現大關節動

作，如肩部動作及髖關節部分的粗大動作，慢慢地引發出正確而精細的手指動作。

　　嬰幼兒在每個不同動作的發展原則，均有一定的順序。例如「抓」這個動作的發展，每個階段的發展均發生在一定的時期中，雖然每個階段均不相連，但卻會彼此影響。此外，動作發展具有順序性，可由嬰幼兒開始走路的時間與整體發展率一致得證。例如，一個較早學會坐的嬰幼兒，亦會較其他幼兒早學會走路，因為發展速率上的一致，使我們可以由嬰幼兒動作發展的速率來推測其學會走路的時間。

（二）動作發展順序

　　依照肌肉活動控制及身體部位的動作控制，嬰幼兒基本的動作發展可分成四部分：頭部、軀幹、手臂及手、腿及腳。發展速率的差異也可能受到智力、學習、訓練的方式，或是動機等因素而有所不同。

二、睡眠狀態

　　在養育的過程中，嬰幼兒在白天與夜晚斷續式的睡眠型態，確實會造成母親或褓姆帶來極大的困擾。

　　嬰幼兒睡眠的特徵不僅是睡眠時數長，而其睡眠週期中動眼期睡眠（REM sleep）所占的比例較成年人為多，且具備重要的生理意義。在動眼期的睡眠中嬰兒腦部活動旺盛，將有益於中樞神經系統的成長與發展。

　　一般父母最常提出的問題是：如何讓嬰兒在夜間不哭鬧？要瞭解此一問題，則要從嬰幼兒睡眠狀態的特徵與其階段性變化來瞭解。

1. 嬰兒在足月至一個月大時，才會有一些較長的睡眠時段，也逐漸有些日夜作息型態的差異，如白天醒著的時間較多、夜晚的睡眠時數也逐漸拉長。

2. 嬰兒到六個月大才會形成所謂「白天活動、夜晚睡眠」的習慣。嬰兒的醒覺與睡眠時段隨著年齡的增長而相互配合形成「最長的活動時段

之後緊接著最長時段的睡眠」，亦即到六個月大才會形成所謂「白天活動、夜晚睡眠」的階段。故要減少嬰兒夜晚的哭鬧，除了健康狀況、飲食型態、舒適感等因素外，生長發育的成熟程度可能是重要關鍵。

3. 嬰兒在出生後的一個月之間，每日大約花費十六至二十小時睡覺，其餘時間不是吃奶就是在哭鬧，而生理上的需要、饑餓感及身體的舒適感將左右此一階段嬰兒的醒覺時機。

4. 一般足月嬰兒的動眼期睡眠約占睡眠週期的 50% 以上，早產嬰兒的動眼期睡眠所占的比例則略為增加，也因而延長其睡眠時數。

三、感覺系統發展

感覺系統為人類探究、認識環境重要的媒介，可以分為觸覺、嗅覺、味覺、視覺、聽覺等等五大類。

初生嬰兒是否即具有某些完整的感覺能力，或是某些感覺能力的獲得？答案是，必須因成長而逐漸累積形成（信誼基金會，2012）。

1. **觸覺**：新生兒對觸覺刺激非常敏感，可以透過口腔觸覺和手觸覺來探究世界。在視覺尚未成熟之前，嗅覺與觸覺是一般嬰兒用以分辨母親的主要方法。

2. **嗅覺**：出生一星期便能靠著氣味辨認出自己的母親。

3. **味覺**：出生時新生兒可以分辨不同味道，最喜歡的是甜味。

4. **視覺**：（1）新生兒視覺範圍較狹窄。

　　　　　（2）大約在三個月時，嬰兒的視線可以從一個物體轉移到另外一個物體。

　　　　　（3）新生兒喜歡注視人的臉孔及對比鮮明的圖案，視覺辨別能力在 4~6 歲時趨於穩定。

5. **聽覺**：出生 3 天已經能夠分辨新的語音和他們曾聽過的語音，並能將視覺體驗和聲音結合起來。聽覺器官的發育雖然在胎兒時期大致完成，中

耳及內耳的構造在嬰幼兒時期仍持續發育，甚至外耳部在青少年時期仍會繼續長大。

四、學習能力發展

文獻指出，許多在幼兒發展過程中若缺乏足夠養育的刺激，將造成整體的心智發展遲滯。所幸，若能夠在嬰幼兒時期得到主動的關愛、足夠的身體接觸與擁抱、語言的帶領、及情緒的接納等等，其發展遲滯能夠復原、或許能夠免於留下後遺症（王加恩，2008）。

近年來坊間盛行以學習理論提倡培育幼兒發展的用具或圖書，宣揚創造資賦優異幼兒的方法或提供父母親所謂的養育「捷徑」。如此不僅忽略嬰幼兒本身的學習潛能與特質，對於期待過高的父母親也可能帶來無謂的挫折感。

嬰兒學習能力的展現可以從初生數週即會模仿大人做些吐舌頭、張口、噘嘴、微笑的表情開始。嬰兒也逐漸從環境所提供的刺激中強化感覺系統反應、及得到新的運動技巧。經過嬰幼兒發展的前期，一週歲大的嬰幼兒已經可以運用語言、及自由行動，給予未來的一年提供更多的學習機會。學習能力是否為生物本能，還是環境因素扮演重要角色，亦或是二者皆有相當影響，一直是發展心理學家所關心的話題。

第二節　幼兒心理成長與發展

一、發展理論

（一）皮亞傑：認知發展與資訊處理

幼兒靠動作來認識與瞭解周圍的世界，亦即靠感覺動作來獲得知識，

嬰兒時期的遊戲以實踐性或功能性為主。幼兒生理成長發展是由頭伸延至腳，由軀幹至四肢，由大肌肉至小肌肉。心理成熟則是透過家人的愛及訓練，得到嘗試解決問題的機會，建立出「自信」及「信任他人」的基礎，這也是本階段最需要建成的人格特質之一，也將延續往後的個人性格發展（Stern, 1985）。

感覺運動期（Stern, 1990）：0-2 歲（如表4-1）

1. 出生至一個月（反射的使用）：活動僅限於練習天生的反射動作，同化新的物體至其他反射基模裡。例如吸吮奶嘴以外的物體，並且因新奇的物體而調適反射基模。

2. 一至四個月（初級循環反應）：無意中發現許多自己所產生的反應，如吸吮拇指、發出咕嚕的聲音，是令人滿足且值得重複為之，嬰兒第一次協調的習慣開始出現。

3. 四至八個月（次級循環反應）：嬰兒發現因操弄外在物體而能產生一些有趣的事情，嬰兒會因它所帶來的快感而不斷重複。例如壓縮橡皮鴨而使其發出聲音。

4. 基模中，嬰兒將兩個原本毫無關聯的反應——掀起和抓握——加以整合，成為完成目的之手段。例如將玩具放在椅墊下，嬰兒會用一隻手將椅墊掀起，另一手去抓玩具。在此例中，掀起椅墊的動作是屬於一個較大的、有意向的基模的一部分。

表 4-1　嬰兒感覺運動期發展

期別	年齡	分期名稱	發展內容
一	出生至一個月	反射的使用	練習與生俱來之反射動作，並達成某些控制。
二	一至四個月	初級循環反應	開始協調感覺訊息。例如抓握、吸吮等，可以協助他們滿足生理需求。
三	四至八個月	次級循環反應	對環境感到興趣，行動為有意義但非目標導向的。
四	八至十二個月	次級基模協調	行為更具有意義與目標性，能預期事件的發生。

（二）薛佛（David R. Shaffer）認知論

物體概念的社會意義：除非嬰兒對一般的同伴有「恆存」的概念，否則是無法和他們形成緊密的情感關係（Shaffer, 1993）。兒童在感覺動作期僅兩年的期間，智力的成就非常可觀，從反射性及無法移動的個體成為具有豐富思考能力的人（Wynn, 1992）。

（三）艾瑞克森的心理社會發展理論

對於零歲至一歲之發展階段為「信任與不信任」。此階段之發展為，嬰兒漸漸感受到外界環境可靠程度；透過嬰兒與照顧者之互動，嬰兒便能產生信任感（張氏心理學辭典，2012）。

最後對於嬰兒音樂發展與認知發展之關係，雖然有個別化的不同，但仍有可依循之模式。Todd 與 Heffernan（1977）根據皮亞傑（Wadsworth, 1979）與艾力克森之理論，撰寫嬰兒發展階段與其重要行為特徵，作為對嬰兒設計音樂活動時之參考目標（趙金鳳，2002）。

二、溝通

嬰兒並非什麼都不懂，每個嬰兒都會依據本能反應，與外界進行溝通。父母該如何與嬰兒溝通呢？基本而言，人際溝通中，六成五的社會意義經由「非語言」訊息傳達。也就是，即使不說話，人們仍舊持續進行溝通。家有小娃兒的父母應該最能體會以非語言訊息進行溝通的重要性。因為嬰兒都是先依著本能反應，例如：哭泣、吸吮，而後，再慢慢進化成利用各式非語言及語言訊息表達需求，與外界進行溝通。以下說明嬰幼兒語言發展過程（Condom, 1975）：

（一）幼兒語言發展

1. 哭與發聲（0 ～ 1 個月）

（1）哭是新生兒最原始的溝通方式。

（2）3-5 週：嬰兒會發出「阿阿」、「喔喔」！

（3）這時候語言的意義：新生兒或剛出生不滿一個月的嬰兒，其哭聲、抽咽聲和咕咕聲都不能被視為早期的語言，有些則是生理的刺激而發出聲音的，諸如：飢餓、不舒服、要大人抱、或者是表達自我意願等（Zigler, 1993）。

2. 兒語（1 ～ 10 個月）

（1）3-6 個月：嬰兒會把英語中的子音和母音組合一起重覆說出。

（2）初期常見的兒語："mama"、"papa"（Bjorklund, 1992）。

（3）嬰兒大約在六個月大的時候，開始有牙牙學語的現象產生。

（4）7-8 個月他們會對別人說出聲，會由聽轉為開口說。

（5）9-11 個月大會以單一詞表達。

3. 全片語詞（10 個月～ 1 歲 4 個月）

（1）大約一歲後，兒童開始使用重複的字義。相同的一連串的聲音來表達想法。

（2）此階段的語法是：一個字詞＝一個句子，這也稱為單字句階段。
例子：小磊在其兩歲時就已學會許多的字詞了，小磊曾用他的字詞——襪子——來涵蓋除了襪子之外，所有伸腳穿上的衣物，如：男性內褲、穿於腳部以上的內衣。

（3）單字句階段作用：
a. 第一是與兒童本身的行動或所期望有關，當小磊想要別人抱時，他會說抱。
b. 第二是傳遞感情。例如：他會說不來表示他不喜歡。
c. 第三則是命名的功能。例如：小磊所說的狗，鞋等。

（4）兒童兩歲時，已開始把簡單的兩個字詞組合說出，然後再漸漸形成

句法，清楚語意關係，進而形成真正的雙語詞。

4. 電報式語言（1 歲 4 個月～ 1 歲 10 個月）

（1）所說出的單句簡略而結構不完整，就像電報文件一樣，如「媽媽、糖」，其實是「媽媽給我糖」，因此又稱電報句期。會說謝謝、或回答一般問話如「那是什麼？」等。

（2）兒童說話時的表現像是在讀電報一般，所以也會稱此為電報式語言（Adler, 1990）。

（3）兒童的語句並非只是字詞的隨意組合而成的，雖然缺乏語法詞素，但也還是有如同大人說出的句子般，有明顯的層次結構。

5. 模仿語法造句期（1 歲 10 個月～ 2 歲 3 個月）

（1）開始模仿學習成人的語法，能回答簡單問題（你叫什麼名字）或輪流對話，因此又稱文法期。

（2）學會的語彙約 30 ～ 50 個，並會使用你、我、他等代名詞，並稍微瞭解「上、下、以前」等空間、時間概念。

6. 愛問為什麼複合句期（2 歲 3 個月～ 3 歲 6 個月）

喜歡問「為什麼」，因此又稱「好問期」，為語言學習過程中的爆發期，語彙快速增加，並學會複合句，如「媽媽去上班，然後弟弟就哭了」。

（二）幼兒語言發展遲緩

「語言發展遲緩」最簡單的定義是指：兒童之語言發展明顯落後其同年齡者。一般來說，正常兒童在一歲半時會說一些簡單的字彙，兩歲半以後會使用簡單句型，三歲多可以說一些較複雜的句子，大約在四足歲左右就可以發展出日常生活對話能力（Frank, 1993）；倘若孩子到了三歲左右仍不會說任何有意義語彙，就可能是「語言發展遲緩」，需要語言治療師作評估與檢查。無論是幼兒本身的「生理因素」或「環境因素」，皆需要積極面對與處遇。

1. 影響語言發展的原因

　　某些幼兒因先天生理上的缺陷，腦部功能發育不良，或後天文化刺激不足，環境剝奪等因素，使得語言發展速度無法跟上自己的年齡，或造成語言發展緩慢或偏差（Zigler, 1993）。

（1）先天性障礙，例如，唐氏症。

（2）先天性耳聾或聽力障礙亦會使兒童語言發展遲滯。

（3）腦性麻痺、自閉症、情緒障礙或過動兒也會有語言發展遲緩現象。

（4）學習經驗缺乏、不當的養育、過度保護或忽略也可能使語言刺激不足、語言發展落後。

（5）身處複雜的語言環境、學習能力低落或較內向畏縮的幼兒，其語言能力有較差之傾向。

2. 幼兒的口腔功能發展

（1）是從出生後的數分鐘內開始發展，大約至兩歲才完成（Frank, 1993）。

（2）這段期間孩子的進食經驗和口腔動作學習，關係一生的營養攝取和說話清晰度。

　　a. 初生至三個月：新生兒是以反射動作來進食；舌頭以前後動的方式來運動；吸一口吞一口。

　　b. 三至六個月：口腔動作仍為反射性動作。包含流口水、牛奶溢出、哽嗆、動作不協調。

　　c. 六至九個月：六個月時臉頰與嘴唇的肌肉控制能力有明顯進步；舌頭仍以前後動為主，咀嚼動作仍不成熟。

　　d. 九個月：口腔動作已較能控制、雙唇會自湯匙上抿下食物；舌頭已是成熟的上下動方式，但咀嚼仍不夠協調。

　　e. 十二個月：嘴唇閉合能力更加成熟，多可維持緊閉；會用杯子喝水；吸吮和吞嚥動作已協調分化。

　　f. 十五至十八個月：下頜穩定度的發展，可隨著食物的軟硬來控制咬的力量；杯子喝水技巧更精進，會正確做出吻的動作；練習舌

　　　　頭上頂的動作。

　　　g. 十八個月：可用湯匙或手吃東西；成熟的咀嚼動作可軟硬都吃。

　　　h. 二十四個月：兩歲左右的兒童，大致已發展完成終生所需的進食
　　　　　技巧和口腔動作、會自己吃、喝、吸管喝水、舌頭舔嘴唇、不流
　　　　　口水。

3. 兒童常見的語言問題

　　兒童常見的語言問題包括（城安耳鼻喉診所，2004）：

（1）構音異常

　　構音異常又稱「口齒不清」，是兒童語言問題中最常見的一種，可能
與幼兒口腔動作協調性差或語音聽辨力、口腔靈敏度不良有關。例如「婆
婆吃香蕉」變成「伯伯知江蕉」，說話含糊不清，咬字不正確。

（2）口吃

　　「口吃」指在說話時有結巴，不斷重複某些字，拉長語音或字句中斷
等現象，使說話變得十分不流暢，嚴重者還會合併聳肩、頓腳、眨眼、甩
頭等動作。

（3）聲音沙啞

　　多發生於五到十歲的幼童，而且男孩較女孩多；多因長時間的吼叫，
大聲尖叫等錯誤的用聲習慣所致，這類幼兒會有說話聲音沙啞、音調降
低、喉嚨緊乾不適、發聲費力等現象。

4. 語言治療的基本理念

　　在進行嬰幼兒的語言治療時，下列理念可供參考（韓菁，2008）：

（1）治療是不斷進行且生活化的過程，參與者要共同投入，發展話題，
　　　並留意可能產生的誤會。

（2）治療不是單向，而是雙向的過程，用示範來引導孩子學習，然後更
　　　要讓小孩在開放與包容的環境內試驗新的語言模式。

（3）治療不應只在教室，資源教室、治療室內或家中進行，而應是在每
　　　個人，隨時都能進行。

（4）家庭中每一成員在語言治療均扮演重要的角色，因此父母的參與十

分重要。

（5）語言治療不是片面，而是全面的，需要顧及內容、形式和運用的組合。

（6）語言治療該合情合理及顯而易見，需要有組織，且自然的活動組合，才能表現多種語言形式。

（7）治療要因人而異，配合個人之需要。

5. 語言發展異常之重要界標

（1）語言的發展雖然有個別差異存在，但大致均循著一定的順序完成，可以依據正常的語言發展時序，推斷兒童語言能力是否有落後或異常的現象。

（2）早期發現問題，能把握治療的先機，使兒童得到最最適切的幫助。下列任何一種情況發生時，均須提高警覺，找出可能原因及早診治，使兒童能減低語言異常的程度。

　a. 嬰兒時期太過安靜，或對大的聲音缺乏反應。

　b. 至二歲仍無任何語彙出現。

　c. 至三歲仍無任何句子出現。

三、態度與情緒

（一）何謂情緒

情緒是由外在刺激引起個體自覺心理狀態失衡、生理變化（韓菁，2008）。情緒的種類有兩項：（1）趨向情緒：發生於接近期待中目標而促發的特定情緒。（2）逃避情緒：遠離嫌惡刺激，產生典型逃避行為的情緒，例如厭惡、害怕。其中，腦皮質前額葉和杏仁體為關鍵結構。

（二）情緒的發展

包含正向情緒與負向情緒，說明如下：

1. 正向情緒的發展

嬰兒笑容的發展特性：

（1）「內發性」、「自發性」的笑：睡眠中，出生三個月後發生頻率減少。

發生原因：與下皮層中樞神經的自發性放電相關。

特殊狀況：早產兒和腦部發育缺陷嬰兒表現出較多的自發性笑容。

（2）「外發性」的笑：睡眠中，由外在刺激所引發。

發生原因：睡眠中皮層活動較為低弱，使外在的刺激所激發的活動較易超過閾值。

（3）早期清醒笑容。

（4）再認笑容：實驗中重複出現的刺激能有效引發笑容，一些次數後漸漸失效。這表示嬰兒對一張臉的基模已經非常熟識。

（5）大笑：需要較多且較快速的產生緊張，可能因為消除緊張後產生大笑。

2. 負向情緒的發展

（1）害怕情緒非與生俱來，是由嬰兒早期情緒的前驅物逐漸發展而來，並伴隨認知功能的成熟而持續發展。

（2）警戒／害怕系統和愉悅／高興系統所表現出的第一個反應皆源於興奮性刺激簡單的累積，且獨立於事件所屬的特殊涵義。因此負向情緒的產生包含相當的主觀評估成分，主要是來自個體過去的經驗。

（3）警覺表現先於真正害怕情緒，警覺反應被視為害怕情緒的前驅反應，此機制發生於六到十二個月左右。

（三）兒童養育程度

Thomas 和 Chess 將兒童養育程度的難易分為三類型（王珮玲，2006）

1. 養育困難型：這類型兒童的特性為不規則的生理機能表現，面對環境改變的適應性低，對新刺激採取退縮反應，且反應強度激烈，多為負向情緒表現。

2. 慢吞吞型：這類型兒童對新情境採取退縮反應，須很長時間才能適應

新的環境。此外，其活動量低，反應強度弱，會有負向情緒表現。

3. 安樂型：這類型對環境的改變適應性高，對新情境採趨近性，並於日常生活中表現出愉悅的態度。

（四）依附行為

1. 何謂依附

（1）J. Bowlby 對依附（Attachment）的定義是：「說幼兒依附於某人是指他對某個特定人物或在某個情境有強烈尋求親密和接觸的傾向，特別是孩子害怕、疲累或生病的時候。」（Trout, 1995）

（2）這是幼兒會有的行為特質，這個特質改變不易也少受當下情境的影響。而在《張氏心理學辭典》（2012）中，「依附」有三個解釋：

a. 第一指人際間在情感上甚為接近而又彼此依附的情形。

b. 第二指嬰幼兒期接近依賴父母，惟恐父母離開的情形。

c. 第三則指某一刺激與某一反應發生聯結以後的情形。

2.「依附行為」理論假設

精神分析學派對幼兒開始依附行為的觀點（Yahoo 奇摩知識，2009）：

（1）孩子有許多心理需求必須被滿足，特別是餵食和溫暖。嬰兒很自然地開始對接觸「人」有興趣，這是母親滿足孩子的心理需求的結果，以及嬰兒很自然地學習到母親是其滿足的來源。

（2）嬰兒有接近人類胸部、吸吮的傾向。

（3）嬰兒有接觸、傾依人類的傾向，這主要是為獲得食物和溫暖的需求所致。

3.「依附行為」的方式

依此理論，吸吮、依靠、跟隨、哭泣、微笑等這五種類型的行為皆被歸類為依附行為。

4. 依附連結所伴隨的情緒狀態

（1）沒有其他的行為如同依附行為一樣是伴隨著那麼強烈的情感成份——愛和歡愉。

（2）幼兒若沒有受到依附對象的挑戰或情感被維繫的很好，則其會覺得安全。

（3）失落的威脅會讓幼兒產生焦慮。眞實的失落會產生悲痛，甚至，會引發憤怒的情緒（Bowlby, 1982）。

5. 依附行為的類型

（1）安全依附型：母第一次離開時，幼兒會放眼張望，第二次離開時會哭著尋求父母。當父母有簡單的接觸回應之後，嬰幼兒就回到遊戲裡。

（2）安全－自治依附型：不論其個人的依附經驗是好或不好，都有一致的、合作的特性。在經歷特別的經驗或關係時，幼兒都重視依附的重要。

（3）逃避依附型：分離時不會哭泣。轉而注意玩具和周圍環境，故意避開或忽視父母的行動，迴避父母的擁抱。沒有情緒，也沒有生氣的表達。

（4）漠視依附型：對父母正常或正向的描述與其不被支持或矛盾的記憶不符。認爲負向的經驗對他們沒有影響，自陳表寫得很短，並堅持說許多都忘記了。

（5）反抗－矛盾型：在實驗過程裡，全神貫注父母的去向，可能會對其離去生氣，會尋找、抗議，或者消極抵抗，卻很難再和父母建立關係。

（6）貫注型：對依附關係很貫注，表面會生氣、困擾、害怕或不積極。

四、社會認知與規範

幼兒犯錯、不守規矩，一方面因爲畢竟是孩子，他或她正在成長，他或她的身體、情感與思想都尚未成熟，無法自控、無法分辨是非……，是他或她「不能」，不是「不要」。父母應進一步瞭解需要引導或教導的是什麼，需要幫助的方法是什麼？以進行輔導而不是責怪。

　　另一方面，幼兒不守規矩，多半都是大人的問題，不是幼兒的問題。也許有些父母初聽時有錯愕的感覺，但是，「只有問題的父母或師長，沒有問題的孩子」！因為幼兒生來是純潔的，孩子是被父母或老師安排著過生活的，孩子從現有的環境中成長、模仿、學習。

（一）社會行為的發展

1. 社會化的發展

（1）進入學校之後，兒童期的社會化重心從家庭擴及學校。

（2）此時期學校課業的學習成效不錯，家庭環境大致良好，兒童們就容易模仿良好的對象而有正向的行為。

2. 道德發展

（1）柯伯爾（Kohlberg）的「道德道發展理論」中，此時處於第二個時期，也就是兒童與青少年時期。

（2）此期間多數的兒童會遵守成人（如父母、老師）的命令、學校所訂定的規則；是非對錯、如何行為，大致會照著成人所訂定出的一些習慣，而較不憑藉自己的思考。

　　艾瑞克遜將二到六歲學齡前階段的幼兒主要分為兩個階段，一是從學步時期到三歲幼兒，他們面臨的是「自主感與羞怯感」之間的衝突。這時期的幼兒想要表達自己的意願，且在意成人的眼光，害怕失去成人的照顧，所以在遊戲時，常會做出違反遊戲規則來得到他人的關注，並且藉由遊戲來表達自己的意向，這時老師可以就其表現出來的行為進行判斷，如果出現正向的表現給予支持，負向的表現老師可先具體表達出自己期待的行為，以鼓勵的方式糾正，如：「小傑，排隊排得很整齊，今天有進步」「小華，我們一起來排隊，看誰排的直」（邢清清，2004）。

（二）社會行為輔導

　　人是社會的動物，不能離開社會而獨立生活。幼兒發展的過程中，最重要的訓練是使幼兒能適應其所生存的環境，使幼兒的飲食起居合乎社會

的習慣或儀式，幼兒的行動適合社會的標準。指導幼兒適應社會生活的要
點如下：

1. 協助建立自立與自尊

（1）協助幼兒自立與自尊，是幼稚園或托兒所，以及幼兒的家長們齊心
　　合作、努力達成的重要目標。

（2）在幼兒家長方面：父母應盡量設計幼兒為自己服務的機會，也處處
　　尊重幼兒自由意志，藉以使幼兒革除依賴，養成自立的能力、自尊
　　的特性。

　　例如，托兒所教師首應布置幼兒衣物的鉤架，規定毛巾、餐具等個別
使用的辦法，使幼兒養成辨別群己的觀念，自尊也尊重別人的生活態度。
對於幼兒的良好行為，應及時注意嘉勉與鼓勵，以激發幼兒榮譽的善性。
幼兒時期所建立的觀念與態度，根深蒂固，直接影響成人期的成就，所以
協助幼兒建立自立與自尊，是指導幼兒社會行為的積極任務。

2. 培養自信心

（1）父母及教師須深知幼兒的能力，予以適當的指導，使幼兒能瞭解自
　　己、相信自己。

（2）當幼兒受到挫折時，父母、教師應予以溫暖和愛護、鼓勵與同情，
　　以防幼兒喪失信心。

（3）幼兒的失敗是常事，無足重視，但是因失敗而使幼兒喪失其自信
　　心，卻很嚴重。自信心是事業成功的動力，堅定的信心，能使平凡
　　人做出傲人的事業。

（4）冒險犯難的科學家以及成仁就義的愛國英雄，就因有堅定信心，故
　　能表現出從容、視死如歸的偉大氣概。

（5）堅決的信心，是偉大成功的源泉，缺乏自信心的人，會失去做事的
　　勇氣和堅強的毅力。所以當幼兒失敗時，應訓練幼兒學習容忍、堅
　　強、勇於承當、百折不撓。

3. 培養公德心

（1）公德是指與社會公眾秩序、安寧及幸福有關的行為規範。

（2）社會群眾如果缺乏公德心，則群體秩序與安寧便無法維持。

（3）教育的內容，包括德、智、體、群、美等五項，學校教育中的德育著重個人道德的修養，群育則在培育公德心的基礎。

（4）一個受過高等教育的人，不一定都能懂得尊重別人，惟有能為別人著想，並印證到自己身上的人，才能懂得己所不欲、勿施於人的意義，強烈的公德心便是由此而產生。

（5）在幼稚教育課程中，群育尤為幼兒社會行為指導的重要任務。

（6）成人期的不良習慣，以及缺乏公德心的行為表現，多數是由於幼兒時期家庭及學校教育的疏忽。

4. 幼兒社會化行為的指導

（1）幼兒社會化行為的指導，必須始於團體生活，因為團體生活中成員交互往來，彼此間有密切的影響，例如，幼兒想滿足自己的欲望。

（2）在團體活動中，由於個體相互利害的關係，通常需要彼此互相約束，因而自然產生團體的管制。

（3）幼稚園或托兒所教學，為了維持秩序、進行活動，多用團體管制方法來代替個別指導，以領導幼兒學習團體生活。

（4）幼兒受群居本能需求的鼓舞，自然喜歡結伴玩耍，這種群性的發展，在教育上具有重大的意義，幼兒適應社會、參與社會的活動亦均由此開始。

五、心理危險因素

（一）依附後的分離焦慮

1. 分離焦慮是什麼？

（1）幼兒在某一段特定的時間裡，若與特定的對象分開的時候，會有焦慮的感覺，從幼兒的哭鬧等等外在抗議行為可以看出。例如，七個月大的強強和媽咪分離時，他可能會哭。

（2）特定的對象指的就是孩子的主要照顧者，過去我們常常會認為孩子的主要照顧者是媽咪，隨著社會變遷之後所產生的變化，現代社會中，孩子的主要照顧者也有可能會是爸爸、阿媽、阿公，或是保母。

2. 分離焦慮出現的年齡和發生的原因

（1）從學者 Bowlby 依附理論的觀點來看，約在寶寶6~8 個月至18~24個月的期間，大約處於特定依附的發展階段。

（2）這個階段中，嬰兒與某個特定的對象分離時，會開始出現明顯的不舒服的表情和抗議的行為。

（3）由於嬰兒8~9 個月左右開始能爬，他們會想要跟在主要照顧者後面、靠近主要照顧者，他們變得有點害怕陌生人，這些嬰兒已形成個人的依附關係了。

（4）有學者認為，這個階段有個特色，即特定對象是寶寶的安全堡壘。一方面，寶寶以特定對象作為其安全堡壘並去探索週遭的環境。另一方面，因為寶寶和特定對象有強烈的情感連結存在，所以當其要跟特定對象分離的時候，就會產生一種焦慮感。

3. 認識「安全堡壘」

　　幼兒將主要照顧者當成一個堡壘，由此出發去探索環境，需要情緒支持時，他們則會來此尋找。例如，有安全依附的嬰兒安安跟著母親去鄰居家時，只要偶爾回頭仍可看到母親坐在沙發椅上，安安就會很放心地到客廳偏遠的角落去玩耍。但是當母親因到浴室去而消失不見時，安安就會擔心並且不願再去角落了。

第三節　社會層面

一、家庭、團體、支持系統與情境環境

（一）家庭對幼兒的影響

「家」是將一個人教育成「人」的場所。心理學家提出父母親的行為對孩子的發展有很大的影響（黃迺毓，1989），而社會學習理論更強調父母親是幼兒觀察學習、正確和適當行為的對象。孩子從父母及家人身上學習到了價值觀、信仰和處世態度，所以即使社會上有許多提供教育的機構，家庭仍是教育的中心，對一個人影響最長久且深遠。

家庭是人類來到這世上最先接觸的環境，也是人類生活中最重要和最基本的一種組織，幼兒沒有分辨是非的能力，更無法篩選被模仿者的行為，因此，對幼兒而言，家庭的影響是深遠且重大的，家庭成員若能提供接納溫暖的回應，良好的身教和言教將會有助於其往後行為的表現和發展。

（二）家庭成員與幼兒互動

如何建立良好的家庭互動呢？提供以下要點（羅玉菱，2010）：

1. 建立良好的家庭環境

一個溫暖和樂，充滿愛的家庭環境，可讓幼兒建立安全感，一個整潔合乎幼兒生長的環境，可滿足幼兒的感官探索，讓幼兒在一個開放與自由的情境中盡情的探索與學習，是家庭教育中所不可忽略的。

2. 示範正確的身教和言教

家庭成員的言行舉止是幼兒觀察與模仿的對象，在幼兒往後的行為態度上會刻下難以泯滅的痕跡，因此正確的身教和言教是家庭教育中重要的一環，對於孩子未來人格的形成有莫大的影響。

3. 善用兒童發展特徵

　　當幼兒在玩遊戲時，讓其模仿成人的動作，像是拍手、摸鼻子、踏踏腳，協助他的肢體發展。煮飯時間，可以給予塑膠湯匙或筷子，讓其在一旁邊玩耍邊學習，幫助認知發展。在學習的過程中，不要因為害怕幼兒會把事情搞砸而拒絕，可多給予鼓勵去嘗試。

4. 行為糾正的時機和方法

　　立即性的行為糾正，能產生較有效的效果，但在糾正行為的當下，也應考慮現場的狀況及成人的態度與糾正方法，不恰當的行為糾正會造成幼兒內心的創傷。此外，若能運用霍桑效應，讓幼兒感受到自己是被重視的，也會產生自我約束的力量。

5. 家庭成員的教養態度要一致

　　家庭成員的教養態度若不同，會使幼兒因面對不同的成人，而有不同的行為表現，造成幼兒無所是從，行為混亂，無法建立良好的生活習慣。

（三）領養

　　領養又稱為收養，是非（直系）血親的雙方，經過法律認可的過程，建立親子關係，使不幸兒童得到永久家庭，同時也為收養父母覓得子女，視同親生。出／收養制度所追求的目標，是在一個圓滿的環境中，培育兒童成長，使其能享有充分的愛和關懷。收養不是救濟，也不是資助，而是要付出真誠的關懷及一輩子的承諾來扶養照顧孩子（兒童福利聯盟，2012）。

　　收養的類型可區分如下：（1）無血緣關係收養：指收養人、出養人及被收養人間無血緣關係。依現行之兒童及少年福利與權益保障法，無血緣關係之收養需經收出養服務媒合者媒合。（2）親戚收養：指收養人、出養人及被收養人間有血緣關係，可能基於協助有困難的親人照顧孩子、傳宗接代等原因而辦理。須符合民法及兒童及少年福利與權益保障法等之親等輩份規定。（3）繼親收養：亦稱他方收養。指收養配偶前次婚姻或前段感情所出的孩子。

1. 領養管道

（1）爲了確保孩子的權益，民國100年11月修訂的《兒童及少年福利與權益保障法》第16條明白規定：除了「旁系血親在六親等及旁系姻親在五親等以內，輩分相當」與「夫妻之一方收養他方子女」，所有無血緣的收養案件，都必須透過主管機關許可的收出養媒合服務者辦理。因此，從民國101年5月開始，凡是透過親友介紹的私下收養案件都屬不合法。這條法條的精神，是爲了遏止過去私下收養帶來的僞造文書、金錢交易、挑選指定等弊病，以讓孩子能在收養家庭得到適當良好的照顧。

（2）無論是私下收養或機構收養皆須到法院聲請，透過法院正式的裁定認可始可辦理收養登記。

2. 領養前須考慮事項

通常民眾透過收養機構來收養孩子時，須先辦理電話登記，並參加機構所規定的工作流程。機構爲維護服務品質，以及保障三方權益（孩子、出養人、收養人），而需要一段工作流程時間。如果有計畫透過機構收養小孩，這個網站將提供相關的訊息：

（1）我爲什麼要收養？

（2）我和我的配偶都同意收養嗎？

（3）收養孩子的加入會提升我的生活或婚姻品質嗎？

（4）有孩子之後就能夠解決我目前所面臨的問題嗎？

（5）收養是爲瞭解除配偶、長輩或他人給我的壓力嗎？

（6）整體來說，收養對我的家庭會比保持現狀更好嗎？

（7）我收養的動機是爲了「拯救不幸的孩子」嗎？

（8）收養是爲我現在的孩子找一個玩伴嗎？

（9）我想過：我渴望成爲父母親；我將爲一個孩子承擔好養育他的責任嗎？

（10）我接受收養與親生的不同，也相信自己能眞心的愛沒有血緣關係的孩子嗎？

（11）當我對孩子的身世一無所知時，我能夠全心愛他（她）嗎？

（12）收養可能需要接觸機構、出養家庭、寄養家庭以及法院等，我真的願意配合相關工作進行？

（13）我對孩子的瞭解有多少？我知道成為收養父母是需要經過準備與調適的嗎？

（14）當我得知我可能永遠無法擁有親生的孩子時，我和我的配偶有什麼感覺？我和我的配偶對不孕這件事有深入地討論、分享過嗎？

（15）不孕是否有影響到我對自己的看法和價值？

（16）不孕是否有影響到我與親戚、朋友和他們孩子的關係？

（17）我能瞭解孩子來臨的時間無法確定，且需經過試養期與法院裁定，但這都是必要的過程嗎？

（18）我們對目前的生活感到滿意嗎？當在等待成為父母的這段時間，我們是否努力使生活充實且愉快，以避免收養這件事成為生活唯一的重心？

二、多元文化與性別考量

（一）性別議題

　　幼兒自出生之後，即面臨家庭、社區與教保機構等性別社會化機制之影響。幼兒的認知、情意、技能與社會性行為之表現所呈現的性別差異，一方面受到性生理與性心理因素之影響，另一方面也呈現主流性別社會結構之意識型態。幼兒並非戴著性別中立的面具進入教保機構，他或她們早已在原生家庭與鄰近的社會有機性聯繫中，涵養出某種程度的性別社會化刻板印象與傳統性別意識，並受到重要成人對於性別典型與跨性別角色之意見，建構其性別理解以符應其自己性別身分之行為表徵（Freeman, 2007）。

　　為了打造一個性別平等的社會，有必要藉由教育歷程啓蒙幼兒的性別

平等意識，消除未來可能面臨的性別主義之偏見與刻板印象，培養相互尊重的多元性別態度，進而在性別公平環境中充分開展其學習潛能。就性別平等在幼兒學習階段中的落實層面而言，首先必須覺察與破除傳統文化對於性別刻板印象與角色之影響，批判教學設計中的性別扭曲與限制女性的角色及經驗。

幼兒在日常生活經驗中經常呈現出性別差異的表現，例如家庭生活、友誼、公共空間使用、學習表現、大眾文化與消費，以及幼兒自己對於性別差異的理解，處處呈現出主流性別社會既定的性別解讀（Jackson, 2007）。

幼兒性別平等教育的重點在於性別認同的社會建構，提供幼兒針對性別、族群、階級與能力之連結或發聲，用開創性的發聲方式以界定自我性別角色之發展與定位，檢視自己與他人的性別故事以實踐平等且多元之性別角色（鍾志從，2006；Granger, 2007; MacNaughton, 2000）。

（二）文化與教養幼兒的觀點

跨文化家庭子女在學齡前階段，主要的學習管道依舊來自家庭的教養，但來自東南亞外籍的母親在婚後，往往被賦予生兒育女、打理家務的期望與責任，且要擔起教養子女的責任甚至還必須外出工作來分擔家計，於是孩子只好仰賴公婆的照顧與教養，因而隔代教養的問題順勢而生（吳錦惠，2005）；此外，在這異國婚姻中，來自於不同文化背景國家的母親因成長環境的不同，以及文化背景的差　，在教養孩子時可能過於嚴格，但父親或公婆卻過於放縱孩子（謝智玲，2005），而導致在教養子女時遭遇到不同程度的衝突，是故文化差異更可能衝擊著對孩子的教養方式。

依據陳曼玲（2003）與薛承泰、林慧芬（2003）的研究結果，可推論與東南亞外籍配偶結婚組成跨文化家庭的台灣男性，大多是社經地位較低且多是身心障礙者或榮民，這些東南亞籍的婦女平均年齡為23歲，低於本國配偶的28歲，其教育程度在國中以下則占 41%，高於本國配偶的29%。另據衛生署2002年以及2005年戶籍登記出生人數統計，每百個新

生兒就有八個是外籍婦女所生的混血兒。是故外籍配偶問題已不只是跨國婚姻的適應問題，且越來越多的跨國婚姻已讓其下一代的「教養」問題浮出檯面。

教師多認為跨文化家庭中孩子的行為 和家長的教育程度有著密切關係，但大部分的教師認為只要家長能多重視孩子教養問題，孩子的行為表現多數不會有問題產生（鄭雅婷、孫扶志，2006）。

不論以家長或教師的角度來看兒童的社會行為，多數認為跨文化家庭幼兒的行為是與一般孩子沒有差別的。然而大部分跨文化家庭的主要照顧者認為礙於本身不熟悉台灣的語言與文字，因此會造成孩子課業學習或語言溝通的問題。

三、社會危險因素

（一）幼兒虐待

所謂「兒童虐待」乃指父母或其他看護人持續虐待兒童或持續疏於照顧，以致造成兒童有形、無形的傷害。兒童虐待可分為四類（表4-2）。其實，兒童虐待可能在任何地方發生，例如：

1. 在貧困家庭、中階家庭、富有家庭。
2. 在鄉村地區、城郊地區、都市裡。
3. 牽涉到父母之一方或雙方。

兒童福利聯盟指出，兒童受虐案不僅屢創新高，更有高達七成的孩子擔心被綁架，四成多的孩子感到很不快樂，甚至認為無法在幸福、快樂的環境下長大。

兒童虐待案件的發生很頻繁。據估計，在美國，虐待或疏於照顧的個案，每年多達三百萬件（Mrazek, 1993）。至於內政部兒童局統計，去年有一萬九十四名兒少受虐，其中有十三人受虐死亡，三十一人被家長帶上黃泉路。換算下來，平均每五十二分鐘就有一個孩子受虐，每八天就有一個

兒童死於大人施虐或攜子自殺。兒童虐待的後果甚為嚴重，吾人絕不可等閒視之（表4-3）。

表 4-2　兒童虐待的分類

類別	說明	可觀察到特徵
身體傷害	搖撼、毆打、燒傷、刺傷、不能供應生活必需品。	身體出現燙傷、香菸等燒灼傷、刺傷、瘀青等新舊傷痕；被綑綁的痕跡；不願意接近父母等。
精神忽略	不能給予溫暖、關注、督導、以及正常的生活經驗。	暴力行為或企圖自殺；語言發展遲緩；作惡夢、厭食或過度內向。
言語嘲弄	厲聲叫罵、輕視、嘲笑。	原本笑口常開卻變得憂鬱、畏縮、憤怒；剛哭過的紅眼；上課打瞌睡；功課退步；衣褲汙穢等。
性器官傷害	亂倫、強姦以及其他性行為。	走路姿勢怪異；陰部與內褲呈現不明分泌物、血跡；具有攻擊性；噩夢或失眠；害怕、恐懼等。

資料來源：何志培（2012）

表 4-3　兒童虐待的後果

種類	內容分析
導致精神傷害或肢體傷殘	幼年受凌虐的孩子，可能日後永遠不能去愛別人、不能信賴別人；可能經常懷著卑憐的自我形象；童年時代所受的形體傷害可能導致終生殘廢或畸形。
導致外顯化行為	幼時受虐的孩子到了十幾歲或成人時，往往會有犯罪行為或其他暴力的、反社會的行為出現。
導致死亡	虐待兒童成習慣的父母，到後來很可能致孩子於死地。在台灣，每年約出現 10 至 20 件案例。

資料來源：何志培（2012）

　　關於兒童虐待通報時，有下列事項需加以注意：

1. 明確告知受虐者與施虐者姓名、電話、住址與時間。

2. 通報者留下連絡電話，以方便追查並回覆。

3. 對兒虐過程盡量敘述清楚（如聽到哭聲、看到打兒子、身上有傷痕等）。

4. 報案後打第二通電話，確認社工已前往訪查處理。

5. 兒童受虐送醫，要保留醫師診斷、受虐照片等證明。

6. 發現施虐者向社工謊稱無兒虐事情，親友應私下向社工反應。

7. 抱持「多關心一下可以救一個孩子」的心態，勇於報案。

8. 若「113」專線無法受案或處理，可向轄區警局報案請求協助。

（二）寄養家庭

　　「家庭寄養服務」是當家庭發生重大變故，或是雙親不適任親職，無法提供孩子適當的照顧時，在不得已的情況下，讓孩子暫時離開親生家庭，居住在經嚴格審核及專業訓練的寄養家庭中，由寄養父母提供完整的照顧，讓這不幸的孩子有機會重新體驗家的溫暖，直到孩子的親生家庭困難解決之後，再回家團聚。

1. 寄養服務

　　提供給十八歲以下，因種種緣故而缺乏父母照顧的兒童，提供家庭式住宿照顧服務，讓他們繼續享受家庭生活，直至他們能與家人團聚、入住領養家庭，或可獨立生活（家扶基金會，2012）。

2. 寄養家庭可獲得之協助

（1）政府與家扶中心是寄養家庭堅強的後盾，將與寄養家庭一起輔導及協助寄養兒童。

（2）可獲得政府頒發的寄養家庭許可證書及寄養費的補助。

（3）提供在職訓練、喘息、保險、健康檢查等。

（4）表現良好的寄養家庭，還可以獲得推薦接受政府或社團的表揚。

3. 寄養家庭的條件

（1）年齡：夫妻均在25歲以上，60歲以下。

（2）教育程度：夫妻具國民中學以上教育程度。

（3）婚姻狀況：結婚2年以上，相處和諧。

（4）職業：有固定收入，足以維持家庭生活。

（5）孩子人數：12歲以下的孩子最多3個。

（6）居住環境：安全、整潔、有足夠活動的空間。

（7）品德：夫妻、孩子及其他同住的家人，需要品德端正、身心健康，沒有傳染性疾病及其他不良素行紀錄。

問題與討論 ✎

1. 請說明新生兒的感覺系統發展情況？
2. 請依據心理社會發展理論，說明新生兒的發展情況？
3. 請說明影響幼兒語言發展常見原因？
4. 請說明幼兒語言治療的基本理念？
5. 請說明幼兒童虐待的種類與可觀察特徵？
6. 請說明領養前應該考慮的事項有哪些？
7. 請說明幼兒負向情緒發展的內容？
8. 請說明幼兒分離焦慮出現的年齡和發生的原因？

參考書目

Yahoo 奇摩知識（2009）。**何謂依附理論？** https://tw.answers.yahoo.com /question/index? qid=20090525。

王加恩（2008）。**嬰幼兒身心發展指標**。馬偕紀念醫院精神科／早療中心兒童臨床心理師。

王珮玲（2006）。幼兒氣質評量與輔導。載於**幼兒發展評量與輔導（第三版）**（頁 98-153）。臺北市：心理。

何志培（2012）。**優活健康網**。http://www.uho.com.tw/sick.asp?aid=8574。

吳錦惠（2005）。新台灣之子的教育問題與課程調適之研究。**台南大學教育學系課程與教學碩士班碩士論文**。

邢清清（2004）。協助幼兒加入社會生活。**幼教資訊**。http://hi.sses.tc.edu.tw/blog/ gallery/60/。

兒童福利聯盟（2012）。**收養服務**。http://www.adopt.org.tw/content.asp?id=103。

內政部（2016）**家庭概況統計**。內政部兒童局。

信誼基金會（2012）。**感覺系統的發展**。http://tea.smvhs.kh.edu.tw/dt。

城安耳鼻喉診所（2004）。**兒童的語言發展問題**。http://hsuwjim.myweb.hinet.net/。

家扶基金會（2012）。**寄養服務**。http://www.ccf.org.tw/new/ccf-foster-care/ qa.html。

張氏心理學辭典（2012）。**張氏心理學辭典**。台北：東華書局。

陳曼玲（2003）。**外籍新娘與終身教育體系之探討**。中正大學成人教育研究所。

黃迺毓（1989）。**家庭教育**。台北：五南。

趙金鳳（2002）。嬰兒發展與音樂教育。載於 **2002 年全國生命教育理論與實務研討會
　　論文集**，頁 169-181。苗栗：育達商業技術學院。

鄭雅婷、孫扶志（2006）。**跨文化家庭中主要照顧者之教養方式對幼兒社會行為表現
　　之探究**。http://ir.lib.cyut.edu.tw:8080/bitstream/310901800/9360/1/ 跨文化家庭。

薛承泰、林慧芬（2003）。**台灣家庭的變遷──外籍新娘現象**。http://www.npf.org.tw/
　　publication/ss/092/ss-b-092-91.htm。

謝智玲（2005）。新台灣之子的父母親職型態與學習壓力之研究。載於**虎尾科技大學
　　外籍配偶家庭兒童發展學術研討會論文集**，頁 2-87。雲林：虎尾科技大學。

鍾志從（2006）。如何協助幼兒性別角色之發展：順應生物機制或破除社會制約。**教
　　育研究** 147: 80-91。

韓菁（2008）。復健科語言治療師。**嘉基院訊**。http://www.cych.org.tw/cych/medknow/
　　message.asp。

羅玉菱（2010）。**家庭對幼兒之影響**。嘉義市北園國小幼稚園。

Adler, T. (1990). Melody is the message of infant-directed speech. *APA Monitor*, December, 9.

Bjorklund, D. F. & Bjorklund, B. R. (1992). *Looking at children: An introduction to child
　　development*. Pacific Grove, CA: Brooks/Cole.

Condom, W. (1975). Speech makes babies move. In R. Lewin (ed.), *Child alive!* (pp. 75-85).
　　Garden City, NY: Anchor Books.

Frank, D., Silva, M., & Needlman, R. (1993). Failure to thrive: Mystery, myth, and method.
　　Contemporary Pediatrics, February, 114-133.

Freeman, N. (2007). Preschoolers' perceptions of gender appropriate toys and their parents'
　　beliefs about genderized behaviors: Miscommunication, mixed messages, or hidden
　　Truths? *Early Childhood Education Journal*, 34(5), 357-366.

Gorski, P. A., (1999). Pregency,birth and first day. In M. D. Levine (eds), *Develomental
　　behavioral pediatrics*. Philodelphia: Saunders.

Granger, C. A. (2007). On (not) representing sex in preschool and kindergarten: A
　　psychoanalytic reflection on orders and hints. *Sex Education*, 7(1), 1-15.

Jackson, S. (2007). "She might not have the right tools ... and he does": Children's sense-
　　making of gender, work and abilities in early school readers. *Gender and Education*,
　　19(1), 61-77.

Johnson, B. (2001). *A study of sexuality in order adults: A multidimensional framework*.
　　Paper presented at the Annual Meeting, Gerontological Society of America, Chicago,
　　IL.

MacNaughton, G. (2000). *Rethinking gender in early childhood education*. London: PCP.

Mrazek, P. (1993). Maltreatment and infant development. In C. Zeaneh (ed.), *Handbook of infant mental health* (pp. 73-86). New York: Guilford Press.

Shaffer, D. R. (1993). *Developmental psychology: Childhood and adolescence* (3rd ed.). Pacific Grove, CA: Brooks/Cole.

Stern, D. (1985). *The interpersonal world of the infant: A view from psychoanalysis and developmental psychology*. New York: Basic Books.

Stern, D. (1990). *Diary of a baby*. New York: Basic Books.

Trout, M. (1995). Infant attachment: Assessment, intervention and developmental impact. Workshop presented by M. Trout, Director of the Infant Parent Institute, Tucson, AZ.

Wynn, K. (1992). Addition and subtraction by human infants. *Nature*, 358, 749-750.

Zigler, E. & Stevenson, M. F. (1993). *Children in a changing world: Development and social issues* (2nd ed.). Pacific Grove, CA: Brooks/Cole.

第五章　兒童早期

　　兒童早期約在3~5歲之間，「如何在獨立自主與依賴之間取得平衡」是這個時期發展的主題之一。兒童對獨立自主的需求，表現在他們花費不少精神想自我控制，想自己做決定而不受他人掌控。兒童會嘗試各種新的活動，為了獨立，他們學習各種自我照顧的技巧，例如上廁所、穿衣等，但是仍然有強烈依賴他人的需求。艾瑞克森稱這個時期的任務為自主與懷疑。若兒童有自己的空間且常受到鼓勵，並會有自我控制與獨立感，對自己也比較有自信；相對的，如果常常受到懲戒與限制，則會懷疑自己的能力，甚至會產生羞愧感。

　　艾瑞克森認為，兒童早期發展的另一個主題是「主動與罪惡感」，兒童主動的發起各種不同的活動，包括動作、認知、想像、語言等各方面，如果他們的努力常常受到鼓勵讚美，便能夠發展自動自發的主動感。學齡階段的重點是學校生活與同儕關係，如果兒童常受到挑剔，便會感到能力不足與心存罪惡感。

第一節　生理層面

一、生理成長與發展

（一）動作技巧之發展

　　兒童早期階段也是生理成長與動作發展最迅速的時期，此時期的兒童

特別好動，任何動作都能吸引他們，樂此不疲的原因主要是可以從挑戰自己身體的過程中得到快樂與成就感。

　　3歲是所有年齡中最活耀的時期，高頻率的體力活動既然是這個階段兒童發展的特徵，因此強調大肌肉與動作協調的日常運動是對其發展不可獲缺的助益（Lee & Graves, 2000）。

　　精確動作技巧的發展在兒童時期也非常的迅速。兒童常會因為動作的精確度和力道不足而產生挫折感，有些活動不適合他們，因為他們雖然在認知上能夠理解所要達成的目標，體力與身體執行的精確度卻無法配合。

　　此時的兒童還不會閱讀，但是已經有辨認字詞的能力了，所以父母親在選擇遊戲或教育軟體時，應以兒童能與軟體中的人或物互動、使用語音而不需閱讀者為佳。

二、生理危險因素

　　兒童早期致命的因素包含天生殘缺、癌症及心臟病；近年來由於健康照護、治療技術的進步及環境衛生的改善，兒童死亡率已顯著降低。減少兒童死亡率常用的防範策略包括：前後兩胎應有足夠的間隔時間、進行產前檢查、餵母乳、疫苗注射，以及在嚴重病情之前中後都必須使用特別的餵食方法（Gray & Payne, 2001）。

（一）氣喘

　　氣喘症狀主要是因呼吸道收到刺激而產生肌肉收縮，呼吸道黏膜水腫，分泌物增加，呼吸管徑變小，造成呼吸困難，易發於秋冬之季（Welch, 2000）。氣喘病因有二；外因性氣喘：4~5歲兒童以吸入過敏原為主，台灣最常見的過敏原是塵蟎。內因性氣喘：為上呼吸道感染、空氣污染、情緒壓力所誘發。處理方式為：避免接觸會引起過敏的刺激物、家中避免鋪地毯、勿使用有棉絮窗簾和尼絨的家具、寢具、飼養貓狗寵物、室內空氣要流通、不購買毛絨性玩具（劉振盛，2011）。

第二節　心理層面

一、認知發展與資訊處理

　　兒童早期是想像力和創造力豐富的時期，他們對自己、他人或事物似乎有令人意想不到的想像，想像能力也為幽默感、同理心及利他主義的發展鋪路（表5-1、表5-2）（Mqrti, 2003）。

表 5-1　兒童認知發展

年齡	發展與處理
3 歲	兒童使用抽象與象徵性思考的方式比以前複雜，能夠根據一種特徵將事物分類，知道貓狗屬於不同類別。
4 歲	能夠以兩種特徵將事物分類，知道貓狗屬於動物中更大範圍的類別（綱、目、科、屬、種等）。
5 歲之前	沒有過去與未來的觀念，無法想像以前從來沒有經驗過的事物（因此也沒有思考因果關係或想像行為可能結果的能力）。
5 歲之後	能夠開始想像行為的結果，也因為有較多的經驗，而能成為其思考邏輯結果的基礎。

（一）皮亞傑的運思前期

　　皮亞傑的運思前期包含基模、適應、平衡等三要素，此三個因素交互作用的歷程。（1）基模：個體用來認識外在環境的基本模式，基模即是認知的基本單位。（2）適應：個體在其生存世界中，因環境條件的限制或要求而繼續不斷改變他們的基模，使個體的認知與環境要求獲得平衡的歷程。（3）平衡：兒童說話與調適之間保持均衡的狀態，是一種內在的自我調節的歷程，使認知結構逐漸精密複雜與抽象化。

表 5-2　兒童認知發展特徵

階段	年齡	特徵
感覺動作期	出生~2 歲	1. 嬰兒靠身體、感官去認知周圍的世界 2. 無法運用語文、抽象符號能力
運思預備期： A. 運思前期 B. 直覺期	2~7 歲 2~4 4~7	1. 具體化 2. 直接推理 3. 集中注意 4. 缺乏「可朔性」 5. 缺乏保留概念
具體運思期 （具體操作期）	7~11 歲	具有保留概念、思考具有可逆性、有序列能力、有分類能力、瞭解水平線的意義
形式運思期 （形式操作期）	11~15 歲	可以歸納、演繹的推理活動，能運用各種高層次的邏輯運思

（二）資訊處理

　　兒童早期在記憶力和注意力的發展上都有重大的進步。兒童早期注意力集中的時間比較長，尤其對覺得有興趣的事物或活動。例如：某些有主題的故事、有趣的影片、簡單的遊戲等活動，通常能集中注意力約半小時之久。但到了 6 歲時，兒童的注意力更能夠持久，這樣的發展正好為小學正式的教育做準備（Gelman, 2003）。早期注意力上的限制主要是：他們沒辦法用心注意與所要完成之任務相關的事情，因為只注意有趣的事情（亮麗的顏色、光、移動之物），對無趣但重要之事則忽略。因為缺乏對注意意識性的控制，這個時期的兒童比較無法反思，因此比較欠缺解決問題的能力。兒童認知發展的另一項重要過程是記憶，也就是資訊的儲存與提取，記憶的基礎在於兒童的理解力與資訊呈現的能力。其實七個月大的嬰兒便能夠有意識地進行記憶，只是多數小孩對 3 歲前發生的特別事情幾乎毫無印象，這樣的現象就稱為兒童失憶症。資訊處理的速度、複習、重述及辨認事情能力都隨著年齡的增長而增加，這些因素會促進儲存和短期記憶的功能（Bauer & Pathman, 2008）。

（三）發展過程

發展專家過去常以階段或步驟描述兒童在認知上的發展，但是階段無法解釋兒童發展過程上的許多差異和變動。過去的理論漸漸被挑戰，新的模式稱為「發展浪潮」，認為「重疊的浪潮」比較能夠解釋兒童如何學習與使用策略的方式，波浪的自然起落代表兒童思考的自然變動和持續。Siegler（1998）提議大家拋棄過去強調兒童在不同階段有不同想法的理論，把焦點放在兒童使用多少種策略和什麼樣的策略思考。

Siegler 發現兒童在此階段會以緩慢的速度學習新的策略，學習的過程也常用舊的策略。面對困難的任務時，他們傾向於使用舊而費時的策略；有夥伴共事的時候，選用正確策略的次數會較頻繁。

（四）溝通

兒童早期的理解能力會優於表達的能力，他們能瞭解週遭的人談話，但不一定能以口語表達他們對談話主題的看法。兒童早期的語言發展神速，在短短幾個月的時間，就能由兩三個字到複雜的句子，整合詞句的建構、字彙、語意、文法、繪畫時語詞的使用、字彙能力等要素。雖然兒童語言能力的取得不能完全依靠對成人的模仿，但是，環境的刺激對兒童語言發展的影響頗大（Santrock, 2003）。此外，對兒童說話時，使用長而複雜的句子也有助於他們發展造句的能力。研究者表示，當兒童學習閱讀時，必須要配合圖片來閱讀，原因是他們能藉著圖片來瞭解字義，也能找出兩種不同語言的使用規則。

發展是一個極為複雜的過程，心理學家史登（W. Stern）依語言發展的順序，將嬰幼兒的語言發展分為準備期及四個發展期（Byrne, 1998）：

1. 語言發展準備期：包括發音練習、啼哭、爆發音和呀啞語。
2. 語言發展第一期：大約是一歲至一歲半，也稱作「單字句」時期，是真正語言的開始，以單字表示整句的意思。
3. 語言發展第二期：大約一歲半至二歲，此階段語言發展的特徵為：

（1）喜歡問東西的名稱（2）字彙迅速增加（3）使用「電報句」。

4. 語言發展第三期：大約二歲至二歲半，又稱「造句時期」。這個時期，語言發展要點是注意語法和語氣的模仿，並學習應用代名詞，會造簡單的句子。

5. 語言發展第四期：從二歲半至三歲。這個時期的特點是學習使用複合句，並且喜歡發問，又稱「好問期」。

（五）溝通異常

兒童早期語言能力的發展非常迅速，語言發展過程井然有序，但是有時候會有遲緩的現象，甚至造成溝通違常的問題。兒童早期的人口中至少有2.5%的人有語音違常，男童占多數（表5-3）（APA, 2000）。

表 5-3　兒童早期語言發展常見之問題

種類	說明
語言遲滯	原因： 1. 智力低下 2. 健康狀態欠佳 3. 內分泌失常 4. 缺乏學習機會 5. 發音器官協調差 6. 無良好示範環境（男童語言遲滯現象較女童嚴重）
發音不正確	原因： 1. 因生理缺陷而口齒不清 2. 1~4 歲幼兒會有錯誤之發音 3. 5~6 歲因換牙而有短暫口齒不清 矯治與預防： 1. 多以咀嚼、舔、吞嚥的動作鍛練說話肌肉 2. 接受語言治療 3. 成人治療示範

口吃	原因：
	1. 模仿口吃者
	2. 發音器官、橫膈膜的協調作用遲緩
	3. 引人注意方式
	4. 心理恐懼或壓抑過度
	矯治與預防：
	1. 實地語言治療
	2. 減少恐懼緊張
	3. 提供良好的語言示範環境（多發生於 2~4 歲之幼兒，為幼兒語言缺陷中最常見的現象）

二、態度與情緒

每個兒童都有正面和負面的特質，有些兒童的特質有趣並討人喜歡，有些兒童則不易相處，和他們相處需要有耐心。對兒童性格的偏好和偏見是很難避免的事，但是這些語詞反映出來的常常是成人自己的描繪，並不是兒童真正的特質（Denham, 2002）。

（一）恐懼

當突然發生預料不到的事情，又不能夠對此採取適當的心理準備和行動，而感到危險迫近的時候就會產生恐懼的情緒。兒童早期喜好想像或幻想的刺激，兒童的想像力與認知能力（抽象能力與使用符號的能力）的成長除了有助於同理心與幽默感的發展之外，也會帶來負面結果。這些能力發展同時也是恐懼（fears）、恐慌症、噩夢與夜悸的開端。這些感受可能會在夢境中出現，造成幼兒早期情緒上的困擾。處遇方式包括：和兒童討論因應之道、預先做好心理建設、以同理心回應他們對惡夢的感受、教導他們學習辨認和抒發感受、學習如何適當發洩具有攻擊性之精力，例如：肢體遊戲、獨處、擊打柔軟的物體（Denham, 2002）。

（二）攻擊性

攻擊性（aggression）常被認為帶有負面的意涵，容易在人們心中勾起各種暴力的印象，如果以發展為出發點，該如何定義攻擊呢？為了生存、成長和發展，人類必須具備攻擊性的驅力，研究者將攻擊行為分為兩種類型（表5-4）（Tremblay, 2008）：

表 5-4　兒童攻擊的類型

類型	定義（以意圖區分）
惡意攻擊	任何意圖傷害他人的行動，即使這樣的意圖沒有達到傷害他人的目的也成立。 例子：動手打人，但沒有打到。
工具性攻擊	為了達成非攻擊的目的，過程之中卻傷了人。 例子：遊戲時不小心打傷人。
4 歲之後，兒童因習得較好的協商技巧，能以口語解決意見的歧異，加上父母和老師對他們日漸增加的期許，造成攻擊性行為有逐漸減少的趨勢。	

為了減少攻擊帶來的負面影響，遏阻攻擊行為的方法介紹如下（Forehand & Long, 2002）：

1. 不相容的反應技巧：這個技巧的重點是故意不去理會兒童的攻擊行為，以避免強化這類行為，只有在行為會造成傷害和危險時才加以干涉。

2. 暫停的程序：要孩子由遊戲中暫停，或者將孩子由爭執場所移開，提供一個安全的地方讓他們恢復情緒的控制。

3. 角色楷模與教導：成人或其他小孩可以成為非攻擊性解決衝突策略的楷模導師，他人以非攻擊行為解決爭端的典範會促使兒童避免攻擊性的解決方式。

4. 營造一個無暴力的環境：提供一個可以減少衝突和減少肢體接觸的遊戲場所，場所必須有足夠的空間、足夠的器材或玩具，並且避免提供可能引起攻擊行為的玩具（例如：玩具刀、玩具槍）。

（三）利他主義

利他主義（altruism）是指關心他人福祉引發的助人行為，這種行為從兒童能夠和他人分享之時便開始，學習分享也是兒童早期社會互動的焦點。兒童是如何習得分享和利他主義的概念？成人的叮嚀固然重要，同儕的影響還是主要因素，同儕的影響來自遊戲時的正面增強作用（Crusec, 2002）。和攻擊傾向一樣，利他主義是個很穩定的人格特質，在某一場合表現出利他行為的兒童，在其他場合也會如此。兒童早期對同性的利他行為比對異性多，但是隨著年齡的增長，他人的需要會成為比性別更重要的決定因素。

（四）同理心

同理心（empathy）（一種瞭解他人的感受和態度的能力）是與生俱來的能力，但還是需要成人的鼓勵才能夠發展天賦能力。兒童早期在認知上還無法瞭解他人的感受，但情緒上有能力可以感覺到，或者將他人的感受和自己的經驗相對照；有同理心的先決條件是要先學會辨認感受，因此成人可以協助兒童辨認各種不同的感受，而且成人的示範作用是非常重要的（Barasch, 1998）。

三、社會認知與規範

兒童早期的自我觀念主要是取決於身體特徵與體能。兒童將自己和他人歸類的方式，首先是根據年齡，再來是根據性別，然後是根據自己常從事的活動，有時還會根據自己身體的特徵，這種歸類方式稱為類別的自我（Kolhberg, 1969）。

（一）兒童早期的社交

隨著兒童年齡的增長，和社會上不同人物接觸的機會也會愈來愈多，

例如父母之外的其他成人，老師、同儕、手足和年長的兒童等。2至3歲的兒童和成人相處的時間還比較多，也從中得到肢體上的親近和情感的交流。父母和子女的關係對兒童社交的影響包含：父母的溫暖、支持，為子女的社交設定合理的要求與期待，則兒童的社交能力可以勝任，社會的調適情形良好；反之，父母如果縱容，不規範兒童的行為、不要求兒童遵循社會規範，則兒童會比較叛逆，具攻擊性及不合作（Hartup, 2002）。

（二）規範

兒童早期最常以身體表達正面與負面的情緒，快樂的時候全身上下都顯示出來，不只微笑而且手舞足蹈，生氣或挫折時，也是以全身表達他們的感受，舉凡拳打、腳踢、口咬、甚至丟東西，這些是他們所知道維護自己意志的唯一方式。兒童終究還是會以習得社會能夠接受的口語來表達，不過通常要等到學齡時期（Wolfgang, 1977）。父母若忽略小孩的感受，只講求服從，小孩就較難內化自我控制能力，若在沒有懲罰的威脅之下兒童可能故態復萌。

四、心理危險因素

兒童發展上的違常會廣泛影響到他們身心的每個層面，舉凡吃飯睡眠、語言、排泄、注意力及學習等都受到牽連。兒童的心理問題可分為三個類別（表5-5）（Campbell, et al. 2002）。

表 5-5　兒童的心理問題

類別	原因和特徵
發展的遲緩	指技巧的習得過於緩慢，或正常的行為（尿床）發生在不適當的年齡層，也有可能發生在任何的功能領域上。例如：語言方面。
發展的失調	比較常發生在吃、睡、言語、排泄及注意力方面。指技巧的表現中輟，對兒童本身和照顧者而言都是極大的困擾。例如：口吃、注意力缺陷、夜悸、尿床、排便失禁。
發展的心理違常	無法善用資源和因應壓力，造成適應上的問題或無法從創痛中復原，影響所及不只單方面，而是廣泛地影響到同儕關係、家庭關係、學校表現及發展目標的達成等。

（一）診斷與評估相關的議題

決定兒童特定的行為是否正常或在預期的範圍時，年齡是一個重要的考慮因素。兒童因為發展和變化都很迅速，因此評估較不容易，加上許多正常發展的兒童會經歷過度性的問題，這些問題很快就會消失，使得評估更加困難。兒童不只依賴成人辨認問題的存在，也依賴他們尋求協助。治療的過程需要父母的合作與參與，許多父母意願不高，導致兒童問題加劇。以下針對兒童面對的一些心理問題進行探討，這些問題包括：排泄、注意力、焦急、憂鬱。

（二）排泄

兒童在身體、情緒、認知方面發展的成熟度必須足夠才能熟練如廁的動作，父母往往會有不合理的期待造成如廁訓練上的問題。小便失禁指的是過了 5 歲仍然無法控制膀胱。又分為主要失禁（5 歲之前從來沒有學會控制膀胱）和次要失禁（學會控制之後再失去能力）兩種；後者常因忌妒或缺乏安全感而引起。大便失禁是指 4 歲之前仍然無法控制大腸的排泄，和小便的失禁一樣分為主要跟次要。而大便失禁的因素包括：如廁的訓練貫徹不一致和社會心理壓力，例如剛入學，與手足的誕生。大便的失禁很少成為急性失調，通常是漸進地惡化或每況愈下（Geroski, 1998）。

在培養排泄習慣時有幾種情形要注意：嬰幼兒有腦傷、神經系統病

變、智能不足、生理機能發生障礙、或剛出生不久等，因無法控制排泄機能，尚無法接受大小便排泄的訓練，需請教專業醫師或特殊教育專家的協助與建議。

（三）焦慮性違常

分離焦慮違常：特徵是對離家和主要依附者分離有強烈的焦慮感，約有4%的人有這類的問題。這類兒童可能會發展出心身症、拒學、過度依附及要父母保證不離開他們，他們也常經歷哀傷、對活動失去興趣、退縮或精神無法集中（APA, 2000）。

逃避性違常：是指懼怕陌生人與陌生人的環境。對8個月到2-3歲的兒童來說，這種現象算是正常的反應，但有些兒童的問題會持續下去，社交活動和學校的參與頻率顯著的降低，結果造成孤寂感、憂鬱及自信心喪失，使得逃避行為日趨嚴重。

過度焦慮違常（又稱一般性的焦慮違常）：和分離焦慮不同，因為這種恐懼並沒有特別的焦點，兒童以為任何事情在任何的情境下都可能出差錯，這些沒有焦點的憂慮常會造成對自己的能力懷疑，憂慮常會集中在學校的表現和運動方面。這種現象常發生在必須有好的行為才能得到愛和接納的家庭，造成兒童一味的尋求讚許和完美，造成惡性循環，憂慮和焦慮癱瘓了兒童的表現。

注意力不足／過動違常：是指注意力無法持續集中或過動，雖然很多兒童有這種現象，但對5歲以下的小孩很難做診斷，一方面這些現象在此階段中似乎很正常；另外在兒童上幼稚園或小學前，他們也比較不需要集中注意力學習，所以增加了對此違常現象診斷的困難度（APA, 2000）。

（四）兒童憂鬱症

「兒童憂鬱症」並非指兒童個人的缺點或任何個性上的弱點，而是一種腦部或者精神上的疾病，影響著兒童的感受、思考與行為。兒童的憂鬱症不像大人有明顯的症狀指標。加上這時候的孩子，感情尚未成熟，

情緒表達能力不夠，很容易會因「假性症狀」而被大人以為「只是偷懶罷了」。最明顯的症狀是活動力突然減弱，不再愛看電視或熱衷喜歡的遊戲，甚至會突然不安而哭了起來。有越來越多的研究顯示，罹患憂鬱症的兒童多半不會自動好起來，情緒的低潮更可能演變至比較嚴重的憂鬱症。兒童憂鬱症通常可分為三種（表5-6）（APA, 2000）。

表 5-6　兒童憂鬱症的類型

急性憂鬱	這一類兒童發病前常有明顯的精神誘因，如父母突然死亡，遭受意外災害，或因病住院而離開父母等。這類兒童發病前精神正常，發病時憂鬱症狀明顯，如整天流淚、動作遲緩、聲音低、食欲不振、乏力、失眠、惡夢、日漸消瘦，常常獨進獨出，不與其他兒童交往，有時會流露出絕望感。
慢性憂鬱	這一類兒童過去常有與父母多次分離的經歷，或有其他的精神創傷的病史，但並無重大的突發誘因。病前適應能力差，憂鬱症狀呈逐漸加重，表現為膽小、害羞、容易受驚、不合群、學習成績下降，睡眠少而淺。檢查時可發現其行為退縮、表情淡漠，並有厭世觀念和自殺企圖等。
隱匿性憂鬱	這一類兒童的憂鬱症狀常常相當隱匿，多表現在其他方面的問題，如不聽話、過動、執拗、反抗、攻擊、不守紀律、學習困難、衝動搗亂或其他不良行為。也可能出現頭痛、嘔吐、腹痛、腹瀉、厭食、過食、大小便失禁等身心問題。多數兒童憂鬱不明顯，但有的兒童可能周期性地出現憂鬱症狀。

（五）兒童憂鬱症的病因

1. 大多數患憂鬱症的兒童，從小在家庭中受到歧視或虐待，心情壓抑，使幼小的心靈受到創傷。

2. 有些孩子由於家長期望過高，對孩子管教過嚴，超過了孩子能力所及的程度，使孩子無法承受，致使情緒不佳。

3. 有些孩子由於生活十分單調，缺乏與其他孩子交往的機會，思想閉塞，情緒壓抑，否認憂傷、喜悅、痛苦或歡樂，都無法充分發洩。

4. 有些孩子因身體有關因素，家庭不幸，學習成績差，而心理上承受沉重負擔，認為這一切無法挽回，因而意志消沉（APA, 2000）。

第三節　社會層面

一、家庭、團體、支持體系與情境

　　兒童早期面對的社會心理發展危機是主動和罪惡感，父母必須協助兒童發掘自我的能力並瞭解自己的限制，針對兒童的成就給予讚賞與肯定，給予自主空間以達成自我依賴感，若過度給予限制和批評，則會使兒童有罪惡感。

（一）家庭的影響

　　父母必須滿足兒童的需求，並且運用有效的管教方法。父母的角色和任務必須由身體上的照顧轉移到設定合理的限度與要求，鼓勵兒童在自我照顧和遊戲上能更獨立，並運用語言和理性作為社會控制的方式。有些父母因為過度將精力集中在自己的問題、野心及生活上，沒有餘暇照顧到孩子成長的需求，使得兒童成長受到負面的影響；有些父母因為過於嚴厲而設定不切實際的要求，兒童無法達到要求的標準，導致罪惡感的加深和缺乏自信心。

（二）父母管教方式

　　管教方式歸納為三種型態（表5-7）（Baumrind, 1991）：

1. 專制型父母：管教嚴厲，有過必懲，要求子女完全遵守其規定的行為規範。不考慮子女的慾望需求，親子之間缺乏情感交流。

   子女的個性：悶悶不樂、被動消極、不願與人交往、生活缺乏目標。

2. 寬容型的父母：對子女的行為表現從不要求，一切隨子女的個性與興趣發展。

   子女的個性：自信心較低、學習動機弱、情緒衝動、個性放任、沒禮貌、生活缺乏目標。

3. 權宜型父母：要求子女遵守合理，明確的行為規範，子女對的時候給

予鼓勵，錯的時候給予糾正，善與子女溝通，考慮子女的慾望與需求。

子女的個性：自信心較強、個性較活潑、人際關係良好、生活有目標、興趣較廣、讀書用功。

表 5-7　不同的管教模式對兒童可能的影響

管教方式	特徵	影響
專制式	嚴格限制、控制、懲罰、鼓勵服從、口語互動少、強調工作和努力	社交和認知的能力平平、懼怕、不快樂、無目標、易怒、被動的敵意、因應壓力的能力不佳
權宜式	溫馨、接納、關照、鼓勵獨立（但有限度）、口語協商、折衷、鼓勵理性思考、對兒童的需要有回應	社交和認知的能力強、因應壓力的能力佳、好奇、自控、合作、友善、自我依賴、有活力
寬大縱容	投入兒童的生活、少要求、控制鬆弛、允許自由表達、鼓勵創造、強化自信心	低自我控制、在集中方面有困難、我行我素、社交和認知的能力弱、不受其他兒童歡迎、支配
寬大疏忽	不投入兒童的生活、極少要求、控制鬆弛、允許自由表達和衝動	低自我控制、社交和認知的能力很弱、叛逆、衝突、攻擊性

（三）非傳統家庭

在現在社會中，有許多「非傳統性」（nontraditional）的家庭模式，例如許多同性父母家庭，這些家庭往往被批評無法撫育出適應功能良好的孩子。研究表示這些受同性父母撫養的孩子與一般正常家庭中長大的孩子並沒有任何心理或適應上的差異，真正會引起差異的因素並非是父母的性別，而是親子關係及父母關係的品質好壞（Russel & Bissaker, 2002）。

（四）母親的角色

兒童早期雖然比嬰兒期較不需要母親身體上的照顧，但是情緒支持與鼓勵的需求並不比以前稍減。只是母親仍然該負責主要照顧者的任務（時間上約是父親的 7 倍）。母親與孩子有較多的口語上、視覺上和情感上的互動，活動也以撫慰性的居多，例如讀、寫、聽音樂及畫畫。兒童早期也

習得性別角色之意義，開始認定同性的父母，同時學習和異性的父母互動，他們觀察到兩性在行為上的差異（Robinson, 1977）。

（五）父親的角色

兒童早期和父親的關係擴展了他們的世界觀，即使在今天，多數地區的多數兒童還是成長於以女性為主的環境，主要照顧者和互動的對象以女性具多（母親、保母、老師），父親可能是兒童唯一經常接觸的男性。父親和小孩遊戲的方式與母親迥然不同，父親玩的方式較少口語的互動、較激烈、具冒險性、也比較耗費體力。這些遊戲有助於社交能力的提升。父親和母親的處事的方式不同，因此兒童有機會習得解決問題的不同方法（Yogman, 1988）。

（六）手足之間

手足使得家庭更豐富也更複雜，手足的出生通常是在頭一胎孩子進入幼稚園的時候，手足間的互相影響視許多因素而定，這些因素包括：排行、間隔年數、數目和性別。過去的研究顯示，手足和親子關係兩者的特質是不同的，兒童在和父母互動時展現較多的情感、比較順服，對父母的回應也比較正面，他們和手足互動時的行為比較負面，例如嘲諷、拍打及喊叫。手足之間的爭吵和對立提供了兒童練習解決爭端的安全機會，有助於他們發展對痛苦和傷害的忍受能力（Brody, 1998）。

（七）同儕關係

同儕在兒童早期發展所扮演的角色也日益重要。同儕的重要性列舉如下（Hartup, 1989）：

1. 同儕所提供的學習環境和家庭所提供的不同。
2. 同儕之間的關係比較平等。
3. 同儕提供學習社交技巧與吸收新資訊的機會。
4. 同儕提供和其他兒童比較的機會，以便更瞭解自己與他人。

　　研究顯示：同儕關係和兒童的正常發展具有密切關係，孤立和被同儕拒絕的兒童在未來比較容易有心理問題（如精神分裂）與偏差行為，而同儕的拒絕所造成的負面影響又比孤立嚴重。

　　同儕對學齡兒童而言是有其特殊意義的，因它不但會幫助兒童在與同伴的互動當中得知他人是如何看自己的，而且也幫助他人瞭解自己的聰明才智、能力、及在同伴中受歡迎的程度。它同時亦幫助兒童瞭解同伴對許多日常生活事件的感覺、態度、做法，並進而影響個人價值觀的判斷與選擇。再者，來自同儕團體的壓力，會使兒童因要尋求認同而屈服於此壓力之下，塑造兒童的行為（Langlosi, 1986）。

　　此外，同儕關係的良窳對個人目前和未來的生活具有相當大的影響力。許多相關的研究結果顯示在童年期若無同儕為伴，或因缺乏適當社會技巧協助與友伴維持良好的關係，部分兒童會出現攻擊、破壞、或退縮、逃避的行為，造成被排斥或被忽略的可能，並影響到其對學習的興趣與對上學的態度。在青少年時期，在中途輟學、犯罪、及自殺的比例可能會提高，成年後更易有人際關係適應上的困難。另外還有許多的研究也顯示人際關係對個人的身心、家庭生活、工作具有深遠的影響。因此在小學課程教學之中即應涵蓋幫助兒童學習，與人相處之道及解決衝突技巧的內涵。

（八）兒童早期的遊戲

　　遊戲是兒童早期的主要媒介，遊戲本身就是快樂的活動，正面的感受是遊戲最好的報酬，不僅可以減少焦慮、挫折及紓解壓力，更能夠增進同儕關係和社交能力。遊戲的時候，兒童不僅可以練習認知的技巧，而且還能增進這種技巧。

　　第一階段是獨自遊戲，沒有跟別人共玩的意念。

　　第二階段是旁觀。兒童會被旁邊玩遊戲的小朋友吸引，但只站在一旁觀看，並不會加入一起遊戲。

　　第三階段是平行遊戲。兒童會玩和其他小朋友一樣的玩具或遊戲，但並未與他人產生互動關係或互助合作的行為。兒童只是各玩各的。此階段

有另一個名稱叫「集體的單獨遊戲」。

　　第四階段是團體遊戲。兒童開始會找玩伴一起遊戲，彼此間可以互助合作，擔任不同的任務和角色，遊戲顯得有組織、有秩序（表5-8）（Bergin, 1988）。

表 5-8　兒童早期遊戲的模式

遊戲模式	兒童的行為
空間式遊戲	沒有投入任何活動、沒有和任何人一起玩、毫無目標，屬於最少見的遊戲方式。
單獨遊戲	獨自玩耍、任務取向、沒有其他兒童參與，是 2~3 歲兒童最典型的遊戲方式。
旁觀者遊戲	觀看其他兒童玩耍，會參與聊天、問問題、口語參與，對遊戲感興趣但沒有直接投入。
平行式遊戲	和其他兒童一樣玩玩具，但是不和其他兒童一起玩，年幼的兒童比年長的較容易採取這類遊戲方式。
結交性遊戲	兒童很活躍地一起玩，互動比遊戲的組織和任務的達成更重要，社交技巧（例如：輪流和服從領袖）式遊戲的內容。
合作性遊戲	社會互動很頻繁，活動有組織，可以是社交性的、由老師所組織正式性的及比賽性的遊戲，兒童早期比較少有這類遊戲。

（九）電視對兒童的影響

　　電視對兒童的影響究竟有多大？問題的重要性又在哪裡？根據研究調查，在兒童平日所進行的休閒活動中，「看電視」占了極大的一部分，電視是兒童經常性接觸的傳播媒體之一，在兒童的成長與社會化的過程中，具有極大的影響力，電視節目所傳播的文字、影像、價值觀⋯⋯等等，皆會影響兒童的思考模式與價值判斷（Nielsen Media Research, 1998）。

　　現今台灣的電視節目，多種頻道，多種選擇，兒童很輕易的可以取得各式各樣的資訊，形式上，從他們熟悉的兒童節目，到新聞節目、綜藝節目、連續劇、中西電影、購物⋯⋯等五花八門的節目，來源上從台灣到世界各國，其知識、資訊的取得可謂迅速又豐富；但是，節目內容中，或有過度渲染、誇張、偏頗事實，對於兒童的教育而言，是一種很大的傷害；

再者，過度的收看電視也容易對兒童的健康產生不良影響。

　　收看電視，對兒童來說，其影響是正、負皆有之，因此，有必要加以探討。以下分正、負兩方影響討論之（張旭鎧，2008）：

　　從優良的一面來說，現今電視節目（以台灣地區而言）的來源，從Discovery、Knowledge、CNN、日本台……等外語電視台或節目，到國內各新聞台、綜藝台、電影台、購物台，兒童所能接收與取得的資訊、知識是多不勝數，只要一打開電視機，按下搖控器的按鍵，就能和世界接軌、連結，「秀才不出門，能知天下事」對於現代兒童來說，根本不是一個遙不可及的夢想，而是一個生活常態了，電視是一個知識寶庫，如同一本生動、有趣的百科全書，在這當中，他們可以：

1. 獲取多元化知識：從新聞時事、流行文化（音樂、美術）、人文史地到自然生態，無一不盡入眼中。
2. 拓展國際視野：由於現代資訊傳輸的發遠，從國內到國外各種語言（以英文、日文爲最大宗）的節目，內容更廣及世界各地，彈指之間就可以獲取全球的資訊。以上兩者爲生活在目前多元化、講求國際化的社會與教育所強調，兒童能獲得即時、第一手的資訊，不僅有助其多元、國際視野的形成，更能養成其關心時事的習慣，不與社會、世界脫節。

　　相對的，電視的負面影響則包含：

1. 影響兒童的腦部發育

（1）思考能力降低：電視聲光與畫面的刺激，讓腦部一直維持在較原始的區域運作，無法刺激思考區域的發展。幼兒的腦部發育，到了四歲之後逐漸轉向思考區域，腦部需要不同的刺激，才能促使神經快速發展，建立連結網路。

（2）智力、創造力發展受阻：以色彩畫面輸出爲主要傳播媒介的電視，降低對專司處理語言、邏輯的左腦的刺激，削弱了左腦的功能，影響語言、閱讀、分析能力的培養，同時亦減少左右兩腦之間的神經發展，可能會造成注意力與學習困難。

（3）閱讀能力下降：觀看電視時，眼睛往往是直盯著電視螢光幕，很少
　　做來回移動、缺乏一般的瀏覽活動，大大使閱讀時所需要的搜尋、
　　瀏覽、對焦的能力受損。

2. 價值觀的混淆

即使目前台灣各有線電視台的頻道，已依其屬性：社教、兒童、戲
劇、新聞、電影……等，做了明顯的區隔，也有了「普、護、輔、限」的
節目分級制，但仍難杜絕兒童接觸各種暴力、色情、血腥、偏頗的可能
性，尤其目前家庭的收視習慣，仍舊是兒童與父母、家人一起收看，在節
目選擇上並不嚴謹，而節目的製播，往往為了求高收視率，而讓原本暴
力、偏頗的口味加重，如前幾年極為流行的「台灣霹靂火」中惡勢力——
劉文聰的名言：「我若是不爽，我就會報仇，我若報仇下去，下一個要死
啥米人，我自己嘛也不知。」

（十）學前環境

兒童早期就讀於幼稚園或日間托兒所約3~5年之久已經成為一種趨
勢。每所幼稚園或托兒所標榜的特色都不一樣，有的強調認知與學術上的
發展，有的注重社交和情緒上的發展。不論他們標榜的是什麼樣的學習環
境與設施，重要的是必須符合兒童發展的需求。健全的學前環境和教育會
產生的影響包含：增進與同儕的互動、社交能力、自信心、自我獨立、自
我肯定、自我表達、自我控制、學習教育的適應能力。

最早發展出幼稚園理念的人是福祿貝爾（Freidrch Froebel），他將幼稚
園視為「兒童的花園」，兒童能夠得到像植物般小心謹慎的照顧與養育。
但是多年的發展之後幼稚園已經失去了福祿貝爾之前的理想變成過度強調
成就，忽略撫育和妥當的照顧，給兒童過度壓力，犧牲他們真正的需求。
福祿貝爾是第一位設立幼稚園的人，並確認「遊戲」在兒童發展中真正的
意義的教育家。他認為教育的三大原則是自我發展、自我活動、社會參予
（Coley, 2002）。

過去研究顯示，來自貧困、破碎或感到無助的家庭兒童，在學校表現

通常都比較差。為什麼呢？因為這些家庭的父母無法控制環境和生活的事件，常常會產生強烈的無助感，覺得和環境脫節、對兒童的需求沒有回應。他們也疏於教導孩子因應環境的技巧，兒童受父母的影響也充滿無助的感覺，無法照著自己的期待有所表現，會覺得和學校脫節或疏離，好奇心和學習的動機也因此遭到淹沒。「迎頭趕上方案」的設計是為了解決上述的問題，兒童在進入幼稚園的前一年開始參與，在有些地方對此方案也針對嬰幼兒提供介入服務，以提高父母合作的機會。早期介入方案對孩童的正面影響有（Ramey, 1999）：

1. 早兩年進入幼稚園比早一年進入較好。
2. 一天多一點時數，一年多幾天的話，會對孩童及其家庭提供更好的幫助。
3. 父母的參與是影響孩子成功表現的關鍵。
4. 教學人員對方案的成效有很大的影響力。
5. 認知系統支持服務對低資源及特殊家庭有所幫助。
6. 小班制能改善方案品質。

（十一）文化與性別考量

在兒童早期的階段，多半還無法瞭解性別的意涵，除了以外觀分辨之外，尚無法瞭解族群特徵和身為某族群成員的社會意涵。因為兒童早期的認定和對自己族群傳統的傳承，主要是取決於父母或家庭，因為在父母或主要照顧者的保護和照顧之下，父母可以幫助其瞭解種族歧視與不平等的問題，未雨綢繆，在未來碰到問題時才知道如何因應。父母尊重孩子的意見與感受也有助於孩子對自己、他人或其他族群的尊重。

（十二）性別角色與認定的發展

性別角色和認定的發展是兩種不同但緊密連結的過程，從出生那一刻，嬰兒便顯示出性別上的差異。在往後成長的過程中，社會和文化對性別角色和認定的期待更是無孔不入，舉凡父母、家庭、老師、同儕、身體

和認知的發展都影響性別認定的形成。性別認定的表現在兒童的遊戲上，進入兒童早期階段時，兒童選擇玩伴便會以同性優先，遊戲方式也不一樣，他們已經發展出遊戲方式、種類和玩具的選擇因性別而有所不同的概念。研究顯示，男童比較早表現出性別取向的行為和選擇適合自己性別的遊戲方式。兒童早期也開始對同性父母有較強的認定感，他們想和同性父母有一樣的打扮，學習與刻板性別角色相關的行為。約3歲時，兒童便會知道自己屬於哪個性別，4歲時能夠由行為模式辨別其他兒童的性別，但4~5歲之前還會以為性別可以轉換，過了這個年齡才會漸漸意識到性別是固定不變的特質（Hartup, 2002）。

二、社會危險因素

在1994年，美國約有22%的兒童生長在低收入戶的家庭。到底貧窮如何影響兒童的發展呢？來自中產階級的兒童，其自我效能比出生在低階級的兒童高、所接收到的語言刺激也比較多。早期在技巧上比較精熟的兒童，自信心強、吸收新經驗的動機也強，所以學校的表現也會比較佳。另外有研究顯示，老師們對待低收入及高收入孩子的態度有所不同，對低收入戶孩子常有較低成就期望，較不會注意他們，也較少給他們正向的增強（McLoyd, 1998）。

（一）兒童虐待

兒童虐待（child abuse）指的是違背社會對兒童照顧和安全所定的規範，雖然各地所定的標準不一樣，但都涵蓋下列幾項標準：身體虐待、性虐待、身體照顧方面的疏忽、教育上的疏忽和心理的虐待（Maluccio, Tracy, & Pine, 2002）。

1. 身體虐待：指父母／照顧人在身體上危害 或讓他人危害兒童，或造成使兒童受傷害的極大危險。這必須是嚴重受傷，如嚴重燒傷、骨折、身體部位殘缺、內傷或死亡，傷害或引發傷害危險的原因不是因

事故所致。

2. 性虐待：指父母、或照顧人本身、或讓他人對兒童實施性侵犯。

3. 身體照顧的疏忽：身體上的疏忽常隨著混亂的家庭功能失序而產生，嚴重的身體疏忽，兒童得不到應有的生活基本需要，像是吃、睡、洗澡和家居清潔等。住的地方可能夾雜著腐敗的食物、垃圾，也可能常常曠課，老師及同學時常抱怨其身上有異味。當小孩子有嚴重的身心失調情況時，照顧者未能給予合適的醫療上的照顧、或即時性的專業看診。通常較嚴重的健康照顧疏忽包含：父母或是照顧者，往往不願意或故意忽視去評估孩子疾病或問題的需求。

4. 教育上的疏忽：照顧者沒有提供適當的教育，較廣泛的意義則是指：父母親不與學校合作、不願參與小孩子學校的事務或父母拒絕遵循學校所建議的特殊處遇方案或處遇行為。因為父母可能對正式教育缺乏信心，或是兒童身心障礙問題造成就學困難，不是父母故意疏忽。

5. 心理虐待：指身體的自由限制，不斷的威脅、拒絕、剝削和貶抑。雖然定義不夠具體明確，許多口頭上的訊息若帶有負面標籤和貶抑，都算心理虐待，因為這些口頭訊息對兒童的心理影響重大。

（二）促成兒童虐待的因素

促成兒童虐待的因素如下（Pecora, et al., 2000）：（1）家庭壓力；（2）婚姻關係的衝突；（3）工作經濟壓力；（4）家庭暴力；（5）身心障礙兒童；（6）較負面性格兒童；（7）社交孤立；（8）失業；（9）無家可歸；（10）生活壓力；（11）社區暴力；（12）較少社會支持；（13）缺乏社區意識。

（三）虐待事件

在台灣，兒童虐待和忽略的事件由於媒體的大幅報導，社會大眾的意識覺醒，導致這20年來，事件的提報率大幅提升。其中有77%的犯罪者是父母，11%是兒童的其他親屬。最常見的虐待方式有「忽略」（52%）、

「身體虐待」（24%）、「性虐待」（12%）、「情感虐待」（6%）、及「藥物虐待」（3%）（表5-9、表5-10）（連昭慈、李宇承 2015）。

表5-9　2007元月份重大虐童案

時間	地點	事件	施暴原因	施暴者
2007.1.6	澎湖縣	與父吵架，失業男子酒後摔兒後自殺	失業酗酒情緒失控	父親
2007.1.15	台中縣	三歲黎小弟慘遭嬸婆虐死	情緒失控暴力凌虐	嬸婆
2007.1.23	台中縣	枕頭覆臉，四歲男童死因離奇	父母離異照顧嚴重疏失	不明
2007.1.23	桃園縣	四個兒童獨留過一夜，翌日二歲女童死亡	父母及保母嚴重疏忽	不明
2007.1.23	嘉義市	二小兄弟被丟賣場，卡奴爸媽失蹤	父母經濟因素惡意遺棄	父母
2007.1.23	宜蘭縣	三歲童嚼檳榔、乎乾啦緊急安置	單親父親酗酒暴力	父親
2007.1.24	雲林縣	吊在起重機毒打，6歲女童慘遭虐死	父母離異，母同居人凌虐至死	母同居人
2007.1.24	台中市	遺棄幼兒連兩起，都是未婚媽媽	非婚生子女惡意遺棄	生母

表5-10　家扶基金會2002-2006年兒童虐待個案之施虐者施虐因素分析（複選）

施虐因素	2002-2006 年統計
缺乏親職知識	62.34%
婚姻失調	43.64%
缺乏支持系統	34.76%
貧困	30.41%
情緒不穩定	29.90%
酗酒	23.14%
失業	22.90%
對受虐者不實際期望	22.90%
暴力傾向	11.19%
患精神疾病	7.62%

（四）通報虐待事件

在專業人員對通報制度的認知上，諸如，兒童虐待的知識、對通報責任或程序的瞭解，對於通報制度的不瞭解、不知如何通報、認為相關法令對於相對人的處罰太過嚴苛等因素亦會影響其通報意願。另外，唯恐個案在通報後遭到更嚴重的傷害、擔心被施虐者報復等都會影響專業人員的通報。身為專業團體的成員，以及專業人員對虐待普遍性的知覺，顯示對辨識與通報兒童身體虐待有影響（表5-11、表5-12、圖5-1）。

表 5-11　兒童及少年受虐人數一覽表

年度	合計	兒童：人	少年：人
2000 年	6,059	4,093	1,966
2001 年	6,927	4,466	2,461
2002 年	6,902	4,278	2,624
2003 年	8,013	5,349	2,664
2004 年	7,837	5,796	2,041
2005 年	9,897	7,095	2,802
2006 年	10,094	6,990	3,104

資料來源：內政部兒童局網站（2007）

表 5-12　兒童及少年保護案例個案舉報概況一覽表

舉報類型		合計	2004 年	2005 年	2006 年
總計		33,202	8,494	10,722	13,986
責任通報	小計	18,531	4,421	5,487	8,623
	醫事人員	4,725	1,198	1,515	2,012
	社會工作人員	3,321	603	760	1,958
	教育人員	4,325	1,100	1,350	1,875
	保育人員	229	73	93	63
	警察	4,206	1,092	1,327	1,787
	司法	374	96	116	162
	其他執行兒童少年福利業務人員	1,351	259	326	766

舉報類型		合計	2004年	2005年	2006年
一般通報	小計	14,671	4,073	5,235	5,363
	父或母	3,749	894	1,355	1,500
	親友	3,239	1,033	1,162	1,044
	案主主動求助	1,240	220	420	600
	鄰居及社會人士	3,700	761	1,332	1,607
	其他	2,743	1,165	966	612

資料來源：內政部兒童局網站（2007）

＊兒童虐待通報流程：

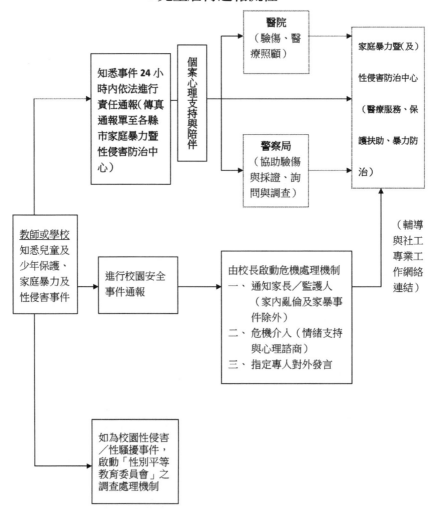

圖5-1 教育部訂定之「各級學校及幼稚園通報兒童及少年保護與家庭暴力及性侵害事件注意事項及處理流程」

（五）虐待的調查

　　兒童虐待案件的確立不是件易事。可能影響事件確認的因素繁多，以下只針對重要的因素討論。首先在評估方面，因為評估的範圍很廣泛，評估也很耗時，加上評估需要專業技巧才有可能取得重要的資料，因此兒童虐待的評估是件困難的事。蒐集資料上需要花費一番時間，就案主與案家方面，當事人或兒童的父母通常不願透露個人和家庭的歷史、家庭過去和現在面對的壓力、對兒童負面的感受及不負責任的行為等資料。父母遲疑主要是懼怕失去小孩，導致評估的困難。在兒童發展方面，未滿5歲的兒童的語言表達能力能尚在發展之中，無法具體明確的描述經驗，年幼的兒童更無法分辨真實或想像的事物、受虐過程正處在發展的兒童無法指出正確時間、地點和虐待行為真正的情節。家庭的遷移也使得兒童保護機構無法持續追蹤，資料的蒐集也比較困難，遷移也造成治療的延遲，影響治療的效果（Maluccio, 2002）。

＊如何評估及調查兒童虐待

　　下列問題有助於評估及調查兒童虐待：
1. 孩子是否遭到虐待？
2. 有犯罪發生嗎？（身體及性虐待常訴諸法律訴訟程序）
3. 誰是犯罪嫌疑者？
4. 是否有其他證人？
5. 有其他的犯罪嗎？
6. 有無任何身體上的跡象？
7. 對孩子未來造成什麼影響？
8. 小孩安全嗎？
9. 如何確保小孩的安全性？
10. 這個家庭是否有緊急的需要？
11. 機構是否能持續提供家庭協助並減低將來兒童虐待的發生？

（六）兒童虐待與忽略的影響

　　雖然很難指出兒童虐待所造成的直接後果，但在一些文獻中確實提到它對孩童的影響。對兒童心理上會造成其尿床、易怒、過動、低自尊、學校問題、社會脫節、負面行為、強迫行為及攻擊行為等。遭身體虐待的小孩會有較多自我傷害的行為，例如：自殺傾向及自己切割手足。被虐待的兒童也容易產生內在自我關係失衡的現象（Emery, 1998）。

（七）危險與保護的因素

　　影響兒童發展的危險因素包含：父母親有精神違常疾病、社經地位低、智商低、大家庭、婚姻問題和離婚、親子關係不佳、缺乏社會支持、生育所造成的創痛、兒童生理障礙、兒童性情不安易躁，以及性別為男生。有些家庭經歷這些危險因素，兒童的發展仍然順利無礙，專家認為這些兒童具有韌度，也就是有壓力中恢復的能力或有調適的能力。影響兒童早期發展的保護因素：至少也有一位成人在他們的生命早期（特別是出生的的第一年）觀照他們；面對挑戰的時候不被過度的保護；兒童不必去因應負擔過重的挑戰，因為挑戰過多，引起問題的可能性會變大（Pecora, et al., 2000）。

　　生理、心理和社會層面的壓力源可能阻礙兒童的發展。幸運的是，有些兒童具有韌度，週遭有支持和關照他們的成人，能夠發展出因應的技巧；部分兒童則因為壓力過大或周遭沒有支持他們的成人，造成發展的障礙。正確的評估和及時的處遇（例如：預防、醫療、教育方案）可以幫助這些兒童因應發展過程中必須面對的危機。

（八）受刑人家庭的兒童

　　國內的研究顯示，有69%受訪女性受刑人之子女知道母親入監服刑，有31%的受訪女性受刑人之子女不知道。不知道的原因，有54%受訪女性受刑人是因子女還小，28%是怕影響子女人格發展，10%是認為自己

對不起子女（蔡惠娟，2004）。Kemper 與 Rivara（1993）因受刑人家庭問題出現的高頻率，將其列爲高風險家庭，是進入刑事司法系統的高危險群（Breen, 1995）。研究者估計父母服刑的子女其犯罪的傾向，約爲其同儕的六倍，美國司法統計局（Bureau of Justice Statistics, BJS）的調查顯示，約50% 的少年犯其父母曾入獄服刑（Bilchik, Seymour, & Kreisher, 2001）。

　　在台灣，從兒童及青少年偏差行爲的相關研究可以發現，其父母犯罪的比例較一般兒童及青少年的父母高，例如，夏以玲（1999）探討家庭暴力對少年暴力犯罪行爲影響的研究中，發現暴力犯罪少年的母親因犯罪坐牢的有3%，非暴力犯罪少年其母親因犯罪坐牢的有1%，而一般少年則沒有母親因犯罪坐牢的；蔡文龍（2003）的研究中，從事性交易兒童及少年有4.5% 是母親服過刑。可見國內母親服刑會增加子女行爲偏差與犯罪的風險。

1. 對個人之影響

　　受刑人子女明顯會有情緒如生氣、罪惡感、羞恥與傷心等反應，同時會有認知與社會發展阻礙或遲緩的現象，且易產生暴力、攻擊、反社會等偏差行爲，在校學業成績低落、人際關係不良，同時也會出現身心官能症等病症（劉香蘭，1999）。而受刑人家庭子女因與父母非自願性的分離，造成父或母的缺席，其所帶來的心理創傷，不僅影響到自我概念及價值觀，同時也會因長期缺乏角色模範，在成長過程不斷受創，使得青少年缺乏自信、暴力、情緒化的行爲模式，形成人格的一部分，進而衍化成認同危機或偏差行爲。周愫嫻（1999）之研究發現，成人犯罪率高，可能是因爲其成長過程中受到父母犯罪的不良示範所致，可見，家人入監，的確會造成子女在人格發展上之影響。

2. 同儕團體對當事人之影響

　　部分實證研究指出，子女因父母服刑而受到同儕恥笑，而同儕也會因其父母之犯行而不願與其交往，致使受刑人子女社交生活被孤立（劉香蘭，1999）。受刑人家庭子女不僅經驗到親人的分離，更經驗到因家人犯罪所造成的社會隔離，外在環境的不友善形成子女對在監父母的認同危

機，同時也影響到子女的人際互動，且研究顯示犯罪家庭來自低社經地位社區，附近孩子普遍學業成績不高，社區家庭環境也較複雜，爲社會低層的聚集地，社區有可能誘發兒童或青少年參與一些不良的社團或組織，對少年行爲發展會有影響。

問題與討論 ✎

1. 請說明皮亞傑的運思前期三要素的內涵？
2. 請說明兒童早期語言發展常見之問題？
3. 請扼要說明兒童攻擊的類型與處理技巧？
4. 請說明兒童的心理問題的類別與特徵？
5. 請說明評估及調查兒童虐待的指標？
6. 請說明同儕關係在兒童早期發展的重要性為何？

參考書目

周愫嫻（1999）國小社會科新課程「家庭觀」評析：以低年級教科用書爲例。**初等教育學刊**，7: 233-65。

夏以玲（1999）。家庭暴力對少年暴力犯罪行爲之影響。**靜宜大學兒童福利研究所碩士論文**。

張旭鎧（2008）。美醫界研究／電視看太多 有害兒童注意力。**自由時報**，2008/01/28。

連昭慈、李宇承（2015）。重大虐童案。**華視新聞網**，2015/08/08。

劉香蘭（1999）。生別離──影響受刑人家庭關係機制初探。**台灣大學社會學研究所應用社會學組碩士論文**。

劉振盛（2011）。認識氣喘。**郵政醫院網站**。http://www.postal.com.tw/%E7%B6%E5%96%98.htm。

蔡文龍（2003）。兒童及少年性交易防制條例短期收容功能之研究。**國立嘉義大學家庭教育研究所碩士論文**。

蔡惠娟（2004）。兩岸女性受刑人處遇之比較研究。**中國文化大學法律研究所碩士論文**。

Baumrind, D. (1991). Effective parenting during the early adolescent transition. In S. Bilchik, C. Seymour, & K. Kreisher (2001). Parents in prison. *Corrections Today*, 63(7),

108-111.

Breen, P. A. (1995). Bridging the Barriers. *Corrections Today*, 59(6), 96-98.

Brody, G. H. (1998). Sibling relationship quality: Its causes and consequences. *Annual Review of Psychology*, 49, 1-25.

Byrne, B. (1998). *The foundation of literacy*. New York: Psychology Press.

Campbell, S. B. , Cummings, E. M., & Davies, P. T. (2002). *Developmental psychopathology and family process: Treatment, research and clinical implications*. New York: Guilford Press.

Coley, R. (2002). *An uneven start*. Princeton, NJ: Educational Testing Service.

Cowan, P. A. & Heatherington, E. M. (2000). *Advances in family research* Vol. 2. Hillsdale, NJ: Erlbaum.

Denham, S., Salisch, M. V., Olthof, T., Kochanoff, A., & Caverly, S. (2002). Emotional and social development in childhood. In P. K. Smith & C. H. Hart (eds.), *Blackwell handbook of childhood social development* (pp. 307-328). Malden, MA: Blackwell.

Forehand, R. L. & Long, N. (2002). *Parenting the strong-willed child (revised): The clinically proven five-week progrom for parents of two-to-six-year olds*. New York: McGraw-Hill.

Gelman, S. A. (2003). *The essential child: Origins of essentialism in everyday*. New York: Oxford University Press.

Geroski, A. M. & Rodgers, L. A. (1998). Collaborative assessment and treatment of children with enuresis. *Professional School Counseling*, 2, 128-135.

Gray, A. & Payne, P. (2001). *World health disease*. New York: Open University Press.

Hartup, W. W. & Abecassis, M. (2002). Friends and evemies. In P. K. Smith & C. H. Hart (eds.), *Blackwell handbook of childhood social development* (pp. 285-306). Malden, MA: Blackwell.

Kolhberg, L. (1969). Stage and sequence: The cognitive-developmental approach to socialization. In D. A. Goslin (ed.), *Handbook of socialization theory and reservice* (pp. 278-293). Chicago: Rand McNally.

Lee, S. & Graves, G. (2000). *Your three-and four-year old: As they grow*. New York: Golden Books.

Maluccio, A. N. (2002). Failed child policy-an essay review. *Family Preservation Journal*, 6(2), 32-45.

Maluccio, A. N., Tracy, E. M., & Pine, B. A. (2002). *Social work practice with families and children*. New York: Columbia University Press.

McLoyd, V. C. (1998). Socioeconomic disadvantage and child development. *American Psychologist*, 53, 185-204.

Nielsen Media Research. (1998). *1998 report on teltvision*. New York: Author.

Pecora, P., Whittaker, J., Maluccio, A., & Barth, R. (2000). *Family foster care. In the child welfare challenge*. New York: Aldine DeGruyter.

Robinson, J. P. (1977). *How Americans use time: A social-psychological analysis of everyday behavior*. New York: Praeger.

Russel, A., Mize, J., & Bissaker, K. (2002). Parent-child relationships. In P. K. Smith & C. H. Hart (eds.), *Blackwell handbook of childhood social development* (pp. 203-222). Malden, MA: Blackwell.

Ramey, S. L. (1999). Head Start and preschool education: Toward continued improvement. *American Psychologist*, 54, 344-346.

Santrock, J. W. (2003). *Life-span development*. New York: McGraw-Hill.

Siegler, R. S. (1998). *Emerging minds: The process of change in children's thinking*. New York: Oxford University Press.

Tremblay, R. E., Gervais. J., & Petitclerc, A. (2008). *Early learning prevents youth violence*. Montreal: Centre of Excellence for Early Childhood Development.

Welch, M. J. (2000). *American academy of pediatrics guide to your child's allergies and asthma: Breathing easy and bring up healthy, active children*. New York: Villard.

第六章　兒童中期

兒童中期是一種由規則、平等互惠所塑造的兒童文化（Konner, 1991）。當兒童自「兒童早期」進入「兒童中期」起，最明顯的進步是遊戲能力的提升。在遊戲中，兒童可以控制、訂定遊戲規則、確保遊戲公平、制裁違規者，甚至創造一個屬於自己的世界。

兒童中期介於6-12歲之間，始於幼稚園剛結束之時，止於進入青少年之前，也是艾瑞克森所謂的「勤奮對自卑」的時期，兒童如果能勝任在認知、心理和社交技巧方面的發展任務則比較能夠勤奮，否則可能會產生自卑感。

許多兒童時期最重要的技巧都是在此階段，透過遊戲、運動、讀、寫等活動取得，這個階段也是動作協調、體力和適應力等各方面發展的重要時期。認知的能力與日俱增，越接近青少年期，邏輯推理與解決問題的能力也越精進。隨著同儕之間互動的日益頻繁，角色扮演能力的發展也更重要。友誼和同儕關係方面的調適是兒童中期發展的重要任務之一，學習調適的主要場合是學校。但是學習的障礙、溝通的問題、同儕關係不佳、甚至是家庭解組等問題，可能使得上述各面向的發展受阻。

第一節　生理層面

一、生理發展

兒童中期的生理成長和發展特徵是緩慢而平穩，緩慢的成長期剛好

介於快速成長的兒童早期與超速成長的青少年早期之間（女生約在10-13歲，男生則為12-16歲）。在這期間，兒童每年平均成長約2-3吋。

學齡前的動作發展在兒童中期持續下去，大小肌肉的發展使得動作的反應更加協調順暢。學齡兒童對許多運動都很感興趣，例如，游泳、騎腳踏車、滑直排輪等，特別是需要大動作發展的運動，但較沒辦法控制衝動，容易造成無端的疲勞，而將疲勞以吵鬧或哭泣的方式表現。在7-8歲時，因注意力較能集中，認知能力也有進步，雖然還很好動，但開始對需要坐下來玩的遊戲產生興趣；在8-10歲時，會投入需要更集中精神與毅力的活動，例如：棒球、足球。到了兒童中期末期，則對同儕團體性的活動會比較感興趣。

兒童中期，男生在大動作的發展超過女生，女生則在精細動作的發展優於男生，這也是男生較喜歡從事體力活動的部分原因（Pica, 2003）。此時期的兒童雖然會越來越像大人，但因身體的發展尚未完全，骨骼、肌肉和視神經的發展都不如成人，有些行為與動作的要求不能太高，學習不能太早開始，否則會產生強烈的挫折感。因此，「時機成熟」這個觀念對瞭解兒童的發展格外重要，學習或行為的要求須配合兒童的發展，過早的學習只會事倍功半。

兒童生理發展近年來愈亦受到重視，特別關注到許多兒童未獲得所需的足夠運動量。尤其在兒童期與青少年時，有關減少身體的活動（Pica, 2003），例如：6-18歲的孩子，男生若是減少了24%，女生減少了36%的活動比例，將會導致體重過重的問題。

綜合而言，兒童中期的生理特徵如下：

1. 兒童非常的好動。他們很能掌握自己的身體，喜歡為了活動而活動。應該提供大量跑步、攀爬、跳躍的機會。

2. 兒童的大肌肉比控制手指及雙手的肌肉發達。因此他們在一些較細緻的動作，如繫鞋帶、扣扣子方面，會顯得有些笨拙，甚至無法做好。故應避免太細緻的動作，如黏紙圈圈等。提供兒童易用的大畫筆、蠟筆及工具。

3. 雖然兒童的身體很有彈性而且容易復元，但保護腦部的骨頭還很軟。當兒童在玩鬧時，要非常注意頭部受傷。

4. 雖然男孩長得較高大，但女孩在某些方面發育得比較快，尤其是在精緻動作的發展比男孩快。應該避免男女孩在這類精巧的動作上互比高下。

5. 大部分兒童的偏手性已定型，百分之九十是偏右手。勉強偏左手的兒童改變偏手性應該是不聰明的做法。偏右手或許比較方便，但並不是那麼的重要。勉強兒童改變偏手性，可能會讓其覺得不適應、罪惡感、神經質以及沮喪。這些都可能造成個人多方面的適應不良，如口吃等。不要認為改變偏手性的嘗試是合理的。

二、生理優勢與風險

　　兒童中期的發展主要是認知與生理的發展。在認知層面開始展現較佳的推理能力、使用較多的詞彙並較喜歡閱讀。如果兒童身處於極度不利之生活條件下，將會阻礙動作技能的發展與生理活動。

　　此時期兒童在生物生理層面的優勢是擁有動作技能發展的機會。就像其他技能一樣，動作技能需要不斷學習與練習才可能獲得最大效益，亦即把握黃金時間。動作技能的影響包含許多層面，其中特別是文化面的參與，而擁有動作能力也能幫助兒童有正向的情感發展。

　　少數兒童因為受到一些因素的影響，造成發展的遲緩或失調，如：貧窮、饑荒、戰爭之下的恐懼、失去學習機會、喪失父母和與父母分離等，這些因素都有可能造成身心發展的障礙與傷害。例如：有些地區的飲用水因為缺乏碘導致呆小病病例的增加；白癡病是一種引起身體畸形與侏儒症的慢性病；維他命 D 的缺乏會造成佝僂病，身體中的骨骼會受到永久性的傷害，導致骨盤變形和駝背。

第二節　心理層面

一、認知發展與資訊處理

　　兒童中期認知層面的發展非常值得探討，皮亞傑將這個時期稱爲具體運思期，亦即可運用一系列正反雙向思考的階段。「具體」是指兒童的思考仍然侷限於以實物爲對象，無法以邏輯做正式的運思、無法將理想和現實做比較、無法進行假設性思考。但是這時期兒童的運思也有進展，他們比較不以自我爲中心，思考的運作能夠倒轉（可逆性），並且開始有物體質量恆存的觀念，亦即物體的形狀即使改變，其質或量不會改變，除非加入額外的物質或由其中取出部分物質（Ashford & LeCroy, 2009）。

　　皮亞傑對兒童認知發展的知識建構貢獻早已得到認同，但是他的階段論「所有兒童的發展都是經過相同和既定的階段」之主張已因新的證據而被修正，新的研究顯示，個體發展的差異性不是主張世界皆同的階段論所能夠說明的。

（一）智力與智力測驗

　　兒童的智力通常由 IQ 測驗決定，最常用的測驗有四種：

1. 保留測驗：即爲測量數量、體積、長度與面積質量恆存的典型操作。
2. Stanford-Binet 測驗：
   （1）Stanford-Binet 智力商數的計算程式爲「心智年齡除以實際年齡之後再乘以 100」，心理年齡是指一個小孩在智力測驗上能夠達到的年齡層級。
   （2）Binet 測驗須由經過訓練的專業人員施測，測驗對象是針對 2-18 歲的兒童，但以年幼兒童較適當，內容以口語能力爲主。
3. Wechsler 測驗（Wechsler, 2003）：
   （1）WISC-IV 也是很常被使用的一種智力測驗，將各個層面的題項區分成子量表，測驗語文能力及兒童的操作能力，受測者會得到五

種分數，即語文理解力、知覺推理、操作記憶、操作速度和 IQ 總分。

（2）由於 Wechsler 測驗清楚地將各個領域加以區分，施測者可以判斷受測者特別優秀或需再加強的領域。

4. Kaufman 兒童評估表（Lichtenberger, 2000）：

（1）這是新近發展出的測驗，建立在 Das-Luria 認知功能模式與 Cattell-Horn-Carroll 認知分類能力模式上。

（2）Kaufman 兒童評估表的功能符合學校社會工作評估的需要，施測者可依據個別測驗的結果畫出認知圖，辨認個體的認知功能的長處和短處，成為教學計畫與治療的依據，對學習上有障礙的兒童特別有助益。

（二）智力測驗

智力測驗從創始以來便有許多引人爭議之處，其中的一個議題是以智力測驗的分數標籤兒童。它將 65-105 分歸類為「一般或普遍」，65 分以下屬於「智能缺陷」，150 分是「天才」。不幸的是，許多兒童仍然被成人以一次的測驗分數歸類，這種標籤在多年之後仍然跟著兒童，對他們的生活有負面的影響，例如：能力分班等（Lichtenberger, 2000）。

另一個議題與文化上的偏見有關，許多測驗偏重語言智力，反應出對中產階級文化和生活環境的偏重，對來自中產階級的兒童比較有利。因此，最近的版本努力想減少這類的問題。Kaufman 兒童評估表在文化上的公平性超越其他的智力測驗（Lichtenberger, 2000）。

智力測驗是好是壞？並非智力測驗本身而是濫用所造成問題。「智力」是個既複雜又抽象而且不是固定的概念，因此很不容易測量。受測兒童的心情、動機與焦慮也會影響測驗的結果，如果測驗所使用的語言又不是受測者的母語，其正確性更是值得懷疑。此外，智力測驗的結果與受測者的成就之間不見得有必然的關係，社會工作人員必須確保兒童獲得公平且精確的評量，瞭解智力測驗所產生的益處及缺點至少是一個正確的開始。

（三）資訊處理

　　兒童在社會關係中如何處理資訊的現象，最近才受到研究者的重視。資訊處理與兒童行為兩者之間有密切的關係。研究結果顯示，同儕關係較差或常常被排斥的兒童比較會誤解他人的社會意向，缺乏正確的社會意向解讀能力的兒童容易將他人的善意與非故意的行為解讀為惡意或具有挑釁的行為（Kupersmidt & Dodge, 2004）。

　　資訊處理的方式影響我們的心理健康及安適感，它已經成為瞭解兒童發展的重要途徑，通常會從三方面去瞭解：知識的創造和發展、知識的儲存和提取的策略或過程，及對自己是個知識者的覺知，亦即能夠評估知識取得和提取的策略是否有效，稱為形上認知，也就是有關如何認知的知識。

二、情緒管理

　　情緒管理的能力又稱為情緒智力（EQ），EQ 是指一個人能瞭解他自身感受、同理他人，並管理情緒的能力。而 EQ 往往無法在 IQ 測試中顯現出來，當要預測人們是否成功時，IQ 分數或標準的成就測驗絕對不如品行來得有用（Goleman, 1997）。

　　情緒管理能力可區分為下多幾個項目：

1. 覺察情緒：發覺或解釋他人情緒的能力。
2. 運用情緒：運用情緒以引發思考及問題解決的能力。
3. 理解情緒：理解情緒語言的能力。
4. 管理情緒：管理及控制自己的感受及對他人情感的能力。

　　進入兒童中期，情緒層面的發展變得越來越顯著，其中尤以社交互動為基礎，許多父母會因為孩子不尊重自己的權力且不適宜地表達情緒而尋求建議。這個年齡的兒童開始變得比較易怒、好奇也容易被煽動，他們也常會排斥那些會妨礙達成目標的人，或者不知道如何與同年齡同伴互動覺得尷尬，甚至盡量避免被拒絕，無論互動情況如何，情緒控制成為此期兒

童的關鍵性任務。

　　情緒能力有三個面向：情緒經驗、情緒表達與瞭解情緒（Stern, et al., 1999）。

1. 情緒經驗：指覺察與辨識自己的情緒及如何調適。情緒調適未必能產生作用，但重要的是必須具備辨識自己正在經歷情緒的能力。

2. 適宜的情緒表達：指兒童能夠在符合社會情境狀態下表達自己的情緒，首先須知道何謂有效的訊息，然後再傳遞一個可信服的訊息。

3. 瞭解情緒：兒童需學習如何閱讀別人的情緒、如何發問、這個人到底要告訴我什麼有感情的訊息。

　　進入學齡期，兒童的自我觀念開始改變、擴展，涵蓋理想的我、族群覺知和良知的發展。此外，兒童中期也更能夠區分自我與他人，能夠將自己視為獨特的個體，自我的觀念越來越穩固。

　　「自我觀念」是一個複雜且不易測量的概念。Harter（1985）發展出一套測量的方法，稱為兒童自我觀念量表，此量表是根據兒童評估自己在四個領域能夠勝任的程度發展出來，這四個領域包括：

1. 認知方面的勝任程度：在學校各方面的表現，如記憶、讀、寫。

2. 社交方面勝任的程度：能夠結交許多朋友、覺得被喜歡、受重視。

3. 身體方面勝任的程度：運動方面表現佳，被選為運動員或代表隊。

4. 整體自我價值：自我確定、自我滿足、自覺是好人。

　　有研究發現，兒童會依據所處的情境來決定要針對哪一個領域進行自我評估，也就是說，兒童的價值是依情境而定。另一個重要結果是：兒童的自我評估和他人對自己的評估有雷同之處。如：給自己高評價的兒童，他人對他也會有高評價。由此可見，別人會成為我們的鏡子，影響我們對自己的看法（Muris, 2003）。

　　上述結果印證了艾瑞克森的觀念：兒童中期所面對的社會心理危機是勤奮對自卑，他們以同儕的能力衡量自己，建立自我觀念。在這些方面能夠勝任的兒童會發展出「勤奮感」，也才比較能順利地處理青少年期的認定危機。

三、語言與溝通

(一) 溝通

　　兒童中期是語言能力更加精確的時期，文法越來越正確，會使用複雜句以代替簡單直述句或疑問句，視障兒童的語言發展比聽障兒童為佳。兒童也漸漸明白同一個詞彙可能有多層的意義，開始知道字詞的抽象意涵，也就是能夠瞭解字面之後所指稱的抽象意義，這種能力稱為「形上語言覺知」（Sigelman, 2002）。因為這種能力的發展，兒童開始能夠欣賞幽默與笑話，10 歲左右的兒童也開始能夠使用譬喻，例如：「吃緊弄破碗」。

　　俄國心理學家 Luria（1961）認為口語的發展影響行為的控制，發展經過三個連續階段：（1）他人外顯：兒童的行為經由他人的口語控制。（2）自我外顯：兒童以自己發出的外顯口語控制自己的行為。（3）自我內在：兒童以內隱的自言口語控制自己的行為。

　　Luria 等人的主要貢獻是提出自我言語與行為的自我控制間的關係。就溝通能力來說，約有半數的自閉症兒童無法以口語與人溝通，有口語者，大都是語言發展遲緩者，常以仿說來回應他人，代名詞反轉的現象也很普遍。即使語言發展與一般兒童相當，他們在語言的使用上仍然落後同儕，比較不會因人、因時、因地、因事而言，對於溝通情境的判斷能力遠落後於同儕。

(二) 兒童語言失調

　　語言發展的失調對兒童的發展有許多負面的影響，這類失調常常會影響智能的成就、學校的表現，及造成情緒的問題，兒童比較容易受到嘲笑，因而造成自我價值的低落，家庭也可能因為因應不當而造成問題，特別是成員可能給予失能兒童不當的壓力（Bernstein, 2001）。

　　專家們相信生理和環境因素是造成口吃的原因。研究人員發現，家庭成員中有口吃者，口吃的發生率比較高。此外，口吃患者的神經組織構造

與常人不同。其他研究則支持文化的差異造成口吃發生率的不同，來自於強調競爭、強調兒童要早點學會說話及強調成就之文化環境的兒童比較容易會有口吃的情況。專家們也相信生理與環境兩者之間的相互影響也會導致口吃的發生（Cohen, 2001）。

四、社會認知與規範

社會認知是瞭解人類行為最重要的觀念之一，是指隨著認知能力的發展，兒童對自己與他人的認識也不斷更新；對他人的想法、感受與意圖的覺知程度也應該越來越高，這種覺知對兒童的人際關係有重大的影響，這種覺知更重要的表現是角色採取的能力或洞察技能（Selman, 2003）。

(一) 社會角色採取

社會角色採取能力或減少自我中心思考，被認為是健康的社會發展的重要面向，是指能夠減少皮亞傑所謂的自我中心思考，兒童若不具角色採取能力，就不會以別人的觀點看事情。到了 12 歲時，角色採取能力開始轉變，除了思考自己也會思索社會關係，亦即去推論或猜想其他人的感覺、想法與意願，雖然此時認知能力開始增進，仍是以自我中心或不能採用他人的角色與觀點（Chandler, 2000）。

(二) 人際覺知

Selman（2003）的研究著重在人際覺知，即兒童對自己的人際或同儕關係的看法，Selman 將社會觀點採取能力分為五個階段：

0—自我未區分和自我中心的觀點採取：兒童無法區分生理和心理的層面。

1—區分和主觀的觀點採取：5-9 歲的時候漸漸能夠區分生理和心理層面，例如：他們開始能夠區別故意和非故意的行為。

2—自我反思和相互的觀點採取：約 7-12 歲左右，兒童大有進步，能夠

針對自我的觀念進行自我反省，更能夠區分生理和心理的自我。

3—第三者和相互的觀點採取：約 10-15 歲左右，能夠採取第三者的觀點，真正從不同的角度看事情。

4—社會性／象徵性的觀點採取：約 12 歲之後才開始，甚至到了成人階段才會出現，能夠從許多不同的層次抽象地思考，及辨認各個層次之間的不同。

（三）人際覺知與人際關係

表6-1 指出：兒童會根據自己對於人際互動的覺察去理解不同的信任關係，研究人員先呈現一些兩難情境並詢問，例如：「信任是什麼？」、「朋友之間的信任為何對友誼的維持很重要？」等問題，再歸納出兒童對友誼的看法。

表 6-1　兒童對友誼的看法

階段	友誼	兒童回應範例
0	短暫的身體玩伴	我信任我的朋友，因為如果我把自己的玩具給他，他不會弄壞，他沒那麼有力氣。
1	單向的協助	信任就是：我告訴他，他會照著去做。
2	順利的時候合作	信任就是：我為他做點事，他也會為我做點事。
3	親密互相分享	信任就是：他們對我吐露心事之後有釋懷之感，朋友的生命中有一些共享的事物。
4	自動互相依賴	信任就是：一個人必須成長，對自己要有信心，因為自己是自己的好朋友，這樣你才會信任朋友。

資料來源：Selman & Jaqqette (1997)

五、心理優勢與風險

此時期的兒童所擁有重要的心理優勢之一是：自尊與自我價值的持續發展與精進。發展個人化或與其他人區別都是為了擴展自我概念。

（一）兒童中期的自我概念

Harter（1985）提出「兒童自我覺知概念量表」用以測量自我概念或自我覺知的情況，此量表以兒童對於下列五項自我價值的評價作為基礎：

1. 學業能力：覺得聰明或做得好。
2. 品行：沒有惹麻煩。
3. 外觀樣貌：覺得外觀是好看的。
4. 社交接受度：感覺被喜歡、被認為是受歡迎的。
5. 運動才能：對運動很擅長。

（二）心理違常

在兒童中期，心理風險較之前階段顯著，兒童的心理違常可以區分成兩種類別：一種屬於控制不足的問題，又稱為外顯問題，是指問題以外在的行為方式呈現出來；另一種屬於控制過度的問題，又稱為內化問題，是指問題以內在的行為狀態的方式反應出來。兩種在兒童中期最常見的問題有注意力不足過動失調（ADHD）及憂鬱症，前者屬於外顯問題，後者則屬於內化問題（Swanson, 2004）。

（三）過動或注意力缺陷過動失調

兒童的過動行為具有下列三種特徵：過度活動、衝動、與注意力不集中（American Academy of Pediatrics, 2007）。

1. **過動**：（Attention deficit hyperactivity disorder, ADHD）兒童會不經許可離開座位、蹦蹦跳跳、不停的擺動手和腳、或從不使手臂和腿閒著等，活動量非常大。在一個需要長時間保持靜態的情況，他們會對抑制身體動作感到困難，而且會不斷的扭動手指或腿，以及發出詭異的聲音。這種過動的情形不論是在家庭、學校、醫院都會發生，而且不論是一個人獨處、與父母親共處、遊戲中、上課時都會出現這種情況。ADHD 兒童的憤怒、挫折、憂傷、快樂等的情緒性反應表現，也

會比一般兒童頻繁及強烈。

2. **衝動性**：是指在抑制反應上有困難，所以會在尚未思考前，就做出一些行動的行為。首先，ADHD 兒童在許多情況下，往往不會判斷何謂「適當的行為」，這是因為 ADHD 兒童的衝動性反映於認知上而形成的現象。另外，由行動方面來看，由於 ADHD 兒童的自我抑制能力不足，往往會不由自主地說出本身不願意說的話或行動。也就是說，雖然他瞭解必須遵守紀律，但是想快速行動的欲望會超出自我抑制的能力，所以才會衝動地做出意外的行為。當一般的兒童做出不適當的行為時，只要被老師或家長處罰 3 至 4 次就會改過其行為；但是 ADHD 兒童即使受罰後，仍持續違反紀律的例子非常多。他們這樣的行為並非因為他們在反抗或故意，而是因為他們的內在衝動。辨別是否為衝動性時，專業人士會利用所謂「熟悉調和數值測驗」（Matching Familiar Figure Test）之檢查。在進行此項檢查時，衝動性兒童的反應時間（不經思考的反應），比同年齡或具有相等智能的兒童短，所以答錯問題的比率甚高。這種衝動性會直接反映在學業上，例如，沒有讀完問題就作答，或沒有全部讀完選項就做選擇等。另外，也有因為沒有注意到眼前的障礙物而被絆倒，或在沒有注意車道的情況下便衝出去，因此而發生車禍。

3. **注意力不集中**：要求 ADHD/ADD 兒童集中注意力，是一種非常複雜的課程，　為了有效地適應教室環境，兒童必須學會如何掌握集中注意力的技術。教室裡除了上課內容與老師的講解外，還有許多引起兒童好奇的刺激。比如說窗外風景、同學說話的聲音等。正常兒童懂得分辨什麼時候應該要注意哪些，並有自我抑制的能力。但是 ADHD 兒童很難忽略其他環境帶來的刺激，並集中注意力，即使不斷地提醒或指責，亦無法改變這樣的現象。

雖然多數專家們同意有「注意力缺陷過動失調」這類問題的存在，並可給予兒童這類的診斷，問題是要確切的診斷不容易。再者，有一研究結果顯示，負責評估的老師發現自己班上43%的學童（約8歲）有注意力無

法持久的問題，但這個年齡層的兒童精力本來就較旺盛，因此行為問題的診斷須考慮到發展常態的範圍，否則大多數兒童都會被歸類為過動兒。

（四）ADHD 與藥物治療

大多數被診斷為有 ADHD 的兒童都會服用藥物，多數專家認為藥物的治療必須輔以行為治療。研究結果發現，上述這兩種治療模式並用時，其療效最大。由此可見，藥物治療之外，還必須依靠其他的治療方式，以便增進案主在學校的表現與改變部分問題行為，這兩種似乎都不是藥物所能改變的。學校老師可以用一些量表來瞭解評估兒童 ADHD 的症狀，但真正對 ADHD 有效的治療是一個複雜的過程，必須同時使用藥物及行為治療，不宜偏失某一方（AAP, 2007）。

第三節　社會層面

一、團體與家庭

（一）團體與團體的形成

本階段兒童與同儕相處的偏好顯著增強，與同儕相處的時間驟增，與成人相處的時間相對地減少。研究者常將同儕團體定義為，年齡相近、互動的關係和方式比較固定、具有共同的價值和目標、比較持久性的團體。

有關同儕團體形成的研究，首推 Sherif 等人（Sherif, et al., 1961）在夏令營進行的一項實驗，他們將一群男童隨機分成兩組，兩組各自帶開進行一些活動。這項研究的啟示有三：

1. 合作和共同目標是團體凝聚力形成的重要條件。另外，原本毫無關係的成員組成團體之後，開始有團體之內和團體之外的劃分，因此發展出對團體之外兒童的負面感覺。

2. 競爭和挫折感加深了兩個團體之間的敵意。

3. 共同的目標或努力可以緩和雙方的敵意。

（二）同儕的影響力

正面的同儕關係對兒童發展的重要性，Hartup 與 Abecassis（2002）歸納出同儕關係的重要性如下：

1. 同儕關係不佳與焦慮、不安或倦怠（與環境互動）都有密切的關聯。

2. 在同儕關係的情境中，兒童比較能夠習得控制衝動的技巧。

3. 兩性互動的學習只有透過同儕的互動關係才有可能。

4. 同儕關係和角色採取的能力、同理心及道德思考等能力之發展有關。

5. 受同儕排斥的兒童是日後輟學、犯罪和罹患心理違常的高危險群。

6. 肇因於能提供兒童學習社交技能及產生團體隸屬感的機會，友誼極為關鍵。

（三）指導孤立兒童結交朋友所需的社交技巧

互動關係的含意不僅只針對較孤立的兒童，Ladd、Buhs 與 Troop（2002）指出兒童的互動技巧關係到能否成功適應學校生活，圖6-1 即顯示出不同的學校適應的人際互動模式有：友誼、受同儕接受、同儕拒絕及衝突，都會直接影響學校生活的調整，人際關係當然也可以在預防藥物濫用方面發揮功能。

（四）跨文化毒品濫用的預防

不論孩童的文化背景如何，造成毒品濫用的原因是大同小異的，「生活技能訓練」正是一個普遍適用於各個種族兒童的毒品濫用預防方案（Botvin, 2000）。以學校教育為基礎，且適用於男孩與女孩，教育孩子如何拒絕社會壓力及反毒品的態度觀念，此外，一般教師藉由教導一些社會性及個人性抗拒毒品的技巧，並加上角色扮演及熟悉語言的對話方式來減低兒童將來在青少年期對毒品的興趣。

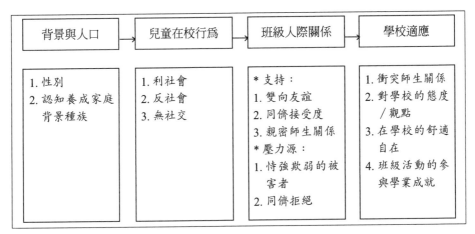

圖6-1　學校適應的人際互動模式

（五）家庭

「家庭優勢」的理念被提出之後，鉅大地改變了社會工作處遇的趨勢與強調重點。長久以來，實務工作的焦點都放在家庭的問題和功能上的違常，忽略了家庭的資源能夠發揮的作用。隨著家庭在塑造兒童的發展和提供成長方面所扮演的角色漸漸被確認之後，家庭的資源也逐漸被重視。

進入了兒童中期，兒童與父母相處的時間有日漸減少的趨勢，相對地，兒童與同儕相處的時間日益增加。研究顯示，5-12歲之間的兒童，父母給予他們的時間約只有5歲之前的一半；雖然給予孩子的時間減少了許多，家庭對兒童的影響和對其發展的重要性並未因此減少，父母必須提供一個安全、有架構的環境，兒童才能夠穩健成長，雖然兒童對父母的愛與尊重大不如前，他們仍然必須依靠父母無條件的愛、所提供資訊及必要的管教，對「好父母」而言，管教是非常重要的。

（六）父母的管教

Hoffman（2000）將父母管教的策略歸納為三種：威權施壓的管教、愛的撤回和循循善誘。

1. 威權施壓的管教（power assertive discipline）：包含體罰、處罰的威脅或透過肢體的方式控制兒童行為。研究顯示使用施壓管教可能增加兒童的侵犯行為，其理由是：父母管教的行為提供兒童角色模仿的機會，和父母有衝突的兒童會以為這是解決問題與爭端的最佳手段。

2. 愛的撤回（withdrawing love）：指兒童有不當行為時，父母以口頭貶抑、威脅要將小孩送走，及指出對方不當的行為是造成不再被愛的原因。也可以用行動表示，例如：故意不理或不和兒童講話與互動（又稱為沉默的懲罰）。這種管教方式對兒童不太公平，這類的懲罰也容易造成負面的結果，包含引起焦慮、過度恐懼和減少兒童情感的表達。

3. 循循善誘（induction）：指透過解釋與理性說明，以達到能夠影響兒童的行為，其特徵是不以強制或威權管教，重點在於說明兒童必須依照父母指示而行動的理由，提供兒童有決定行動和思考是否行動的空間，考慮兒童認知能力和道德發展的階段或層次，不將成人的標準強加於他們。此方式有助於兒童發展內在的道德標準、取得學習自我控制的經驗、考慮和體貼他人的立場，這些都是威權施壓之下的兒童無法習得的（Turiel, 2002）。

二、社區與支持系統

（一）學校的影響

學校是一個主要學習社會化的機構。學校也成為影響孩童社交與情緒發展的主要場所。

有部分的兒童討厭離開舒適的家去上學，藉由發脾氣、胃痛、頭痛或噁心等生理的反應而拒絕上學，全美約有5~10%的學童有此現象。可能的原因首先是來自孩童自我能力的焦慮感；第二是孩童害怕某些學校活動；第三是害怕同儕關係及群體輿論。大部分的社交恐懼症（social phobia）

通常是在 11 到 12 歲時開始發生，因爲這時此期的孩子較容易侮辱或欺負別人，例如：過胖、過瘦、或身體有缺陷的兒童易被同學嘲笑，或是因被嘲笑而導致有智力學習上的發展遲緩等（Kearney, 2008）。

（二）設計更有效率和更健全的學校

有效率的健全學校首重營造良好的氣氛與提升機構的品質。因此，有以下三個重要原則可以遵循（MacIver, et al., 1995）：

1. 強調學業：期待並要求學生的課業成就、給予合理的作業，並制訂清楚教學的目標。
2. 強調任務行爲：增強好的工作表現、給予清楚的指示且不浪費在教室的時間。
3. 有效管理訓練問題：規則要清楚、一致性及避免過重的處罰或體罰。

其相關準則如下（Csoti, 2003）：

1. 老師與學生共同參與，共同創作。
2. 發展學生各科教學語言及學科素養。
3. 教學與學生現實生活之聯結。
4. 教導高層次思考技巧。
5. 進行師生對話式小組教學活動。

美國在 2002 年制定聯邦教育政策《無落後兒童法案》（No Child Left Behind, NCLB），NCLB 法案出現後，聯邦政策也導向在所有學校都應對所有品質的教育方向進行。從這些學校進行改善課程經驗中有四個概念可參考（Wulf, 1997）：

1. 好的教學方案能幫助學生與學校職員改善他們在學校的學習。
2. 善用電腦技術來教學。
3. 小班制對初級基本閱讀及數學學習是最好的。
4. 如果我們對學生有高期望，那麼我們對老師也有高期許。

（三）自我的期許與學校表現

　　老師的期許可能造成的影響力實在不可忽視。因爲大多數的學生都想要表現得更好，他們需要老師更多的鼓勵。雖然老師的期許對學生長期有顯著影響，但研究焦點須放在學生對自我期許與學習動機上。

　　學生在自信心與行爲的表現上可分兩類，一類是屬內控型，即是將成功歸因於自己能力與努力（自己可以掌握）；另一種是屬外控型的，即將成功與失敗歸給人無法掌控的命運（自己無法掌控，而有無助感），比較沒有信心便選擇放棄，心理功能上習得無助感。

　　Pomerantz 與 Rudolph（2003）的研究指出，兒童的情緒困擾會使得兒童使用扭曲的眼光來看待自己與週遭世界。表6-2 描述學生是屬於「掌控」或「習得的無助感」兩者間的差異表現。

表 6-2　「掌控型」與「習得的無助感」的實例

因素	習得的無助感	掌控型
能力	我的數學不夠好	如果我用功一點的話，我的成績會更好
成功的歸因	這跟我努不努力無關，我的數學就是不行	若我努力一點就會更好
失敗的歸因	我眞的很差，因爲我不夠好	我眞的很差，因爲我沒有讀書
失敗時的反應	放棄吧！反正我的表現不好	堅持下去，試試看再努力一點

（四）弱勢兒童與公立學校系統

　　因爲教師對低收入的孩童期許較低，易造成「社會自動升級」的方式助長社會的不公義，剝奪了弱勢族群兒童取得必備技能的機會。

　　Constable（2002）認爲學校社會工作人員是學校與社區之間的橋樑，其主要角色是如何強化學校與社區之間的關係，Constable 也列舉了社會工作人員在強化學校與社區的關係時所必須達成的任務：

　　1. 辨認對替代的教育計畫、方案或支援有服務需求的兒童或目標群體。

　　2. 和社區代表合作或請益，以便辨識學校、社區和學生三方面特質的互

動可能對學生造成的影響，然後發展或尋找資源以便因應這些學生的需要。

3. 和社區的機構合作以便發展學校沒有提供的教育方案和支持性的服務。

4. 釐清和解釋社區在促進學生出席方面可以扮演的特殊角色和責任。

5. 訂定目標、監控目標的進展、測量目標達成的程度。

（五）多元文化與性別考量

在兒童中期時，族群認同的發展已經開始，當家人對於他們民族的源頭有較多的認同時，將更容易教導他們的孩子對於族群背景，及基於民族特性所有的行為的族群認同，例如，合作與尊重（Fishman, 2000）。

族群主義會影響孩子的對自己族群的認同感，成年禮與指導方針可以幫助年輕的非裔美籍男性，在面對從社會而來對他們的各種社會壓力與刻板印象有因應的方式，透過成年禮儀式的進行，這些指導方針可以增強他們的自我價值感，例如：自尊、責任，以及對家庭、社區與對族群彼此間的奉獻等（Fishman, 2000）。

性別類型的行為亦是從此年紀開始發展，兒童也開始發展對性別角色的刻板印象。雖然兩性之間的差異可能存有刻板印象，但根據研究指出，在性別上僅存有四種差異，分別是女性的語言能力比較強、男性的視覺和空間能力比較強、男性的數學能力也比較強，及男性比較具有攻擊性（Maccoby & Jacklin, 1974）。

三、社會優勢與風險

鄰里與社區環境可以提供社會情境讓孩童學習與發展，如：托育中心、才藝學習課程、學校課外輔導等。社區的服務的可近性與兒童的互動，對家庭和兒童身心與社會發展有重大影響（Stiles, 2002）。

（一）社區與家庭

兒童時期的生活經驗與社區息息相關。不論在生活適應，彼此互動等面向皆會有所影響。社區的現況，社交生活型態，都會影響家庭與兒童的生活品質。

研究發現，當社區經濟情況欠佳時，家庭暴力與離婚事件的次數都會上升。

目睹家庭暴力的兒童可能會導致一些不良的影響，事實上當孩子在家庭中目睹暴力事件後，可能也會讓孩子開始複製此種暴力行為。表6-3 提出了一些對目睹家庭暴力兒童的潛在影響，生活在高風險鄰里和社區的家庭會面臨著大量的壓力。

表 6-3　目睹家庭暴力對兒童的影響

年齡	對孩童的影響
嬰兒時期	無法適切地依附成年人 養成不良的睡眠習慣 進食的問題 為生理傷害的高風險群
兒童前期	缺少安全感 出現分離或是對陌生人的焦慮感 出現退縮行為 失眠
兒童中期	容易自責 經常抱怨身體不適 出現攻擊行為 出現退縮行為
青少年期	逃學 犯罪行為 藥物濫用 過早發生性行為

（二）霸凌

霸凌者與受霸凌者兩者間均會遭遇到環境適應以及交友上的困難，霸凌事件絕大多數都發生在六到八年級之間，由於霸凌（bullying）是一種欺凌的型態，要達到權力平等的解決是很困難的。在 Nansel（2001）所進行的研究發現，霸凌者與受霸凌者均有下列之情況：適應困難、不易交到朋友、有憂慮與焦慮之情況等。且多數情況下，老師均不易察覺。

（三）婚姻關係中的衝突與離婚

正如在兒童早期一般，在兒童中期時所發生的離婚事件是顯著的社會危機事件，目前美國離婚率已高達50%，而這也反映出社會上對於離婚結果的接納情形。對所有的孩童而言，無論年齡或性別，失去父親或母親任一方，都會使其產生不安全感、喪失自我價值、喪失愛人與感到被愛的能力、焦慮、孤單、憤怒、罪惡感、遺棄感、憂鬱及無助感等（Long & Forehand, 2002）。

離婚的三個階段分別是急症期，代表危機的情形；再來是過渡期，這代表家庭處在調適環境的變化當中；最後是鞏固期，代表了對環境的適應。父母離婚時，兒童的年齡會影響他們長期與短期的調適過程，而性別的差異在當中也扮演了一定的角色，女孩們在父母離婚後會比男孩們適應得更好。

（四）離婚後的調適

Sigelman 與 Rider（2003）提出五項可以使離婚之後的路途更順暢的建議：

1. 充足的財務支持：過去的研究顯示，財務狀況因為離婚而枯竭的家庭調適情形通常是比較有問題的。如何維持某種水準的財務支持是離婚家庭必須面對的課題，解決的方式通常是鼓勵州政府追討不具監護權父母積欠的兒童贍養費用。

2. 具監護權的父母能夠提供充分的關照與管教：因為離婚的過程會使得父母倍感緊張與壓力，所以導致管教的效能大打折扣。然而在這種痛苦期間，父母如果得到妥善的支持與鼓勵，就能夠繼續維持適當、持續的管教，兒童會面對比較少的問題。

3. 不具監護權的父母所提供的情感支持：研究顯示，與父親保持聯繫對兒童在面對父母離婚後的調適有很大的助益，特別是男孩，父母如果能保有持續的聯繫，且致力於改善雙方的關係，兒童也較能夠適應單親家庭的生活。

4. 額外的社會支持：社會支持扮演重要的角色，可以幫助離婚的父母雙方及孩子調適離婚後所帶來負面效應的衝擊，有朋友支持的父母親較不會有憂鬱的症狀，孩子們也可從親密的友伴關係中得到支持。

5. 將額外的壓力降至最低：離婚的家庭必須面對許多的變動，例如：收入減少、遷移、訴訟，及雙方家庭的介入等問題，如何減輕這些問題帶來的壓力，是成功因應離婚過程的良方。

問題與討論 ✐

1. 請說明情緒管理能力的內涵？
2. 情緒能力有三個面向，請說明之？
3. 請說明兒童自我觀念量表的四個領域，這四個領域與「勤奮對自卑」有何關聯？
4. 請說明兒童過動行為三種特徵的內涵？
5. 請說明同儕關係對兒童發展的重要性？
6. 目睹家庭暴力的兒童會導致哪些不良的影響？
7. 請說明在兒童中期所發生的離婚事件會導致哪些影響？
8. 請說明離婚後的調適可提供之建議有哪些？

參考書目

Ashford, J. & LeCroy, C. (2009). *Human behavior in the social environment*. NY: Cengage Learning.

Bernstein, K. D. & Tiegerman-Farber, E. (2001). *Language and communication disorders in children*. New York: Allyon & Bacon.

Botvin, G. J. (2000). *Life skills training: Promoting health and personal development, level I*. New York, NY: Varsity.com.

Chandler, M. J., Sokol, B. W., & Wainry, B. C. (2000). Beliefs about truth and beliefs about rightness. *Child Development*, 71, 91-97.

Cohen, N. J. (2001). *Language impairment and psychopathology in infants, children and adolescents*. Thousand Oaks, CA: Sage.

Constable, R. (2002). The role of the school social worker: History and theoty. In R. Constable, S. McDonald, & J. F. Flynn (eds.), *School social work: Practice, policy and research perspectives* (5th ed, pp. 41-53). Chicago: Lyceum Press.

Csoti, M. (2003). *School phobia, panic attacks and anxiety in children*. London: Jessica Kingsley.

Fishman, J. (2000). *Handbook of language and ethnic identity*. New York: Oxford University Press.

Goleman, D. (1997). *Emotional intelligence: Why it can matter more than IQ*. New York: Bantam.

Harter, S. (1985). *Self-preception profile for children*. Denver, CO: University of Denver.

Hartup, W. W. & Abecassis, M. (2002). Friends and enemies. In P. K. Smith & C. H. Hart (eds.), *Blackwell handbook of childhood social development* (pp. 285-306). Malden, MA: Blackwell.

Hoffman, M. L. (2000). Moral development. In P. H. Mussen (ed.), *Carmichael's manual of child psychology* (Vol. 2, pp. 314-331). New York, NY: Wiley.

Kearney, C. A., Stowman, S., Haight, C., & Wechsler, A. (2008). Manualized treatment for anxiety-based school refusal behavior in youth. In C. W. LeCroy (Ed.), *Handbook of Evidence-based Treatment Manuals for Children and Adolescent* (pp. 286-313). New York: Oxford University Press.

Konner, M. (1991). *Childhood: A multicultural view*. Boston, MA: Little, Brown.

Kupersmidt, J. B. & Dodge, K. A. (2004). *Chirdren's peer relations: From development to intervention*. Washingtong, DC: American Psychological Association.

Ladd, G. W., Buhs, E. S., & Troop, W. (2002). Children's interpersonal skills and relationships in school settings: Adaptive significance and implications for school-based prevention and intervention program. In P. K. Smith & C. H. Hert (eds.), *Blackwell handbook of childhood social development* (pp. 394-415). Malden, MA: Blackwell.

Lichtenberger, E. O., Broadbooks, D. Y., & Kaufman, A. S. (2000). *Essentials of cognitive assessment with KAIT and other Kaufman measures*. New York: Jonh Wiley.

Long, N. & Forehand, R. L. (2002). *Making divorce easier on your child: 50 effective ways to help children adjust*. New York: McGraw-Hill.

Luria, A. (1961). *The role of speech in the regulation of normal and abnormal behaviors*. New York: Liveright.

Maccoby, E. E. & Jacklin, C. N. (1974). *The psychology of sex differences*. Palo Alto, CA: Stanford University Press.

MacIver, D. J., Reuman, D. A., & Main, S. R. (1995). Social structuring of the school: Studying what is, illuminating what could be. *Annual Review of Psychology*, 46, 375-400.

Muris, P., Meesters, C., & Fijen, P. (2003). The Self-perception profile for children: Further evidence for its factor structure, reliability, and validity. *Personality and Individual Differences*, 35, 1791-1802.

Nansel, T. R., Overpeck, M., Pilla, R. S., Ruan, W. J., Simons-Morton, B., & Scheidt, P. (2001). Bullying behaviors among U.S. youth: Prevalence associated with psychosocial adjustment. *Journal of the American Medical Association*, 285, 2094-2100.

Pica, R. (2003). *Your acyive child: How to boost physical, emotional, and cognitive development through age-appropriate activity*. New York, NY: McGraw-Hill.

Pomerantz, E. M. & Rudolph, K. D. (2003). What ensues from emotional distress? Implications for competence estimation. *Child Development*, 74(2), 329-345.

Selman, R. L. (2003). *The promotion of social awareness: Powerful lessons from the partnership of developmental theory and classroom practice*. New York: Russel Sage Foundation.

Selman, R. L., Jaqqette, D., & Lavin, D. (1997). Interpersonal awareness in child: Toward an integration of developmental and clinical child psychology. *American Journal of Orthopsychiatry*, 47, 264-274.

Sherif, M, Harvey, O. J., White, B. J., Hood, W. R., & Sherif, C. W. (1961). *Intergroup confliment*. Norman, OK: Institute of Group Relations, University of Oklahoma.

Sigelman, C. K. & Rider, E. A. (2002). *Life-span human development*. Belmont, CA: Wadsworth.

Stern, C., Stern, W., & Lamiell, J. T. (1999). *Recollection, testimony, and lying in early childhood*. Washington, DC: American Psychological Association.

Stiles, M. M. (2002). Witnessing domestic violence: The effect on children. *American Family Physician*, 11, 2-11.

Swanson, J. M. (2004). The SWAN Rating scale. Retrieved May 28, 2004, from www.adhd.net

Turiel, E. (2002). *The culture of morality: Social development, context, and conflict*. Cambridge, Cambridge University Press.

Wulf, S. (1997). How to teach our children well. *Time*, October, 27, 62-69.

第七章　青少年期

　　青少年期的主要任務是自我認定。艾瑞克森認為此階段青少年面臨自我認定與混淆之挑戰。青少年期可概分為三個階段，在前期階段，同儕的影響最大，很重視身體的形象，與家人的衝突會增加。中期階段，會出現自我探索與思考的情形，道德的發展與性別認同愈益明顯。後期階段，同儕的影響減少，獨立性日增，專業的發展日增。

　　當前科技進步，青少年的探索機會大增。同時，社會的弊病也會影響其發展。例如，藥物濫用、霸凌與犯罪、網路成癮等等。如何提供一個適宜的成長環境，則是家庭、學校與社會應該認真思考的議題。

第一節　生理層面

一、青少年期的意義

　　青少年（adolescence）這個字起源於拉丁字的 "adolescere"，其意義是成長為成年人（Steinberg, 1993），是生長達到成熟的意思。從這裡可以看出「青少年」的原意就是要成長為成熟的成年人。

　　「青少年期」最主要的定義是介於兒童和成人期之間一段快速成長的時期，不只是生理的成長，還包括心理與社會性的成長。

　　青春期是由兒童走向成年的過渡期，它具有兩個意義，第一個是學術性意義，就是達到性成熟，即生殖器官成熟到具有生育能力，而且第二性徵出現。這是涉及到個體變成具有生育能力的時期，表示由於生理改變導

致個體具備了生育能力。其次則是普遍性意義，就是伴隨著性成熟的內分泌腺和身體改變的整個變化歷程。意指青春期所強調的是過程，而非單純、明顯的事件，是複雜而非普通的過程（Sarpolis, 2011）。

（一）發展的定義

發展是個體在生存期間因年齡的增加及與環境間的互動而產生之身心變化的過程，不但包含了質和量的改變，也是學習與成熟的結果。所以，發展在一生中是持續進行的，而且不限於生理方面的變化，還包括認知、心理及社會方面的適應及改變。

1. 生理方面的發展

包括從受精卵、胎兒、發育成長到老年乃至死亡期間的各項生理變化，包括細胞、器官及各組織系統的成熟，以及感覺、運動、呼吸、消化等生理功能的變化；最明顯可見的是身高、體重、外貌的變化。生理方面的發展與個人所獲得的遺傳基因也有密切的關係。

2. 認知方面的發展

認知是指對內在與外在環境的刺激，藉由接收、詮釋、組織、貯存、修正、協調及運用等過程，所發展出的能力。這些能力包括了學習、問題解決、記憶、分析、推理、抽象思考。認知發展受到中樞神經系統之發育，以及個人經驗之影響，此外也受到遺傳決定之時間順序所控制。認知潛能的極限是由遺傳因素決定的，但是一個人達到的認知程度，則與環境有關，需藉著與環境之互動才能發揮。認知發展的外在表現，可以由嬰兒凝視懸掛的吊飾、幼兒背誦童詩、成人解出謎題等行為看出。

3. 心理及社會方面的發展

人類一生大多與周遭社會有密切的關係，嬰兒初期雖然只注意到自我，但漸漸地就會瞭解到自己的需求要靠外界另一個主要照顧者（母親）來滿足，於是兩者建立起互動關係；之後隨著年齡增長，人與外界的接觸更加廣泛，各種社會人際關係亦更加複雜。因此心理及社會的發展，是一個人對外在事物，個人和人際間的反應。簡而言之，心理與社會發展可

定義爲「個人特有習性、態度及觀念之統合，以及個人對社會刺激之反應」。包括道德、語言、情緒、價值觀、自我概念、人際關係、社會化、社會關係等各方面的發展。

　　雖然我們常由生理、認知、心理及社會等層面來說明人類的發展，但事實上，人類的發展是整體性的，因爲生理、認知、心理及社會的功能會互相影響。例如：一個人生理方面的不適可能造成當事人無法集中注意力去思考或學習，也可能使其情緒低落；如果發生異常的是外形改變或喪失重要的生理功能，則可能會影響到其自我概念的發展；另一方面，如果一個人情緒低落或緊張到某種程度，其生理亦可能受到影響，例如：胃口差、睡不好或一直想吃東西等。因此，在研究人類發展時，應該由多個層面去瞭解，以得到整體性的概念。

（二）發展的過程

　　人類發展程中的改變，可以用學者沃納（Werner, 1957）所提出的「分化」及「階層式統合」來說明。分化是指發展過程中由單純、一般化，演變成較複雜、特殊的形式。

1. 生理方面：如受精卵形成之初，爲一未分化的細胞，漸漸分化出循環細胞、骨骼、肌肉細胞、神經細胞等。
2. 認知方面：如對錯的觀念會自學齡前期的單純性區分，而後分化演變爲成人複雜化、個人化的概念。
3. 心理及社會方面：如初生嬰兒看主要照顧者的面貌只有一個模糊的輪廓，隨著感覺及認知能力的發展，才漸漸學會辨識主要照顧者面貌中細部的特徵。

　　階層式統合（hierarchic integration）是指發展過程中，已分化的部位與功能漸進性地組織與協調，進而統合到組織系統內（Piaget, 1932）。

　　綜合而言，沃納（Werner）認爲發展是一種依序進行的過程，即從單純、整體及未分化的狀態，演變成複雜、分化、統合的狀態。

二、青少年期的區分

對於青少年期的起迄時間有很多的專家各持不同的看法，方式也有所不同。例如：

1. 美國學者何洛克將青少年期分為青春期（少男 13-15 歲、少女 12-14 歲），青年前期（男生 15-17 歲、女生 14-17 歲），青年後期（17-21 歲）（Kaplan, 2004）。

2. 艾德華特主張將青少年期分成三個年齡層：青少年早期：從青春發動期到初中（10-14 歲）；青少年中期：從初中到高中（15-17 歲）；青少年晚期：從高中後段到成年早期（18-20 歲）。

3. 在我國卻很少對青少年的起迄時間做明確的定義。對青春期的階段目前並沒有統一的分期標準，有部分學者將其分為（周怡宏，2014；徐秀如，2012）：

   （1）青少年早期（青春期）：女 11-13 歲；男 12-14 歲。

   身高及體重像升降機一樣，快速成長；外表改變，但在抽象的思考上還不成熟，對父母親、兄弟、朋友不太感興趣，但內心開始反權威。

   （2）青少年中期（青年前期）：女 13-17 歲；男 14-18 歲。

   對父母及權威反抗態度加烈；對自己前途覺得茫然，將來學業前途一片空白。對朋友的建議與意見反比父母來得容易接受；對朋友之怪異行為卻可以忍受，並且加以辯解；抽象觀念也漸漸有了；對異性朋友特別敏感，開始有興趣；每天花在頭髮、衣服上的時間愈來愈多；講話常常帶有刺，使父母兄長聽不下去。

   （3）青少年晚期（青年後期）：女 17-21 歲；男 18-21 歲。

   在身體及心理上漸漸長大成人，開始對學校、社會種種怪現象不滿；另外學業的壓力使他們喘不過氣來，因此常常以酒或藥物來麻醉自己，甚至有無形的憂鬱症及自殺的傾向。

（一）青春期的特徵

青春期常見的特徵如下：

（1）重疊著兒童期與青少年期的兩個發展階段：由兒童期邁向青少年期的發展階段。（2）身體快速成長：受到荷爾蒙分泌量改變的影響，身高、體重迅速增加，青春期年齡的個別差異與性別差異甚大：同一個年齡層裡，有長得高大或矮小的男生或女生。（3）行為模式變化很大：行為上也有很大的改變，幼稚的想法和孩子氣的行為模式，將發展為較成熟的態度和行為模式。（4）情緒容易不穩定：身體急速成長，難免會帶來心理不安的感覺（如少男對初次夜間射精；少女對月經初潮）；父母的期望與要求，面對新的適應問題，很容易焦慮不安。（5）第二性徵出現：少男變聲、長出喉結、肌肉組織發達；少女乳房隆起、臀部漸渾圓、皮下脂肪增加（Kaplan, 2004）。

（二）青少年的界定與特質

青少年時期具有下列之特質（關漢中，1999）：

1. 生理發展的時期

生理快速發展是青少年最明顯的徵候，個體、身高、體重、骨骼、性器官等生理發育十分顯著。

2. 一個年齡層

年齡雖不能真正代表個體的發展與成熟程度，但人類的發展與成熟是受制於遺傳基因的作用，與其他生物一樣，人類具有生理時鐘，在一定的年齡層時，即會發育到某種程度，約在10-20歲之間個體就會由不成熟至成熟。

3. 一個發展階段

是青少年個體由不成熟轉至成熟的一個階段，此階段會持續數年的時間，人生有生有死，有起點有終點，青少年的發展階段當然也會有開始也有終止之時，雖然不同的個體間的差異甚大，但青少年的起始與終止的歷

程就是一連串發展的過程。

4. 一個轉折期

是兒童與成人之間的過渡時期，如同橋樑一樣，連接著不成熟與成熟的兩個自我，此時期各方面的改變都十分巨大，因此視為人生發展直線上的一個脫變、**轉折**、**轉換**期，此時期比人生其他的時期更加的廣泛與深入，猶如女大十八變的涵義。

5. 一種社會文化現象

在原始的社會中，是沒有青少年的現象，只有兒童與成人，但現在青少年的角色、權利與義務大都由社會決定何時開始與何時結束，青少年也有一定的社會標準，同時社會也會影響大眾對青少年的看法。

6. 有一定的範圍

青少年生理、情緒、認知與就業、人際、社會、教育、宗教、年齡、法律與文化等發展層面都有一定的起訖範圍與特徵。

表 7-1　青少年時期的界定

發展層面	青少年的開始	青少年的結束
生理	青春期發動	生理與性達到成熟狀態，例如，具生育能力
情緒	開始從父母身邊學習獨立自主	達到自我修正的個人認定狀態，並且情緒自主
認知與就業	開始作邏輯思考，與具決解問題及做決定的技能	能夠邏輯思考與自主的做決定
人際	由父母轉至同儕	增加對同儕與成人的親密度
社會	開始進入個人、家庭與工作角色中	擁有成人的權利與責任
教育	進入中學或國中	中學或大學畢業
宗教	準備確認、受洗或接受成人禮	在宗教社區中，獲得成人地位
年齡	達到青少年開始的一定年齡，約10多歲	達到成人期的一定年齡，約20歲
法律	到達青少年法定年齡	到達成人法定年齡
文化	開始接受儀式與慶典的訓練或做相關準備	完成儀式與慶典

7. 一個關鍵期

具有承先啓後的功能，很多的心理學家把青少年視爲最重要的發展時期，對未來人生的開展具有關鍵性作用。青少年階段正是性別角色學習與分化的關鍵期，性別角色發展異常者，極有可能難以和異性發展親密的關係，妨害了滿意婚姻的達成。艾力克森認爲，青少年是自我辨識與認定的重要時期，此時期發展不順利者，將阻礙後續人生各期心理社會危機的克服。

三、青少年的常見的問題

（一）女性生理常見的困擾

女性生理常見的困擾包括（林佳麗，2006）：

1. 青春痘：（1）皮脂腺管過度角化（2）皮脂分泌增加（3）細菌作用，引起發炎反應。

2. 狐臭：並不是疾病，是由於腋下的大汗腺，又稱爲頂漿腺，分泌過度旺盛所造成。這種大汗腺所分泌的汗液是一種乳白色濃稠的液體，經過細菌分解之後會產生天竺葵酸、十碳酸等低級脂肪酸，這些低級脂肪酸有著令人不悅的濃烈味道，也就是一般所說的狐臭。因爲這種臭味的關係，使得患者有時發生人際關係的障礙，甚至引起自卑的心理，所以有此症狀的人應該積極尋求治療。狐臭好發於女性，男女比例約爲 1 比 3 ～ 4，通常在青春期開始有症狀，主要受賀爾蒙所影響。而且狐臭會遺傳，根據調查，雙親皆有狐臭的人 80% 會遺傳到，若父母只有一方有狐臭，那麼遺傳的機率則爲 50%。

3. 手汗：手流汗是身體交感神經作用旺盛引起，屬於身體自然的代謝機制，並不會傷害身體，手汗不是一種有害身體的疾病，它對人的影響，是造成日常生活及工作的不便，人際交往上的麻煩，對於健康沒什麼影響。

4. 經痛：凡在行經期間或經期前後發生下腹痛，或加上其他伴隨症狀者為「痛經」。痛經是一種症狀，可分為「原發性痛經」和「繼發性痛經」兩類。所謂「原發性」是指患者骨盆腔內生殖系統沒有明顯的病變；而「繼發性」痛經則是指骨盆腔內生殖系統有可見的病變。一般而言，痛經發生率頗高，青春期少女約百分之三十至五十有經期腹痛，但多不影響生活和工作。成年婦女患痛經者也頗多，約有百分之十，其症狀可嚴重至沒法上班或做家務。

（二）男性生理常見的困擾

男性生理常見的困擾包括（林佳麗，2006）：

1. 對生理發育的焦慮

男性的主要性器官是外露的，因此很容易和別人做比較，更容易因為錯誤的觀念使男孩子對自己的器官沒有自信。不少高中男生因為和同學做過比較，或看色情錄影帶，覺得自己性器官短小，產生不必要的自卑，變得非常內向。事實上，這種錯誤觀念來自於古文化中的性器崇拜，古人以為愈大的生殖器，便有愈好的生育能力，從現代的醫學觀點來看，這是完全不正確的。色情媒體往往也強調男人的雄偉可以代表男性的氣概，這種錯誤的觀念一直在誤導青少年。學理上來看，性器官的功能從外觀是看不出來的，換句話說，再小的陰莖只要能勃起、有硬度，一樣可以有相當美滿的性生活。所以，計較於性器官的尺寸，是沒有受過基本「性教育」的一種謬誤，希望這一代的青少年成長之後不再有這樣的壓力。

2. 擔心夢遺而帶來的身心症狀

青少年發育之後，很容易會有性的衝動，在十多歲時，就會有夢遺的現象，接著因為外界的刺激，可能就有機會看了色情書刊、錄影帶並有自慰的經驗。我國傳統上有一種「腎虧」的觀念，認為夢遺過多、自慰頻繁會造成精液流失，影響健康；因此，青年人常以為「過度」的自慰會造成身體元氣大傷，甚至認為會影響日後的性功能。其實，一個人在多次射精時，便會反覆分泌攝護腺液，精液中的果糖和精蟲並不會大量流失。此

外，青少年在自慰時經常伴隨的性幻想，這才是罪惡感的主要來源，保守的道德觀會造成他們自責、悔恨，甚至精神愈來愈消沈。其實，幻想是無罪的；我們當然不必過度強調自慰有多好，但這種正常的生理發洩，在人生的某個階段，是完全可以瞭解的。如果在這時期發現自己沈迷於色情刊物或有過多的自慰，應該仔細檢討自己的生活，是否過於單調無聊，不妨安排多采多姿的課外休閒生活，使身心均衡發展。

3. 放縱的性行為所衍生的後遺症

在目前社會，新新人類對性的理念往往受到潮流的影響，常常聽年輕人說：「只要我喜歡，有什麼不可以？」因此，很多人在心理尚未成熟，還不夠完全時，就發生了性關係。這會有什麼後遺症呢？經常看到的是：造成未婚懷孕、擔心懷孕、墮胎、未婚媽媽等等，衍生了一連串的社會問題。事實上，青少年如果沒有經過深思熟慮就發生婚前性行為，對課業以及未來生活的規劃都有相當嚴重的影響。此外，不安全的性行為所引發的性病，也是當今社會上的一個大問題。

4. 錯誤的兩性觀念所造成的性暴力

男性在生理發育成熟後所帶來的衝動，如果沒有正確兩性關係教育給予導正，經常會使男性對「性」有著偏差的想法。從父系社會中對男女的雙重標準，到目前色情媒體中將女性物化，都會使一位發育中的青少年性觀念受到扭曲。倘若生長環境久缺溫暖、父母關係極度不健全，學校教育又不完整，有些男性便可能對異性有暴力的傾向。在青少年階段，有時是因為同儕之間互相慫恿、煽動，造成了集體的暴力行為。此外，近來約會強暴事件也層出不窮；所以，青少年要學習兩性之間如何互相尊重、如何節制性衝動、如何在兩性交往方面有個美好的開始，已奠定日後兩性和諧相處的基礎。

第二節　心理層面

一、認知發展與資訊處理

　　認知發展是指個體自出生後在適應環境的活動中，對事物的認識以及面對問題情境時的思維方式與能力表現，隨年齡增長而逐漸改變的歷程。青少年約在11或12歲開始會有抽象思考的能力，會運用此能力來進行合乎邏輯的抽象思考，並發展解決問題的能力，此又稱「假設演繹推理」。此能力與理想主義和對未來看法有關，例如：關心他們的未來、人生。皮亞傑稱之為正式運思期（Piaget, 1972），因此思考運作更符合邏輯思考規則，且不必再藉助具體事物。例如，數學的運算只用符號來思考而不必有實務依據，或是，我如果和阿信結婚會怎樣？

　　正式運思期（formal operations）可以區分為兩個階段。第一階段集中在理想部分，思考中充滿無限可能性，又稱「同化期」，即將新資訊與現有知識結合。例如，小孩看到車子叫 Camry，因他家車子是 Camry 這即是同化。第二階段是青少年中期，透過適應過程取得較好的平衡，慢慢瞭解車子有很多種，Camry 只是其中一種，這即是調適。

　　隨著經驗累積、融合，可看到青少年正式運思期的五項改變（表7-2）：

表 7-2　青少年正式運思期的五項改變（以異性交友為例）

思維上的主要改變	實例
對可能性的思考能力	我希望更瞭解她——她該會是個好朋友或決定讓她成為我的女朋友。
對假設的試驗	她說她不想成為我的女朋友，也許我不夠酷、帥，有女孩子喜歡我或不喜歡我的，我應去找一個真正喜歡我的女孩子。
思索未來	我現在有一個女朋友相處愉快，如果我們一直交往下去，我將不知與別的女孩交往是什麼情況，為了找到好伴侶好像應該有較多女朋友。

對想法的思索	我一直在想別人有多喜歡我，真的受歡迎嗎？不過即使不像其他人一樣受歡迎，至少我還有很多好朋友，實在不必擔心自己是否受歡迎，只要把握現在的好朋友們就好了。
思考能力的擴展	我受邀去參加一個派對，但好朋友泰瑞卻沒受邀，因為主辦人約翰不喜歡泰瑞，如果我告訴泰瑞他一定會生約翰的氣，約翰也叫我不能說。不過我又不想欺騙泰瑞，實在不知道是不是該答應約翰或對泰瑞撒謊。

（一）溝通

1. 隨著思考能力的增強，使用隱喻或暗喻方式來瞭解語言涵義，例如「他有一顆像石頭一般堅硬的心」。
2. 開始喜歡用嘲諷的話語（sarcasm ridicule），故喜歡替老師、父母與同學取綽號；寫作能力亦增加，態度與情緒的表達能力提升（Santrock, 2015）。

（二）態度與情緒

青少年在態度的發展具有下列幾項特色：
1. 自我概念是青少年發展的重要階段，他們開始去發現「我是誰」、「我將來想變成怎樣的一個人」。
2. 行為上及做決定方面有更多機會被同儕接納或拒絕。
3. 對自己性能力的自覺和異性交往的經驗，與為了進入成人階段所做的各種準備。

（三）自尊心

青少年在自尊心（self-esteem）的發展具有下列幾項特色（Alder & Steward, 2004）：
1. 青少年自尊心會隨著青少年階段而改變，在 12～14 歲時顯得最低，但自覺很強，對自我概念也較易被影響，尤其是早熟或較早開始與異性交性的女孩。
2. 青少年可以在 45 分鐘內，從極端的快樂情緒跌落到極度的悲傷當中。

3. 青少年需學習對如此高低起伏的情緒變化，不要讓其佔據心頭，應從中取得平衡。

增強青少年的自我概念四種方式（LeCory, 2004）包含：（1）鼓勵成功，引導青少年朝向個人較具潛力的方向努力；（2）提高具有個人特色的能力，有些個人的努力目標是不合理的，可以從正向思考著手；（3）提供同儕及父母的支持，有研究顯示，父母及同伴的支持對青少年具有正面的影響（Woolley, 2006）；（4）發展因應技巧（coping skills），該技巧可以促進自尊並減低壓力感（Wingood & Sales, 2008）。能夠對自己過去經驗持正面看法的青少年也能藉此提升自尊心及學習，也能夠更真實且誠實地面對問題。

二、社會認知與規範

（一）青少年自我認定

艾瑞克森認為青少年時期正處於「心理的延期償付時期」，亦是自我認定與認定混淆的衝突，即指他們正處於追求童年時期安全感與成年期自主性的矛盾期間。

馬西亞（Marcia, 1966）延伸了艾瑞克森的看法，並將之（青少年自我認定）做了下列四種分類：

1. 認定擴散（identity diffusion）：青少年未感受到危機，故尚未對目標、態度、價值觀作選擇或承諾。

2. 認定預告終止（identity foreclosure）：青少年已經有某些目標或信仰、價值，但仍未經歷危機。此時父母會強迫他們做決定（例如：上大學），可是青少年未必有機會去深思自己的看法。

3. 認定延期終止（identity moratorium）：處於危機中，積極的在探索價值，理想，或信仰。個人目標尚未選定，或僅是模糊的界定。

4. 認定達成（identity achievement）：自己解決衝突且對職業、性別認

定、宗教等做出選擇。

由於父母的期望及價值觀，如能以父母之建議為自己之想法，即為提早成熟者。反之，當面對危機而沒能力面對壓力，會有負面認同，例如：逃學、服禁藥。

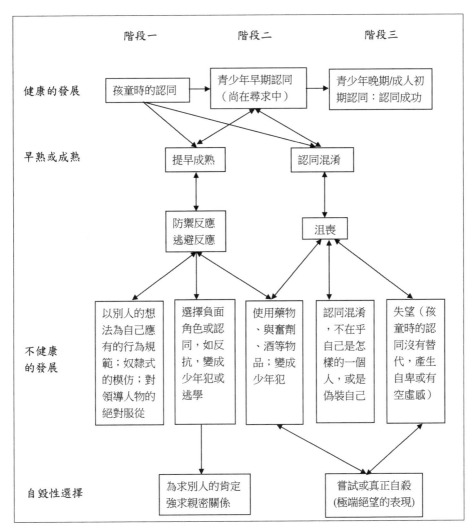

圖 7-1 青少年發展階段與進路

資料來源：輔仁大學兒童與家庭學系網站（2002）

（二）少數族群青少年的認同感

　　以美國為例，從非裔黑人青少年的自尊心、美國原住民青少年的認定感中，可看到弱勢族群對自我認定格外困難，由於主流文化對其負面看法、種族刻板印象、負面標籤等，易使他們妥協於自己的文化與主流文化。如此會成三種結果：

1. 疏離：拒絕主流文化及其所提供之機會。
2. 同化：拒絕自己文化、認定主流文化。
3. 雙文化觀：嘗試在主流文化中取得平衡，並依情況決定何種文化為主。

　　要使弱勢青少年建立認同感，可從主流文化與其本身文化的不同體制中建立認同感及從父母（家庭）中獨立出來，使其有機會學習獨立，發展成熟自我。

（三）社會認知規範與道德發展

　　青少年的思考方式可以歸納為兩大類型，社會認知規範（social cognitive monitoring）與道德發展（moral development）。前者是指以個人的能力去監督自己，並使自我的社會思考合理化。這種自我察覺（self-awareness）的發展是在兒童中期與青少年時期增長。後者是指有關思考「個人經歷道德發展感覺」階段的理論（Ashford, et al., 2017）。

　　常見的社會認知之監控與規範說明如下（Flavell, 1981）：

1. 社會認知之監控是指個人對自己的社會思考有審查及監控的能力，同時也體會到有些想法是很難評估且對別人片面的觀察並不代表那個人的全部；即 Flavell 所說：「在許多情況下，監控的問題不在於你對一個訊息的意義有多瞭解，而是在於你決定有多少是應相信或照做的。」而這也就是 Kohlberg 所提的「道德發展論」，青少年亦在此階段發展道德觀。
2. 青少年的道德發展是 Kohlberg 所提的階段三，即試圖做個「好人」，

且符合他人期待，別人認為自己很好，自己也會感到滿意，此時父母應教導青少年獨立思考，並協助克服同儕壓力，利康納提出六方法：

（1）成為獨立自主的父母：父母需先成為角色楷模，然後才能教導青少年為獨立見解之人。

（2）常提到獨立的價值：使青少年知道獨立是為自己好，例如：做你自己，忠於自己，才會快樂。

（3）幫助青少年該如何回應：透過角色扮演，使其學習如何應對同儕壓力。

（4）幫助青少年瞭解自己：成績不好不用自卑，每個人皆有其個人特質。

（5）以適當的角度來看「受歡迎」這件事：受歡迎是使青少年無法獨立的主因，故需告訴其現在受歡迎並不表示以後也如此。

（6）挑戰青少年「集體道德觀」：即別人認為合乎道德的事並不一定是解決道德兩難的最好方法，故須培養獨立思考與解決問題能力。

（四）道德發展的理論觀點

柯柏格（Kohlberg）依據皮亞傑的思考發展系統概念，建立了道德發展的理論。柯柏格主張，在個人成長的階段中，不同階段具有不一樣的推論規則（Kohlberg, 1981）。

道德發展有另外三種理論觀點（Adams, 1989）：

1. 認知發展觀：人類的道德觀念和道德行為，都是個體在人格成長中經由社會化的歷程發展而成的。

2. 學習理論：由模仿學習經驗及正增強而來的，看重觀察的學習歷程。例如：模仿媽媽洗碗而得到讚美，即會反覆此行為或再模仿其他行為以得到更多讚美。

3. 心理分析論：先內化父母親的行為態度、是非判斷、獎賞與懲罰方式，如覺得自己做錯被處罰是應該的。

（五）自我中心

因正式運思能力使青少年對自己的行為、感受、想法非常在意，Elkind（2001）將之分為兩種面向：

1. 幻想中的觀眾（想像觀眾）：青少年認為自己是焦點，別人一定都在看他，但這並不是真實的情況。

2. 個人神話：青少年相信自己具有刀槍不入之身，任何危險及不幸的事皆不會落在其身上。

（六）青少年犯罪

根據台灣地區官方的犯罪統計，近十年來的少年犯罪有：多量化、暴力化、一般化、女性少年犯增加、少年竊盜犯仍居首位等現象與趨勢（黃富源，2002）。

1. 多量化：所謂的多量化，係指少年犯罪者的數量、少年犯罪人口率都有增加的趨勢。少年犯罪者的數量在十年來有增加的趨勢，1988 年時台灣地區的少年犯罪嫌疑人共有 17,510 人，但是 1997 年時台灣地區的少年犯罪嫌疑人，則已增加至 24,716 人，成長了 40%，而同一時間的少年人口，則只成長了 5%。其次，台灣地區年犯罪人口率在十年來也有增加的趨勢，1988 年時台灣地區的少年犯罪人口率為每一萬少年人口中有 79.65 人犯罪，1997 年時台灣地區的少年犯罪人口率為每一萬少年人口中有 106.9 人犯罪，成長了 27.25 人（刑事警察局，1997）。

2. 暴力化：所謂的暴力化，係指少年暴力犯罪者的數量、少年暴力犯罪人口率都有增加的趨勢。少年暴力犯罪者的數量在十年來有增加的趨勢，1988 年時台灣地區的少年犯罪嫌疑人共有 3,066 人，但是 1997 年時台灣地區的少年暴力犯罪嫌疑人，則已增加至 3,942 人，成長了百分之 28.6。其次，台灣地區少年暴力犯罪人口率在十年來也有增加的趨勢，1988 年台灣地區的少年暴力犯罪人口率，為每一萬少年人

口中有 13.9 人犯暴力犯罪，1997 年時台灣地區的少年暴力犯罪人口率，爲每萬少年人口中有 17.1 人犯暴力犯罪，成長了 3.2 人（刑事警察局，1997）。

3. 一般化：所謂的一般化，係指少年犯罪（刑事、管訓、虞犯）者的家庭經濟狀況爲小康與中產以上者有增加的趨勢。少年犯罪者的數量在十年來有增加的趨勢，1988 年時少年犯罪（刑事、管訓、虞犯）者的家庭經濟狀況爲小康與中產以上者，占所有少年犯罪（刑事、管訓、虞犯）者的家庭 73.2%，但是 1997 年時台灣地區的少年犯罪（刑事、管訓、虞犯）者的家庭經濟狀況爲小康與中產以上者，占所有少年犯罪（刑事、管訓、虞犯）者的家庭已增高至 78.67%（法務部，1997）。

4. 女性少年犯增加：所謂的女性少年犯增加，係指女性少年犯罪者的數量、女性少年犯罪者占少年犯罪之比率都有增加的趨勢。台灣地區女性少年犯罪者的數量在十年來有增加的趨勢，1988 年時台灣地區的女少年犯罪嫌疑人共有 833 人，但是 1997 年時台灣地區的女性少年犯罪嫌疑人，則已增加至 3,388 人，成長了三倍之多。其次，台灣地區女性少年犯罪者占少年犯罪之比率也有增加的趨勢，1988 年時台灣地區女性少年犯罪者占少年犯罪之比率爲 4.76%，但是 1997 年時台灣地區女性少年犯罪者占少年犯罪之比率已經增高至爲 13.71%，成長了三倍之多（刑事警察局，1997）。

5. 少年竊盜犯仍居首位：所謂的少年竊盜犯仍居首位，係指少年竊盜犯罪嫌疑者的數量、所占比率都有十年來雖然或有變動，但竊盜犯罪嫌疑人始終占所有少年犯罪種類的第一高位。少年竊盜犯的數量，十年來，以 1992 年所占比率最低，但也高達 44.11%，而 1997 年竊盜所占的比率則高達 52.82%，十年來平均所占比率亦超過一半，爲 55.54%（刑事警察局，1997）。

（七）青少年犯罪處遇技巧

常用的青少年犯罪（delinquent）處遇技巧有下列六種：（1）補償被害人及社區服務（resititution & community service）（2）家庭處遇（family intervention）（3）代幣制度（token economics），經由教誨師協助，對被害人提供直接或象徵性的報償（4）恐懼，情緒驚嚇與規避訓練（fear, emotional shock, and avoidance training）（5）野外訓練（wilderness training）（6）社交技巧訓練（social skills training）。綜合而言，對於青少年犯罪者提供「家庭處遇及社交技巧訓練」的成效最佳（Fonagy, 2002）。

第三節　社會層面

一、影響因素

（一）家庭影響

家庭對青少年的影響，可區分為下列幾個面向：

1. 自主權的發展：父母應該要給予子女獨立的機會。減少控制慾、權威感，增加民主性的良性互動。
2. 親子衝突：類似現代人所說的代溝；研究顯示，親子間的衝突大部分是早期的時候，而且多數集中在日常生活中，例如：分攤家事。
3. 親子的依附關係：和父母有安全依附關係的青少年通常比較獨立、自信心高、發展比較健全、心裡困擾及偏差行為較少。
4. 父母之管教風格：研究上持續顯示教養孩童時，父母的溫暖、誘導性之管教，及管教之一致性，每一項都與兒童、青少年的正向發展結果有關。當父母與子女間的互動普遍是正向時，才可能有最好的管教的效果。

父母管教風格一般可分為四種：（Steinberg, 2007）

（1）主權型（authoritative）。

（2）威權型（authoritarian）。

（3）縱容型（permissive）。

（4）忽略型（neglectful）。

這四種風格中所代表的溫暖度及控制度的高低皆有不同。而研究上最推薦的教養風格是主權型的管教。以下分別說明之（Steinberg, 2007）。

（1）主權型的父母（高度溫暖、高度控制）

主權型的父母對孩子的合理需求及渴望能有回應，但同時也會根據孩子的發展階段對孩子有合理的要求。父母對於孩子的學校表現、家務的參與、及人際間行為（家人／同儕／及家庭以外的成人及權威人物）等，都有清楚及明確的期待及規則。主權型的管教常與多種的正向結果有關，像是正向學業成就、社會責任感、及正向的同儕關係等。

（2）威權型的父母（高度控制、低度溫暖）

威權型的父母經常是命令性的、過度的控制、且要求孩子對父母的權威要絕對的服從。當教導孩子新的技能、行為、或工作時，威權式父母經常是採指揮式的，給予直接的口頭命令，當孩子的表現不符合父母的期望時，他們常會把正在教導的活動拿過來自己做。因此，父母常忙碌於指揮或控制情境，而忽略了對孩童需求的回應性。威權型父母同時也無法對子女做出適當的合理要求。威權型的管教下之兒童，常會有下列行為特性——如攻擊性、在同儕中的社交中退縮、自信心差、及苦惱的內化等，而且這些特性會一直持續到青少年期。

（3）縱容型的父母（高度的溫暖，低度的控制）

縱容型的父母提供其子女很少的結構及管教，也很少要求子女有成熟的行為方式；甚至當孩子因衝動而表現出社會所不贊同的行為時，他們也會加以容忍。縱容型的父母通常與子女的關係是很溫暖的，對子女的需求也會做出回應，但是他們對子女並不做要求。縱容型的管教會與子女的攻擊、衝動、缺乏社交責任感及獨立性有關；而且也會與在校的偏差行為，藥物及酒精的使用有關，並在青少年時會高度的認同同儕活動及同儕的價

值觀。

（4）忽略型的父母（低度的溫暖，低度的控制）

忽略型的父母很少對子女有情感的表現或管教，而且對管教子女一事似乎並不關心也無興趣。也就是說，忽略型的父母對子女的合理需求及渴望常常沒有回應，也不要求子女表現出負責任的，適合年齡性的工作或人際關係的行為。

在這四種管教種類中，忽略型的管教與子女的苦惱有最強的關聯。來自忽略型家庭的孩童在許多種功能的指標上，都比來自縱容型或威權型家庭的子女，適應都較差。且此種負向的趨勢會持續到整個青少年期，忽略型的管教也會與青少年的犯罪與藥物使用的增加有關。

5. 父母表現：父母表現是指青少年期望父母在管教上的表現（Smetana, 2000），包括：

（1）關注及協助：適時的關心與協助。

（2）聆聽理解及對話：傾聽子女的想法。

（3）愛與接納：接受子女的優缺點。

（4）信任：彼此互相信任。

（5）自主度：適當的發展空間。

（6）紀律：適當的要求與懲罰。

倘若兄弟姐妹關係良好，與父親關係良好，就能有機會讓青少年發展更好的人際關係。

6. 不正常家庭：不正常家庭中的種種事物，亦可能經常困擾著青少年，使其情緒更加不穩定，其類型區分如下（Santrock, 2015）：

（1）破碎的家庭：在工業社會夫妻組成小家庭，不幸夫妻之間倘若發生了離婚、遺棄或死亡等事件，很容易造成破碎的家庭。

（2）夫妻的失和：夫妻間經常爭吵，使子女居於非常難堪的情境。

（3）父母的惡習：父母嗜賭、酗酒或從事不正當營業。

（4）家庭的貧窮：青少年處於貧窮家庭，心理上產生自卑甚至仇視或敵意，易造成不良適應行為。

（5）父母的偏心：得不到愛的子女在人格方面不易健全發展。

（二）團體影響

青少年階段經常會與其他同伴互動，這些互動提供一般家庭內無法得到的重要訊息。同儕互動也是個人與社會能力發展的主要來源，青少年可以藉由互動學習到領導、陪伴、衝突處理、解決問題、性關係等方面的知識。隸屬於一個同儕團體對於青少年早期發展任務可以提供支持性的功能（Costell & Hope, 2016）。

青少年極易受到團體的影響，內容說明如下。

1. 同儕與青少年發展：透過同儕關係的互動，會影響一個人的受歡迎程度。
2. 同儕壓力與從眾性：大家做什麼自己也要跟著一起做。晚期的時候會減少，比較不受到父母及同儕的影響。
3. 友誼：包含六個功能，內容分別是：陪伴、鼓舞、心理上的支持、自我支持、社會比較、親密和情感。

（三）支持系統影響

青少年的支持系統包含下列三種：

1. 同儕團體（peer groups）

集體的歸屬感及必要的支持，是在進行自我認定時，可以透過團體的壓力來評估自主性。

2. 朋黨與友誼

團體亦提供參與性的整體感覺，團體支持對青少年的成熟度亦有幫助。身為一個團體的成員，可以使其感受到團體的壓力與氣氛，這對青少年的自我發展與認定，也有相當大的幫助。

友誼的功能有四項，分別是親密（intimacy）、信任（trust）、忠誠（loyalty）與義務（commitment）。其中最明顯的是親近的關係，包含分享想法等。親密性在性別上也有很大的差異，男性的友誼較重視分享興趣，

女性則偏向支持與情緒上的互動（Ashford, et al., 2017）。

3. 幫派

　　如何判斷青少年是否參加幫派（gangs）？基本上，要判別幫派與團體的差異是一件困難的事。Huff（2001）提出一種判定青少年參與幫派的參考依據：（1）有意圖的參與違法的活動（2）成員彼此經常互動（3）經常引用某一個特定的名稱（4）接納或使用某一種標誌或符號，並且能掌握某個區域、一些人物、事件或商業市場。一般而言，幫派組織的成員大部分都是來自於極度失功能的家庭。

（四）中輟問題

　　下列幾項因素可能會是引起青少年中輟（dropout）的情況（NEA, 2014）：（1）貧窮（2）單親家庭（3）父母不參與少年的決策過程（4）偏差行為（5）留級（6）成績不好（7）未婚懷孕（8）每星期工作超時及都會生活。

　　預防中輟問題的方法包含：改善青少年學業成就，以及青少年對學校的態度，降低缺課率。一般而言，中輟問題需要家庭、學校、與社福機構的攜手合作，才能提供解決之道。

二、多元文化與性別考量

　　台灣人口較少的族裔包含原住民、新台灣之子等。這些族群的人口到了青少年時期，也開始與其他種族的青少年有較多的互動。例如：學校、社區。

（一）青少年移民

　　在台灣也有許多青少年移民到美國、英國、澳洲、加拿大等，對於該如何去適應新國家新環境有三個影響因素：（1）歸屬感與疏離感的問題：可藉由參與他們所居住的社區或教育性的活動而產生歸屬。（2）對自己民

族的文化價值觀：透過對自己文化的認定就不需要刻意去拒絕原來的文化。(3) 家人的支持：可得到鼓勵減少挫折感。

(二) 性別角色

青少年的改變可由一切都朝向中性化的**趨勢**彰顯出來，亦即一個人有較男性化也有較女性化的行為。例如 Ford（1986）便以「堅持己見」來定義男性化特質，所謂的「堅持己見」包含領導能力、掌控力、獨立、競爭力、個人主義。用「整合」來定義女性化特質，所謂的「整合」包含同情、情感及瞭解。

(三) 身體形象

對自我體型、外表的看法可能會影響少女的憂鬱症狀，統計顯示憂鬱症發生在少女身上為少年的兩倍，這部分與他們對自己的外表不滿有關。而從事較多女性化活動（如逛街、化妝）的女性也較容易有憂鬱症，Girgus（1989）認為會參與較多女性化活動的少女多半也比較被動、缺乏自主性，所以造成她們的無力感及憂鬱傾向。

為了保持符合現代標準的美，常聽到少女間談論減肥相關話題，而過度的減肥會引起兩種心理疾病，即厭食症、暴食症。厭食症和暴食症會對患者生命中最盛放的一段歲月帶來情緒困擾、身體併發症和影響其日常生活的表現（如社交、學業和事業等）。

此外受影響的並不只是患者本人，患者的家人所受的精神困擾和對他們生活造成的負面影響亦不容忽視。進食失調症表面上好像是與飲食有關的疾病，其實它們與患者的情緒、成長及人際關係亦有著不可分割的關係。

1. 厭食症的特徵

厭食症是一種進食障礙，一般分別為：「自我約束型」以及「暴飲暴食型」。其中「自我約束型」厭食患者占多數，此型患者會經常擔心體重過重因而約束自己的進食量（Arcelus, Witcomb, & Mitchell, 2014）。

（1）就其年齡和身高而言，體重低於正常標準，通常下降至少百分之
　　　十五。

（2）刻意拒絕進食，使自己的體重維持於標準以下。

（3）女性連續停經三個月或以上；男性喪失性慾或性功能。

（4）對自己的身體產生了扭曲的意象，雖消瘦但極怕體重增加。

2. 暴食症的特徵

　　暴食症是一種進食障礙，其特徵為患者會嘗試在暴飲暴食後試圖進行
淨空行為。暴飲暴食代表在極短時間內攝取巨量食物，而淨空行為則是盡
力消除所吃下的食物，例如透過嘔吐或服食瀉藥等（Smink, et al., 2012）。

（1）在一段時間內失控地進食，份量超過一般人。

（2）體重在短時間內大起大落。

（3）暴食症發作時覺得極難自控，之後又會感到內疚與情緒低落。

（4）使用不當的補償性行為如禁食、狂做運動、扣喉嘔吐、使用瀉藥及
　　　尿劑等，以避免體重增加。

　　無論患上厭食症或暴食症，如果未能接受適時的診治，患者可能因體
重過輕或使用不當的補償性行為而導致嚴重的身體併發症，如電解質不平
衡、器官萎縮、心跳減慢和血壓降低等。

（四）異性戀青少年

　　Peterson 和 Crockett（1992）提出四個他們認為會影響青少年性行為
與未婚懷孕的相關因素：

1. 生理因素

（1）直接由荷爾蒙對大腦作用。

（2）外表成熟的改變，對成熟性行為的期待。

2. 性虐待

　　青春期前的性虐待經驗可能會影響少女的性行為、未婚懷孕與生子。

3. 偏差與問題行為

（1）想要變成成年人。

（2）想獲得同儕的接納與認定。

4. 規範的期待

（1）社會期待往往影響青少年進入不同生活階段。

（2）自己的生涯規劃。

（五）同性戀

　　同性戀，是以同性爲對象建立起親密關係，或以此性傾向作爲主要自我認同的行爲或現象（重編國語辭典修訂本，2015）。性傾向是個體對於特定性別之人，感受到的持久性情感、愛慕或性吸引力。同性戀與「雙性戀」及「異性戀」構成了性傾向的三個區域（美國心理學學會，2008）。

　　截至目前爲止，科學家對於形成性傾向的具體原因尚未達成共識。儘管許多研究探討過可能影響性傾向的因素，但尚無研究能夠明確證實性傾向是由某個特定因素或多種因素所引致的（美國心理學學會，2008）。近數十年來科學界已出版數十篇生物學理論方面的研究論文，指出性傾向的形成可能涉及基因或子宮環境等生物性因素。雖然性傾向的起源仍未能確定，其形成很可能是由於生物因子（基因、激素）和孕後環境因子交互作用促成（Royal College of Psychiatrists, 2014），而且未有實質的科學證據能指出子女教養、童年經驗對性傾向形成有影響（Royal College of Psychiatrists, 2007）。

　　有些人對同性間的性活動抱有成見，但科學研究已證實同性戀是人類性慾的自然展現型式之一，同性戀此一性傾向同異性戀雙性戀，其本身不造成任何心理傷害（葉金源，2007）。性傾向未必不會在一生中發生某種程度的變化，或未必有固定的身分認同（王晧安，2013）；儘管如此，大多數人對於他們的性傾向，幾乎沒有或沒有經驗到能選擇的感覺，並且沒有充足可靠的科學證據支持能用心理學手段干預性傾向（APA, 2009）。在自然界，則有很多動物同性之間的性行爲被觀察到並紀錄了下來（夏洛克，2013）。

　　對同性戀者常用的稱呼爲同志，男性爲男同志（Gay），女性爲女同志

（Lesbian）。認同自己性傾向身分的同志和有過同性性行為經驗者的人數，皆難以為研究者確切估計，並且有些同志由於自己或他人的恐同心理或者社會歧視不願公開自己的性傾向（LeVay, 1996）。半世紀前金賽報告調查的人口數受到研究方法的批評，近年美國大型研究則顯示，對自身同性身分認同的人口，約 4% 左右。這些調查數據，可能會因對象定義、抽樣方法和不願揭露身分的緣故而偏離了實際人口數（CDC, 2016）。

Troiden（1989）提出面對同性戀者特殊挑戰的四個階段：（1）感覺階段（sensitization）（2）認定混淆（identity confusion）（3）認定假設（identity assumption）（4）認定（commitment）。

上述四個階段通常是依序進行，但也可能進行到某階段即停止，根據每個人的特質或背景而有差異。

對同性戀的定義，近代著名性學專家金賽博士，在 1948 年將同性戀定義為「一個和自己同樣性別的伴侶有過肉體接觸，並達到性高潮的人」。他把性行為的實際發生列為必然因素，製訂了一套分類法，即將一個人從異性戀行為到同性戀行為按照 0 至 6 共分成七個等級：0 是絕對異性戀，6 是絕對同性戀，其餘則為漸層分佈。金賽博士認為除了 0 級，任何人或多或少都是同性戀者。

這項「行為說」，多年來一直是社會大眾對同性戀瞭解的基礎。但是近年來這套「行為決定論」頗受到其他專家的質疑，美國康乃爾大學精神病學教授 Richard Isay，提出反駁認為，有些人可能礙於社會及家庭壓力、內在心理衝突等因素，而不敢或選擇不與同性發生性行為，卻抑制不住對同性的性幻想，單方浸淫在興奮狀態中。

另外，青春期之前偶發的同性戀式性行為，基於玩鬧和好奇的成分較多，也不能涵蓋在同性戀的範疇中。另有一派較嚴格的說法，必須在性偏好習慣、情感投射、社群歸屬方面，都以同性為對象才算是同性戀者。因此有人懷疑是否應把「情境性」的同性戀，如住校生、修道院、監獄、軍隊、水手等特殊處境下，因缺乏異性而發生的同性戀洩欲行為，劃歸為同性戀？

同性戀的形成原因以佛洛依德爲主的傳統派心理分析家將其形成原因歸諸於環境因素。這派專家相信所謂男同性戀者不是自身覺得女性化，就是讓旁人覺得其富有女性特質，而這種陽剛不足的人格現象，肇因於家庭中父母的管教子女態度，如冷漠、無能的父親，或專擅的母親，而後可能造成兒子疏離父親，得不到男子氣奧援，反而從母親那裡吸收過多女性氣質。

在2006-2008年間，美國疾病控制與預防中心執行一項全國性的家庭調查，依機率抽樣13,495個15-44歲的樣本，報告顯示：有5.2%的男性，12.5%的女性曾有過同性性行爲。自我認同爲同性戀（1.8%）或雙性戀（2.3%）的男性占4.1%，自我認同爲同性戀（1.3%）或雙性戀（2.8%）的女性占4.1%。

在2008年，衛報的Sex uncovered民調，表示有6%的英國人認爲自己是同性戀或雙性戀，13%的人有和同性別性接觸的經驗。2013年，《經濟學人》報導，英國國家統計局2013年發起的調查中，1.7%的受訪者自認爲是男女同性戀或雙性戀。英國同志平權組織Stonewall，根據英國貿易和工業部2005年的統計數據，估算5-7%的人口爲男同性戀者、女同性戀者或雙性戀者。一份2013年的英國研究指出，16至44歲人群中，7%的男性和16%的女性曾有同性性行爲經歷（Sex uncovered poll, 2008）。

2013年，《德國之聲》報導，中國衛生部門曾發布調查，處於性活躍期的中國男性同性戀者，約占性活躍期男性大眾人群的2%至4%，按此估算，中國有500萬至1000萬男性同性戀者。青島大學張北川教授的統計數字爲，中國大陸15歲至65歲的同性戀人數約在3000萬，其中男性2000萬，女性1000萬（HSS, 2014）。

美國2014年公布的普查數字顯示，自我認同爲男及女同性戀者爲1.6%，雙性戀者0.7%，另外1.1%爲其他、不知或拒答。英國2015年公布普查數字顯示，自我認同爲0.3%爲男同性戀者，0.7%爲女同性戀者，0.5%爲雙性戀者（ONS, 2015）。

美國2016年公布的普查數字顯示，女性受訪者當中有5.5%自稱雙性

戀者，1.3% 自稱同性戀者；男性則是 2% 自稱雙性戀者，1.9% 自稱是同性戀者。17.4% 女性承認和女性有性接觸；6.2% 男性表示曾跟其他男生有過性行為（CDC, 2016）。

三、社會危險因素

（一）社會危險因素

下列這些因素都會造成危險行為，對健康及生活影響。例如：吸毒、不健康的飲食、曠課、社會隔絕、自我概念偏誤、有限的工作技能（表7-3）。

表 7-3　影響青少年行為的因素

影響	危險因素	保護因素
生理遺傳	家族酗酒歷史	高智商
社會危險	貧窮、失落感	平等教育機會
主觀的環境	偏差行為的典範	對抗偏差行為
個人人格	低自尊	重視成就
行為	學業表現不佳	參與教會

孩子們在學校的時間較長，所以他們比一般成人受到校園暴力得機會更多，事實上，受到攻擊、強暴及搶劫的 12~19 歲孩子的機率比成人高出三倍。在原生家庭所受的暴力嚴重程度是他們受成人伴侶傷害的二倍，包刮鞭打、踢及用拳頭打傷等，然而這些真實數據卻沒有被通報出來。

（二）青少年就業

每週工作 15~20 小時，有助改善他們的自尊及學校滿足感，成績也較沒有工作的同學好。若每週超過 20 小時將會對他們產生較負面的影響，表示他們有較高的心理壓力，包括：低自尊等，他們也比較容易犯罪及服

用毒品和酒精。所以社會應該鼓勵他們培養責任感、自主性及提供未來就業機會。

（三）未婚懷孕與生子

第二性徵讓青少年具備了傳宗接代的能力，再加上他們對性的好奇，於是導致未婚懷孕並帶來其他相關的問題。

（四）未婚懷孕的普遍性

在美國，大部分的女性，皆會正確選擇使用墮胎及避孕方法。現今未婚懷孕年齡已下降至國小。根據一個擴及全球約250,000個婦女罹患乳癌的醫學研究指出，十八歲以前懷孕生產第一胎的少女罹患乳癌的比率，比年紀大的婦女懷孕生產第一胎罹患乳癌的比率大爲降低。也就是說：把孩子生下來，事實上，將對少女的健康更爲有益（Coard, 2000）。

至於墮胎對少女的影響，一項美國明尼蘇達州的研究顯示，青少年墮胎的少女在半年內自殺的比例是未墮胎少女的十倍。其他相關的研究也指出，較之於有多次墮胎紀錄並產生精神上失序的婦女，墮胎少女自殺的危險性更爲提高。墮胎後少女經歷了心理上的重大創傷，使用毒品的比率也增加，藉此麻痺或逃避墮胎的經驗（CDC, 2007）。

一項研究指出，僅有四分之一的少女能調適墮胎後的創傷經驗，將近有六成曾經墮胎的少女在一年後，會因爲先前墮胎經驗，而重複陷入痛苦循環與替代性中，也就是經歷再次交往與重複懷孕的過程。因此，再次懷孕與墮胎的案例可能到達至少四次。由於少女的身體發育尚未完全，很容易發生諸如：子宮頸細小，子宮頸裂、骨盆發炎（PID）或子宮黏液不足等病症。多次墮胎則容易導致子宮外孕、不孕症（infertility）或子宮需切除等嚴重的併發症（Corcoran, 2000）。

這些研究報告值得父母與老師深思與注意，特別是小爸爸與小媽媽的父母，或是相關的社工師、諮商心理師、懷孕的小媽媽與小爸爸們。我們的社會該如何持續關心與維護未婚懷孕的小爸爸、小媽媽們與她們腹中胎

兒的生命。

（五）未婚懷孕的結果

未婚懷孕的後果（Santelli, 2000）包含：

1. 奉子成婚

（1）在心理上會產生恐懼和焦慮，不知所措，一方面害怕被人恥笑、責罵，另一方面不知如何照顧未來的小生命。

（2）在生理上，由於發育未完全成熟，可能會導致流產或早產，或會因濫交而染上性病。

（3）在感情上，基礎尚未穩固，雙方認識未深，因懷孕而匆匆做出婚姻抉擇，可能是莫大的錯誤，會導致日後家庭破裂。

（4）在經濟上，可能仍要依賴父母，沒有能力應付開支及承擔養育子女的責任，因而造成重大的壓力。

（5）在事業前途上，可能要放棄學業、拋掉理想，走上一條不是自己所選擇的路悔恨終生。

2. 非婚生子

若一方不負責任或不選擇結婚，誕下來的嬰兒便會成為非婚生子，對其日後的心理發展和社會適應會造成莫大的影響。

（六）未婚爸爸

兒福聯盟指出，依據輔導未婚媽媽十年的經驗，未婚爸爸的一貫態度不外乎是：逃避心理、不知情、女方不願再連絡、雙方家長介入輔導或小爸爸自身有面對的困難。未婚懷孕個案中，成年男性同樣會驚慌失措，並不因為成年而更成熟面對。美國近年有為小爸爸設計的福利服務方案提供一些情緒支持、教導父親照顧孩子的技能、扮演好父親的角色。因為墮胎而失去孩子的男性而言，最持續明顯的症狀就是憤怒。一位曾有過參與墮胎經驗的輔導員指出，他所輔導的男性都有很強烈的憤怒感，甚至比女伴墮胎前還強烈。此外，每個表現出憤怒情緒的男人，在某種程度上不但傷

害自己，也傷害了別人。另一位輔導員則形容這種憤怒是「尚未引爆的地雷」（兒童福利聯盟，2016）。

　　台北市社福團體一項調查發現，未成年未婚懷孕個案中，有七成的未婚爸爸會落跑（王超群，2002），社會局指出，當未婚懷孕發生時，社會注視焦點都放在小媽媽身上，但製造問題的男主角未婚爸爸們，會呈現什麼態度？據兒童福利聯盟、國際單親兒童文教基金會和女權會、基督徒救世會等單位共計四十五案例中發現，近七成未婚爸爸採取不支持、避不見面或分手、給錢了事的方式，讓女方獨自面對問題。

　　由於墮胎使得男性不能保護未出生的孩子活下來，這種原因引起的憤怒與沮喪會由好幾個地方表現出來。為了麻痺自己曾參與墮胎，或是過於「軟弱」，無法保護未出生的孩子不致死亡，他轉而酗酒和吸毒。許多人成為工作狂，以避免與其他人接觸，或是不顧一切追求人生的成就。

　　決定墮胎後，男性與伴侶的關係幾乎就破裂了，未來要與其他女性建立關係很不容易，也太不可能。按法律，女性有完全的控制權，決定是否拿掉孩子；男性則無法參與決定。這項重要，且具影響性的決定，男性卻缺乏控制權，這常常招致男性極大的忿怒，使他對女性無法感到信任。因為有了前一次的經驗，他們不願意再掉入下一個可能導致懷孕，且無法控制結果的情況。有些男性會尋求同性性行為，因為可以使他們體驗性關係，卻不用承諾，也不用擔心對方會懷孕。男性會苦於其他種類的性功能失調，例如陽萎，以及沉溺於色情和自慰。

　　參與墮胎決定而失去未出生孩子的男性還會出現其他症狀，如失眠、驚恐發作（panic attacks）、應付事情的能力不夠（poor coping skills）、腦中不斷回想事件（flashbacks）、惡夢，以及自我選擇隔離（self-imposed isolation）。他可能無法工作，因為沒有辦法做決定，或是在工作和社交環境中冒過度的風險，為自己招致失敗。男性感覺自己是個失敗者，這源自於他無法保護自己未出世的孩子。

（七）性病

美國每年約有三百萬人罹患性病，而性生活活躍的人當中，有25%的人在高中畢業前會感染一種。這些性傳染病中，很多是沒有徵兆或是症狀，或是症狀與其他疾病相類似，診斷不易。而且大多數最常見的性病中，平均有四至六成是辨識不易，或被誤認（Corcoran, 2006）。

在評估保險套預防不同性病的傳染，包括愛滋病、皰疹、梅毒、和B型肝炎，沒有任何臨床的實驗證明可以作為保險套存在價值的根據。

子宮頸癌也被歸類為性病了，特別在青少年中已造成問題，而且在性生活活躍的青少年中，其感染率約為11-22%。

國人對於愛滋病或性病的認知嚴重缺乏，尤其是正在成長中的青少年，因為性觀念開放，以往觀念，都認為同性戀族群是愛滋病的主要感染者，也由於一直維持著「我不是同志，應該不會有病」的錯誤觀念，導致愛滋病毒，迅速在台灣地區擴散。根據台灣青少年性行為感染愛滋的調查發現，經性行為感染的比例高達92%，其中異性戀占45.5%、男同性戀占31.2%、雙性戀及其他占15.6%，而男女生的比例為13：1，由這樣的數字看來，異性戀的男性已經逐漸超越了同性戀男性，異性戀反而變成了愛滋病的高危險群。愛滋病年增加率18%，其中15-24歲的感染人數更是增加快速（衛生福利部，2012）。

（八）吸毒：毒品對身體的影響

每一種毒品都會造成有害的副作用，程度從幻覺到長期的健康問題。刺激性的毒品，如搖頭丸、安非他命、古柯鹼，會造成嚴重神魂落魄的現象。焦慮、低潮、疲倦的程度可以從一小時到一天以上。長期使用，情況更糟，會有攻擊性、體重減輕、營養不良等生理及心理，甚至精神症狀產生。

抑制性的毒品，如酒、神仙水（GHB）、K安（ketamine）、鴉片類的海洛因，會抑制呼吸或心跳而致命。特別是神仙水和鴉片，它們會減少忍

受度，很容易不小心服用過量，所以一定要留意服用的劑量。毒品與酒一起服用，會使人有侵略性的行爲發生。

　　使人改變心智及情緒的毒品，如搖頭丸、K 安、大麻，特別是 LSD，如果服用過量，會有幻覺、焦慮、攻擊的現象。定期使用，會造成長期的心智健康問題。有時不純的毒品亦會造成死亡。

問題與討論 🖎

1. 青少年期女性生理常見的困擾有哪些？
2. 青少年期男性生理常見的困擾包括哪些？
3. 青少年在態度及自尊心的發展具有哪些特色？
4. 請說明青少年自我認定的類型？
5. 請說明父母對青少年之管教風格的類型有哪些？
6. 請比較厭食症的特徵與暴食症的特徵有何差異？
7. 請說明墮胎對少女的影響有哪些？
8. 請說明未婚懷孕的後果有哪些？
9. 請說明四級分類毒品的分類與對身體的影響？

參考書目

CDC（2016）。CDC 報告：美國雙性戀者增加中，女比男多 3 倍。**東森新聞**，2016/01/07。

王晧安（2013）。性別大補帖：疑性戀就是流性戀。**台灣立報**。2013/10/31。

王超群（2002）。她未婚懷孕「小爸爸」你別落跑。**中時電子報**，2002/08/07。

刑事警察局（1997）。**會計年報**。http://www.cib.gov.tw/Home/Default。

李德芬（2001）。台灣未婚生子比率居亞洲之冠。**校園中懷孕少女研討會**。勵馨基金會。

兒童福利聯盟（2016）。**兒童福利聯盟收出養服務**。http://www.adopt.org.tw/content.asp?id=88。

周怡宏（2014）。**青少年的定義與其他**。blog.xuite.net/kidclinic333/blog/178402327。

林佳麗（2006）。**青少年生理發展**。亞東紀念醫院青少年健康中心。http://w3.pcjh. tp.edu.tw/health/boy1.htm。

美國心理學會（2008）。**解答你的問題：深入理解性傾向和同性戀**。http://www.apa. org/topics/lgbt/。

重編國語辭典修訂本（2015）。**同性戀**。中華民國教育部。

夏洛克（2013）。自然界中的斷背山：動物的同性性行為。**環境資訊中心**，2013/11/13。

徐秀如（2012）。青少年人格特質、偶像崇拜與服飾消費態度之探討。**德明學報** 36(2): 27-38。

黃富源（2002）。當前我國青少年犯罪原因與對策。**國家政策論壇** 2(4): 58-66。

葉金源（2007）。對於同性戀者常有的疑問。**成功大學醫院精神部衛教園地**， 2007/03/27。

輔仁大學兒童與家庭學系網站（2002）。**青少年發展階段與進路**。www.cfs.fju.edu.tw/ CFS/Syllabus/adolescence。

衛生福利部（2012）。**人類免疫缺乏病毒感染**。疾病管制署。

闕漢中譯，Paula Allen-Meares 著（1999）。**兒童青少年社會工作**。台北：洪葉文化。

Adams, G. R. & Gullotta, T. (1989). *Adolescent life experience*. Pacific Grove, CA: Brooks/ Cole.

American Psychological Association. (2009). Resolution on Appropriate Affirmative Responses to Sexual Orientation Distress and Change Efforts.

Arcelus, J., Witcomb, G. L., & Mitchell, A. (2014). Prevalence of eating disorders amongst dancers: a systemic review and meta-analysis. *European eating disorders review: the journal of the Eating Disorders Association*, 22 (2), 92-101.

Coard, S. I., Nitz, K., & Felice, M. E. (2000). Repeat pregnancy among urban adolescents: Sociodemographic, family, and health factors. *Adolesence*, 35, 193-201.

Corcoran, J. (2000). Ecological factors associate with adolescent and parenting. *Social Work Research*, 24, 29-39.

Flavell, J. H. (1981). Monitoring social cognitive enterprises: Something else that may develop in the area of social cognition. In J. H. Flavell & L. Ross (eds.), *Social cognitive development: Frontiers and possible futures*. New York: Cambridge University Press.

Fonagy, P., Target, M., Cottrell, D., Phillips, J., & Kurtz, Z. (2002). *What works for whom? A critical review of treatments for children and adolescent*. New York: Guilford Press.

HSS. (2013). Sexual Orientation and Health Among U.S. Adults: National Health Interview Survey, 2013 (pdf).

Kaplan, P. S. (2004). *Adolescence*. Boston, MA: Honghton Mifflin.

LeVay, S. (1996). *Queer Science: The Use and Abuse of Research into Homosexuality*. Cambridge: The MIT Press.

Marcia, J. (1966). Development and validation of ego-identity status. *Journal of Personality and Social Psychology*, 3, 551-558.

ONS. (2015). Integrated Household Survey, January to December 2014: Experimental Statistics.

Peterson, D. R. (1992). Interpersonal relationships as a link between person and environment. In W. B. Walsh, R. H. Price, & K. H. Crailk (eds.), *Person-environment psychology: Models and perspectives* (pp. 127-155). Hillsdale, NJ: Lawrence Erlbaum Associates.

Royal College of Psychiatrists. (2014). Royal College of Psychiatrists' statement on sexual orientation.

Sex uncovered poll: Homosexuality. (2008). *London: Guardian*. 2008-10-26 [2010-08-24].

Smink, F. R., Hoeken, D., & Hoek, H. W. (2012). Epidemiology of eating disorders: incidence, prevalence and mortality rates. *Current psychiatry reports*, 14(4), 406-414.

Steinberg, L. (2007). *Adolescence*. New York: McGraw Hill.

Steinberg, L., & Silverberg, S. (1996). The vicissitudes of autonomy in early adolescence. *Child Development*, 57841-85.

Troiden, R. (1989). The formation of homosexual identities. *Joural of Homosexuality*, 17, 1-2, 43-73.

第八章　成年前期

　　成年前期被視爲人生轉變的重要階段，也是人生重要角色建構的關鍵時期。開始與他人建立親密關係，及擁有穩定工作之需求是成年前期的主要任務，此階段有「經濟獨立」及「做決策」等兩大重要發展議題及特點。其中，「經濟獨立」主要是從畢業後擁有第一份全職工作開始，涵蓋責任與決策在內，例如，在哪裡就業、幾歲結婚等。

　　成年前期是由關注自己的青少年期過渡到聚焦社會及與他人發展親密關係的變遷過程。艾瑞克森指出，在工業化國家的青年，普遍皆有的發展現象是，他們都在不斷嘗試新角色轉換所帶來的改變，所以滯留在青少年期的時間一直在延滯。Daniel Levinson（1986）也指出，成年前期是處於著重愛情、職業、友情、價值觀及選擇不同生活型態的發展階段。其特色爲一種即將進入成人世界，會經歷變化與不穩定的狀態，因此需要建構穩定生活的時期，此論述同時也呼應了艾瑞克森對此時期角色任務的評論。

　　在 Levinson 的成人發展階段中，每個時期皆有五年過渡期，當事人會重新評定自己的生活架構，其中成年期有八個階段（表8-1）。

表 8-1　Levinson 成人發展八階段

17-22 歲	成年轉換期，脫離青少年期，對成年生活開始經歷初步的選擇
22-28 歲	對感情、職業、友情、價值價及生活型態能初步選擇
28-33 歲	生活架構改變，形成壓力或危機
33-40 歲	建立社會上的立足點，爲家庭及工作訂出時刻表
40-45 歲	生活架構爲問題焦點，產生對生命意義、價值及方向之質疑，開始探討自我被遺漏的部分
45-50 歲	重新評估過往，開拓新生命，投入新任務角色
50-55 歲	中年巔峰轉換期，進階質疑及修訂生活架構
55-60 歲	建立新生活架構，人生最大成就感的階段

第一節　生理層面

一、生理成長與發展

在生理發展層面上，成人前期具有兩大特質，一為生長的高峰期，再者，隨年齡增加，生理發展日漸趨緩。一般人常說20多歲是個人體能最好的時期，Santrock（2002）也為此論點做了實驗證明。例如，參與奧運金牌的選手，只有15%的人年齡大於30歲以上。因為肌肉發展的高峰期是出現於25-30歲之間，30-36歲間則是逐年遞減，也就是說20餘歲適合速度及敏捷度的運動，而從事耐力型的運動時，則是30歲過後表現較佳。

從生物學的角度來看，荷爾蒙對男女都會造成某種程度的影響，但對女性的影響則是特別顯著。從生育的角度來看，20餘歲的時期，可說是生育最好的黃金時期，因為在生理荷爾蒙的製造上處於正常平穩的狀態，也是受孕懷胎最佳的時機。

女性隨著月經週期的運作，女性生理的荷爾蒙開始產生變化，尤其是在排卵前後期，體內雌激素濃度的改變，經常造成女性月經前症候群的產生，讓女性有諸多不適的症狀表現，如胸部腫漲感、焦慮煩燥、不安等影響。

雖然女性會受到月經前症候群的影響，但大多並不會影響日常的例行活動，而國外學者亦在其研究報告中提出，月經前症候群是一種來自對女性刻板化的印象，且認為女性在此時期或多或少都會產生一些症狀的偏見。其他相似的研究也指出，特別是在傳統教育程度較低的婦女身上，更容易發現較負向的情緒表現（Brown & Woods, 1986）。

二、癌症

在生理層面上，對人類生命最具威脅性的莫過於癌症，在美國，就癌症診斷而言，女性常見的為皮膚癌，其次為乳癌（Apantaku, 2000；世界

衛生組織，2003），而乳癌又是癌症死因的第二位（肺癌名列第一）；而男性方面主要的癌症死因爲睪丸癌，好發於15-35歲。以台灣而言，男女性的癌症死亡率皆爲氣管、支氣管和肺癌名列第一，可能與生態環境的惡化有關（衛生福利部，2018）。肺癌（Lung cancer）是一種肺部的惡性腫瘤，特徵爲肺部組織中的細胞不受控制地生長。如果不進行治療，腫瘤細胞會通過癌症轉移的形式擴散至其他肺部組織或身體的其他部分。大多數始發於肺部的癌症，常稱其爲原發性肺癌，發生於上皮組織細胞。肺癌最常見的臨床症狀有咳嗽（包括咳血）、體重減輕、呼吸短促和胸痛。

　　衛生福利部統計處公布105年國人十大死因主要以慢性疾病爲主，死亡率依序爲：（1）惡性腫瘤（癌症）（2）心臟疾病（3）肺炎（4）腦血管疾病（5）糖尿病（6）事故傷害（7）慢性下呼吸道疾病（8）高血壓性疾病（9）腎炎、腎病症候群及腎病變（10）慢性肝病及肝硬化。與上年比較，原排名第4的肺炎與排名第3的腦血管疾病順序對調，其餘與上年相同。若與95年相較，除自殺退出十大死因外，順位上升者爲心臟疾病、肺炎、高血壓性疾病；順位下降者爲腦血管疾病、糖尿病、事故傷害、腎炎、腎病症候群及腎病變、慢性肝病及肝硬化（表8-2）（衛生福利部統計處，2018）。

　　惡性腫瘤自71年起已連續35年拿下國人死因的首位，死亡人數爲4萬7760人，占所有死亡人數的27.7%。十大癌症死亡率依序爲：（1）氣管、支氣管和肺癌（2）肝和肝內膽管癌（3）結腸、直腸和肛門癌（4）女性乳房癌（5）口腔癌（6）前列腺（攝護腺）癌（7）胃癌（8）胰臟癌（9）食道癌（10）卵巢癌，其中卵巢癌由原順位第12上升爲第10，原順位第10之子宮頸及部位未明示子宮癌下降爲第11（圖8-1）。

表 8-2　105 年十大死因死亡人數及死亡率

死亡原因	死亡人數(人)		死亡率（每十萬人口）				標準化死亡率（每十萬人口）		
	105年	較上年增減%	104年順位	105年順位	105年	較上年增減%	順位	105年	較上年增減%
所有死亡原因	172,418	5.4			733.2	5.2		439.4	1.8
惡性腫瘤	47,760	2.0	1	1	203.1	1.8	1	126.8	-0.9
心臟疾病（高血壓性疾病除外）	20,812	8.4	2	2	88.5	8.1	2	50.3	4.7
肺炎	12,212	13.5	4	3	51.9	13.2	4	26.9	9.3
腦血管疾病	11,846	6.1	3	4	50.4	5.8	3	28.6	2.4
糖尿病	9,960	4.5	5	5	42.4	4.3	5	24.5	0.8
事故傷害	7,206	2.5	6	6	30.6	2.2	6	23.1	1.2
慢性下呼吸道疾病	6,787	6.3	7	7	28.9	6.1	7	15.1	3.5
高血壓性疾病	5,881	6.2	8	8	25.0	6.0	8	13.5	2.3
腎炎、腎病症候群及腎病變	5,226	9.7	9	9	22.2	9.5	10	12.4	5.4
慢性肝病及肝硬化	4,738	1.1	10	10	20.1	0.8	9	13.4	-1.8

資料來源：衛生福利部（2018）

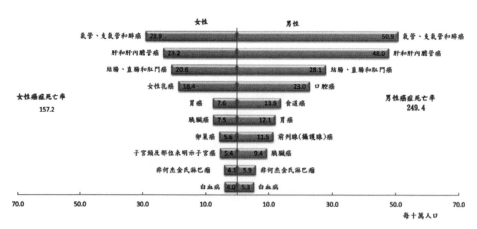

圖 8-1　105 年台灣兩性十大癌症死因死亡率

資料來源：衛生福利部（2018）

　　從許多的研究論述發現到，貧窮或少數族群與健康不平等有顯著的相關性，且有較高的罹患與死亡率的情形。且男性在病況的變化與死亡的數據表現上較女性快速（Williams, 2003a）。

　　種族在「壓力」與「健康」間有著重要的份量，尤其對少數族群而言，更易遭受到職場的壓迫（Williams, 2003a），其生活條件與品質也呈現顯著的落差（Williams, 2003b）。此外還有一個可能的影響因子就是文化因素，在一般的認知上，人們在面臨壓力的情境下，女性較易運用情感性的社會支持網絡來緩解壓力，且較男性更易運用正式組織的健康醫療照顧等相關資源。相對而言，男性則是較廣泛採用酒精、香煙及藥品來因應壓力事件，且對自身健康議題較不具敏感性。

第二節　心理層面

一、認知發展

　　依據皮亞傑的論述，青少年時期後，在認知發展上位於最後發展的階段。所以成年前期也具有同樣的形式運思能力，包括抽象思考、有組織系統的思考邏輯模式，以提升對問題情境的解決應變能力。然而，就皮氏的觀點而言，大多數的人並不具有或未達到形式運思的階段，原因可能非常多元和複雜，涵蓋先後天因素，例如遺傳、學習環境、教養等等。而相關研究指出，只有60-75%的青少年能夠達到形式運思的能力（Neimark, 1975），甚至不到30%的成年人是成功的達到形式運思期的最高發展階段（Kuhn, Kohlberg, Langer, & Haan, 1977），顯示大部分的人都無法具有高階的形式運思能力，只有少數受過訓練者可擁有此能力。

　　所謂「工具性風格」的溝通模式是指專注於目標設定與發覺問題的解決方式。而「表達性風格」則是包括情緒表達，和對他人感受具敏感度以及理解的樣態。

　　依據 Tannen（2005）的觀點，男女在溝通上相異之處包含；女性較會運用融洽的交談，探討彼此間的經歷等，溝通方式通常與個人生活環境及情感有關。而男性則是一種報告式的談話過程，諸如知識性話題的討論及技巧的展示等，類似活動事件討論的類型。此外，在交談過程中扮演的角色也有差異之處；例如，女性大部分比較屬於傾聽者的角色，男性則大部分會是主講者的地位，主要來自兒童期所學習到的文化經驗。Tannen 更進一步提出在社交場合，不同性別的差異表現，例如，女性較常受到雙重束縛的對待，像是女性採用女性風格交談時，則被視為不具領導特質，若使用較具領導風格的談話則被視為不具女性特質等，且通常談論的角色風格也較易被負面對待之（Tannen, 2005）。

　　此外，夫妻間的溝通也是常被關注的焦點，研究顯示（Fowers & Olson, 1989）夫妻間的溝通滿意度可區分為，「自在無負擔的與他人分享」、「有意承擔及解決彼此間的衝突」，以及「夫妻間性生活的品質」等三個面向，可以用來決定夫妻間的溝通是否達到滿意之討論。而 Gottman、Gottman 與 Declaire（2007）也曾對夫妻間溝通互動的風格進行探究，結果發現準確率極高，可達九成。

二、社會關係

　　成年前期是發展親密與孤獨的階段，也是此時期一項重要的社會心理發展課題。所謂親密關係，係指與他人分享真實的自我，包含好與不好，是一種深刻自我揭露的表現。心理學家 Garol Gilligan（1993）也提出不同性別間在面對親密關係時的差異經驗，她發現男性會先認同後才會發展到親密；而女性則是同時並存的狀態居多，也就是女性經由互動關係而形成認同。Gilligan 更指出唯有介於公平與關懷的角度才能有助於我們瞭解不同性別間的差異，及成人的工作職場與生活環境。

　　在成人前期的階段，會開始經歷較深刻且具意義的情感生活，此種情感關係也較可能延續到婚姻關係中，就如同艾瑞克森所稱，此時期的主要

任務階段爲親密關係與孤獨建立的分界線。

　　Bartels 與 Zeki（2004）的研究認爲，愛情與母愛皆有助於活化人類的腦部，當人們在經歷愛情時，愛的感覺出現時，能壓抑腦部負責批判思維的控制機制，進而產生正向的情緒反應，使得人們會不經判斷而直接做出選擇，這項研究卻意外的支持了我們所熟悉的古老諺語「愛情令人盲目」。

　　「親密」雖爲成年前期所關注的焦點，但同時也是發展「獨立」的重要時期，即是在探索親密的各面向時，同時也體認對獨立與自由的需求。

　　在此時期的人們對於自己必須做出獨立決策，常感到懷疑與不確定性，而這種抉擇卻也常經歷對目標與價值的改變。Levinson（1978）指出，夢想常是反映個人所期待未來想要達到的目標，而當這些夢想早期出現時，通常會較具體簡單，但隨著年齡增加更會變得較清楚明確，例如，男性通常是著重事業發展的面向，而女性則會比較重視工作與家庭間的平衡關係（Levinson, 1986; Roberts & Newton, 1987）。

三、嚴重的精神疾病

（一）憂鬱症

　　憂鬱症對年輕人而言，是很常見的心理疾病，在一項針對美國大學心理健康諮商師的調查中發現（Kluger, 2003），有心理問題與服用精神藥物的學生，由7%（1992 年）增加到18%（2001 年），其中有嚴重心理問題的學生增加85%，且發現使用醫療方式來解決憂鬱症，如抗憂鬱劑等，此方式有助於改善自殺率，但卻無法有效阻止憂鬱症的患病人數，及因服用藥物後對患者在發展與應對技巧的影響。

　　在憂鬱症病患中女性占了70%，尤其是處於分娩與育兒的年輕婦女，更是最大的心理健康風險（APA, 2008），而女性常見的憂鬱症包含：經前症候群、產後憂鬱症、更年期憂鬱症等三種。根據流行病學資料顯示，女性罹患憂鬱症的機率是男性的二倍，爲何罹患憂鬱症的女人會比男人多？

不同的學者提出他們的理論及研究。

　　有學者從社會文化的角度切入提出觀點，認為女孩從小的教養方式與男孩不同，被要求要順從、被動、不能夠表達自己的感受。這樣的教養方式容易造成女性比較沒自信，且容易依附他人的想法，這可能是造成女性罹患憂鬱症的原因之一。

　　專家認為，成年後的女性，由於要擔任的角色比較多元，譬如同時擔任比較被動、內向的角色如媳婦、太太，及需要強勢及主導地位的母親、職業婦女的角色；如此一個多變且衝突性的角色需求，導致女性比較容易有憂鬱的現象。也有學者認為，由於傳統觀念中對於女性教育較不重視，所以女性經濟獨立的狀態也比較差，這種較低的社會經濟能力也是導致其產生憂鬱症的原因之一。

　　另外有學者指出，女性天生的內在覺察感受能力以及求助的行為比男性高，因此形成了女性憂鬱症患者求診率高，被診斷為憂鬱症的人數也高於男性，相對的男性憂鬱症個案有可能是被低估了，因為他們比較不注重內在的感受，即使有憂鬱症的傾向或症狀出現也可能被忽略。

　　從生物性角度來看，目前所知神經傳導物質、遺傳等等對於憂鬱症都會有重要的影響。尤其是神經傳導物質：如血清素、正腎上腺素這類神經傳導物質的不足，常會隨之發生憂鬱症，目前這已被認為是造成憂鬱症主要原因之一。而女性由於肩負生殖的任務，在每個月的月經週期或者是懷孕生產過程當中以及停經階段，體內女性荷爾蒙會有很大的變異，而女性荷爾蒙的變異性連帶也會影響體內其他如甲狀腺素、生長激素、腎上腺雌激素等荷爾蒙。而這些神經傳導物質都被認為和女性憂鬱症有關。因此女性由於先天和後天種種因素影響，更需要在情緒上做好自我照顧，才能減少憂鬱症的發生（董氏基金會，2016）。

　　然而，有研究也發現，婚姻關係是否幸福也是造成憂鬱症的主因之一，且高出男性三倍之多，特別是有幼兒或較多子女要照顧的女性更是高危險群，其他因素還包括：過去受暴的經驗（肢體或精神），及貧窮的生活環境等，此外社會大眾對女性在年齡、種族、性取向或成癮行為的歧視

也都會造成某種程度的負向影響。

（二）思覺失調症

　　許多較嚴重的精神疾病常在青少年後期與成年前期出現，尤其是思覺失調症（Schizophrenia），其特徵包括妄想、幻覺、胡言亂語、整體上混亂或僵直行為、負性症狀。台灣在100年度的盛行率為0.4%（113,183人），發生率男女皆為1%（台灣精神醫學會，2018）。全世界終生盛行率約為1%。但主要原因為遺傳所造成（Torrey, 2001; 2008），許多研究證實像躁鬱症和思覺失調症（精神分裂症）等心理疾病是會遺傳的。有研究指出，在腦下皮層區有過多的多巴胺（dopamine）或額葉前皮層區有過少的多巴胺都與思覺失調症有關（Davis, Kahn, Ko, & Davidson, 1991）。目前有研究發現，較少是因單一因素遺傳所導致，大都還有其他因素如環境與心理壓力，而這就是所謂的素質；也就是壓力模式（diathesis-stress model）所造成。

　　思覺失調（early psychosis）是一個精神病名詞、即精神病的早期徵兆。泛指所有影響到思想、感官出現的早期精神問題（例如發白日夢、狂想等），而情況尚未嚴重到與現實處境脫節。這些患者常內心有壓力、內分泌輕微失調等，卻不是處於極度嚴重的程度，因而常被忽視，造成日後神經損傷而惡化為心理疾病。

第三節　社會層面

一、家庭與婚姻

　　本階段需面對的重要人生轉機主要是婚姻與家庭等課題。Newman與Newman（2002）指出，職業、婚姻、家庭與子女等議題，都會影響人們在生活態度上的重大改變。而人們對上述的選擇，都會受到社會文化價值

觀、經濟體制、教育所影響，並且與個人特質、興趣與生活目標相結合，進而形成個體的生活態度。

在美國，人口普查資料顯示，女性不婚的比例逐年上升。在2002年，35-39歲的女性未婚的比例占了14.7%，此現象在20-24歲的單身女性身上更是急遽升高，從1970年的35.8%，到2002年的85.4%（United States Census Bureau, 2002）。此外，女性未婚及不婚同居的人口也持續在增加中，而離婚率不斷攀升的趨勢也是受囑目的焦點，離婚事件跟過去相比，已經較少被負面批判，一般估計每3個婚姻關係中就有2個以分居或離婚收場（United States Census Bureau, 2002）。

台灣的單身女性比例，在三十歲到四十歲女性中，有三成以上的人口為未婚，三十五歲到四十歲女性中也有四分之一未婚，此比例高達世界第二，僅次於法國。台灣女人不結婚，因為許多事情已經改變。女性受高等教育比例已超過男性，女性勞動參與率提高，女人能維持經濟獨立。台灣女性對婚姻的想法與期待也在改變。她們期待建立在溝通、分享與平等的親密關係上，期待配偶分攤家務與育兒，因此，如果沒有理想的伴侶關係，她們寧願不結婚（天下雜誌，2018）。

台灣女人不結婚，也正因為許多事情還沒有太大的改變。調查發現，多數台灣女性不是「選擇」或「決定」不結婚，而是沒有合適對象。「上嫁下娶」、「男高女低」的傳統婚配文化，影響男人與女人的擇偶標準，結果擠壓到高學歷、高成就、高年齡的女性的婚配機會。而女性進入婚姻的社會責任，意即作為好妻子、好母親、好媳婦的規範壓力仍然不減。

在中央研究院社會變遷調查中，有一個題目：「你是否認為不好的婚姻比沒有結婚好？」已婚的受訪者中，有超過半數回「是」，未婚者也有近半數者如此回答，而且不分男女都是如此。此外還有調查指出，台灣民眾認為不好的婚姻比沒有結婚好的比例為全球最高，遠遠高過第二的菲律賓27%（天下雜誌，2018）。

二、對婚姻的期待與迷思

　　人們一旦找到適合的婚姻伴侶，就會進入婚姻關係的調適歷程。此歷程包含修正對婚姻的期待與迷思，學習如何與伴侶更有效地溝通，且會試圖從關係中衍生出對彼此的滿意度、學習化解衝突及接受彼此不同的看法等。婚姻的期待與迷思是婚姻適應的開始，不少婚姻的問題，都是彼此或單一方錯誤的期待所造成。Larson（1988）指出，為數不少的大學生對婚姻都存有許多迷思的憧憬。

　　根據「幸福感調查」，台灣的男性比女性更想婚，而且女性傾向不婚者，更高於結婚者，到底是怎麼一回事呢？根據遠見民調中心的「幸福感調查」，60.2% 的台灣民眾抱持傳統婚姻觀，認為「人生一定要結婚才美滿」，34.7% 則認為「單身生活比較自由，不結婚也無所謂」（未來Family，2015）。

　　值得注意的是，男性比女性更重視婚姻之於人生的價值，75.6% 男性認為「人生一定要結婚才美滿」，遠高出女性的答案45.1%，而有近半數女性（48%）認為「單身生活比較自由，不結婚也無所謂」。

　　這樣的態度是否反應在現實生活情形呢？根據行政院主計處102 年的調查，25~29 歲的女性將近八成未婚，較2006 年時上升了14 個百分點，而30~34 歲的女性未婚率也高達四成。男女在婚姻觀念上的分歧，或許是造成台灣生育率屢創新低的原因之一。

（一）選擇伴侶

　　終身伴侶的選擇是一種漸進的過程，Adams（1986）將進入婚姻前分為四個階段：（表8-3）

表 8-3　進入婚姻前的四個階段

第一階段	機會、外在的吸引與被欣賞的行為
第二階段	正向的自我揭露、典範、性方面的吸引、價值觀與相似處
第三階段	同理心與角色間的互相接納
第四階段	契合的關係與增溫的承諾，進而走入婚姻

資料來源：Adams (1986)

在第一階段，機會是決定人選擇伴侶的重要因素，通常這個機會是受到個人文化、家庭及社會階級價值觀的影響（Schuster & Ashburn, 1992）；第二階段，進入較親密的發現階段；第三階段，著重自我揭露，屬較深層的揭露歷程，通常會經歷角色間的相互接納與同理心的歷程；第四階段，此時認定選擇的正確性，並採取行動表示彼此的承諾。

對台灣女性而言，婚姻為什麼不再是一個必要的選項？根據行政院主計處公布，2018 年女性勞動參與率歷年持續上升，已達50.98%，同年統計資料顯示，職業婦女下班後平均料理家務的時間長達4.3 小時，大致是一半用於做家事、一半用於照顧孩子（行政院主計總處，2018）。

可以觀察到，女性教育水平提升，投入職場的比率增加，但在婚姻裡面被期許擔負的照顧責任並沒有因此減少，根據2015 年5 月份《未來Family》和遠見民調合作的調查顯示，超過一半（55%）有子女的家庭認為，家裡大大小小的事情主要是由女性（太太）來做，另外只有17.5% 由男性（先生）負責。

在傳統「男主外、女主內」的觀念下，並未因婦女也去上班而改變太多的情況，女性在婚後時常得在工作與家庭的衝突之間左右為難，甚至吃力不討好，對已習慣獨立生活的女性來說，這樣逐漸喪失控制感的人生也足以讓人對婚姻感到卻步。

根據行政院主計處102 年的調查，25 至49 歲未婚女性提升其結婚意願因素主要以「能有穩定的工作及收入」為主（39.97%），「丈夫及其家人願分擔家務並對生育計畫有共識」居次（14.26%），顯見能夠兼顧家庭照

顧及自我實現目標，爲女性選擇進入婚姻時的重要參考因素，在家庭經營的角色分工方面，女性也期待家庭成員能有更公平的理解（未來 Family，2015）。

（二）轉換爲父母的角色

爲人父母需要面對許多改變與挑戰，還要面對各種因角色改變所產生的適應問題及生活壓力，像是照顧嬰兒、安撫哭泣的嬰兒等都是壓力的來源，尤其是生產後或對年齡較大且有職業的母親而言更顯艱鉅，特別是在嬰兒個性較難照顧時，所承受的壓力更是超大（Kalmuss, Davidson, & Cushman, 1992）。Curran（1985）針對已婚夫妻和單親進行調查，發現十種主要的壓力源，依大小排列如下：

1. 經濟壓力。
2. 小孩行爲、管教與手足爭吵。
3. 夫妻相處時間不足。
4. 家事分工不均。
5. 子女溝通議題。
6. 時間管理議題。
7. 對自己不能做更多感到罪惡。
8. 夫妻關係。
9. 家人相處時間議題。
10. 過度預先排定的家庭行程。

台灣自 2003 年起成爲超低生育率國家，2014 年生育率爲全球第二低，危及國家長遠發展。針對此一少子化危機引發的現象，學者分析，政府催生，缺乏總體戰略，零散措施對養育小孩可說是杯水車薪。

根據「明日城市——少子化危機」民調顯示，受訪民眾 45% 沒小孩，沒小孩且不想生約 16%；雖然政府鼓勵生育，但高達 87% 受訪者不會因現行生育補助而生小孩，超過 8 成不會因托育補助而生育。同時，有 6 成受訪者不知政府提供的托育補助內容，有 4 成 8 不知生育補助內容。另

外，已有小孩者近6成表示公立托兒所數量不夠（中時電子報，2015）。

調查顯示，有1成6的受訪者不想生小孩；至於不想生的原因，其中，6成2表示怕養不起，1成6指社會風氣不佳，近1成不想結婚。針對養育負擔方面，調查顯示，3成9受訪者認為家庭月收入6-10萬元才能安心養一個小孩，有2成5表示10-15萬元，有2成4認為3-6萬元。關於小孩養育，在可複選情況下，已有小孩的受訪者最擔心的問題依序為：小孩未來（4成3）、教育環境不佳（3成6）、照顧負擔重（2成8）、治安不好（1成2）。不過，沒有小孩但想生小孩者，最擔心教育環境不佳（4成），其次就是照顧負擔重（3成9）（中時電子報，2015）。

台大社工系教授林萬億分析，照顧小孩負擔確實重，25-29歲年輕人平均薪資僅3萬出頭，保母費加房租就要占雙薪家庭收入的一半，單薪家庭收入的全部；年輕人會把自己低薪的狀況投射在小孩身上，生育意願就會受到影響。此外，政府缺乏因應少子化的總體戰略，只有零散的促進生育措施且強度不足；相對於養育小孩的經濟負擔，補助只是杯水車薪，因此知道的人不多，覺得有幫助的人也不多（中時電子報，2015）。

台大社會系教授薛承泰認為，除經濟因素外，受全球化影響，年輕人面對更多、更強的競爭，加上台灣內部分歧、走向不明，年輕人無所適從，也影響生育意願。林萬億亦指出，少子化問題已10多年了，政府以沒錢為由不願投入足夠資源，但任由人口結構老化將嚴重衝擊勞動力及經濟成長，現在省錢，以後花得更多，我們太短視了（中時電子報，2015）。

（三）自願無子

現今社會處於少子化的世代，有越來越多的夫妻選擇不生小孩，因此也被稱為頂客族（英語：DINKY），是一個1950年代起源於歐美、在1980年代傳入亞洲的生活型態名詞，由英文DINK音譯而來，亦翻為頂客族。原DINK是「Double Income No Kids」的簡寫，也就是代表了「雙薪水、無子女」的家庭。

常見於發達國家或地區；夫妻雙方身體健康而自願不生育，且雙方的

文化程度較高。所謂雙薪並非指兩份相當高的薪水，有時也指兩份微薄的薪水。頂客家庭的關鍵在於夫妻同心，都能接受終身無子女的生活。頂客族在今日已經是許多不同領域學者研究的方向，過去僅在行銷或人口觀察上流行，但今日在健康醫療方面也逐漸探討了頂客族的健康問題，並大多集中在女性身上，例如在20幾歲是頂客族的家庭，到了30幾歲忽然間很想要孩子，高齡產婦的比例增高。

然而，有研究指出，頂客族在婚姻滿意度上遠高於有小孩的夫妻（Kurdek,1999）。此外，無論是中年或年輕無子的夫妻，都比同年有育兒的夫妻來得更滿意他們的生活（Allen, Blieszner, & Roberto, 2000a）。

家庭具有生產、生育、教育、宗教與社教化等功能，生育不再是家庭最重要的功能，這的確是一種進步，不同背景，不同經歷的人可以根據自己的理解、價值觀念和理想憧憬來選擇自己的家庭結構。不過孕育兒女有時可以使夫妻雙方心理更加健康，在孕育生命的過程中可以體會更深刻的人生哲理，從養育子女的辛苦中理解父母的恩情。另外，不少醫生發現，近年來超過35歲的高齡產婦越來越多，其中不乏年輕時立志不生育，到了中年隨著夫妻情感變化而反悔的人（維基百科，2018）。

然而，養育子女所需要的時間和心力，並非人人都有能力負擔。現今社會轉變快速，競爭激烈，兒童和青少年承受的心理壓力也比從前大。某些地區的教育政策又經常改變，前景不明朗，令人不敢生育。有些人本身因為生活壓力而精神緊張，甚至有情緒問題，生育不但增加他們的心理壓力，還可能對下一代的身心發展有不良影響。而且，由於現代婚姻的不穩定性越來越明顯，離婚之後的家庭對於孩子的傷害是很大的，很多破碎家庭的孩子往往容易內心受挫、抑鬱內向、對婚姻產生強烈恐懼等等。

（四）不孕症

不孕症（infertility）是指夫妻在一年內有規律且無避孕的情形下仍無法受孕時稱為不孕。根據統計資料顯示，美國有10-20%的夫妻為不孕者（Medline, 2008），而台灣不孕症比例約為10至15%，相當於每7對夫

妻即有1對不孕（衛生福利部國民健康署，2018）；現代性行為開放，使性病傳染的機會提高，導致輸卵管的損傷與人工流產的濫用，及晚婚或生育年齡延後等現象下，使得不孕有上升的趨勢，而35歲的女性其懷孕的機會大約為25歲女性的一半，到了40歲只剩25歲的三分之一。另外，男性不孕者占不孕個案的40%，女性亦是相同的比重，剩下的20%則屬原因不明，因此，造成有些夫妻錯失了生育時期，及無法如願受孕的情形（Ashford, 2012）。

（五）流產

　　流產包括人工流產（墮胎）和自然流產。懷孕期在滿28週之前就終止通稱為流產，俗稱「小產」。流產的嬰胎無法自活。在醫學上，人類流產的定義是在胎兒發育至能夠存活前因任何方式而終止妊娠。胎兒發育自能夠存活的時間約是懷孕母體最後前一個月月經來的第一天算起28週。

　　自然流產在懷孕前三個月很常見，有時候母親自己都不知道懷了孕，所以有時流產只包括第4到6個月內失去嬰胎。到了28週，嬰兒可以活命，至妊娠足月（37週）前胎兒離開母體，則稱為早產（Ashford, 2012）。自然流產對母親身體影響很大。流產時可能會大量失血，對心靈打擊沉重，尤其是覺得自己太不小心以致流產的人。人工流產包括藥物和手術刮宮兩種（Ashford, 2012）。對許多夫妻而言，流產代表他們失去孩子，因為在懷孕之初，許多父母已準備好要迎接家庭的新成員，而母親甚至會開始想像孩子的模樣，所以流產可說是痛苦的經驗。

　　通常一般夫妻在得知流產後，至少會有一次較嚴重的爭執（Dubios, 2006），男女悲傷過程有其差異性，一般身為父親的角色，感到極度悲傷的時間不會超過一個月，而母親的角色則可長達一年（Hughes & Page-Lisberman, 1989）。因此，母親角色會覺得她的伴侶不在乎失去這胎兒；而父親的角色認為與其沈溺於悲傷情緒中，不如重新面對新的生活（DuBios, 2006）。然而，夫妻都應該體認，他們所失去的不止是一個生命，還有圍繞著這個生命的所有盼望，且夫妻必須要撥出時間和機會來表

達及接受彼此的感受。有過流產經驗的夫妻最好能在下次懷孕前適當處理這段悲傷的事件，而不是以下次懷孕來取代已逝的生命，進而影響與下一個胎兒的情感連結。

三、同性戀關係

美國的國家健康與社會生活調查（the National Health and Social Life Survey）發現，有2.8%的男性與1.4%的女性認為自己是同性戀或是雙性戀者（Black, Gates, & Sanders, 2000）。但是，許多專家都認為此數據被低估，在男女團體裡同性戀大約各占10%，而同性戀如何被個人定義也會影響估計值的準確度。

（一）同性戀現況

台灣到底有多少同性戀者？在台灣方面，目前雖沒有確切的數據，但如依據反同性戀者所引用的資料顯示，台灣同性戀的人數比例是1%，而由同性戀活躍分子援引的資料觀之，則達10%之多（同性戀，2010）。惟根據2012年「台灣社會變遷調查」資料顯示，在受訪的2,072份有效樣本中，約有4.4%的受訪者屬於同性戀者，而自認為異性戀者則高達94%（同性戀與學術調查，2013）。根據非正式的估算，法國大約有5%的人口（300萬）為同性戀者；美國有3.8%的人口（900萬）為同性戀或雙性戀者；而英國則約有6.2%的人口不是純異性戀者。

Kinsey認為同性戀及異性戀是一個整體。圖8-2表示Kinsey的性取向的原始想法，分為七種程度。

圖 8-2　異性戀與同性戀之間的連續性變化

　　同性戀伴侶確實會遭遇到一些問題，如婚姻的法律有效性。合法婚姻是一種非宗教性的契約，攸關支持、鼓勵及保護親密的一種關係，而法條提及的都是一夫一妻制的每個層面，如配偶權益、探視權、醫療決權、生存權、孩子的監護權、移民及喪禮等。然而，有許多州是禁止同性戀婚姻合法化的。

　　但荷蘭是全世界最早（2001年4月）同性婚姻合法化的國家，超過90%的人不認爲同性戀是不道德的行爲。隨著社會經濟水準的提升、個人主義的興起、以及傳統婚姻制度的弱化，要求同性婚姻合法化的訴求在全球各地陸續出現，目前已有十六國家立法通過同性婚姻，美國亦已於2013年6月裁定施行長達十六年的《婚姻保護法》（Defense of Marriage Act）違憲。亦即，爾後美國同性婚姻應該與異性婚姻享有同樣的法定權益（Ray, 2008）。

　　台灣同性婚姻法制化的討論和運動，大約在公元2000年左右展開。到目前爲止，中華民國政府尚未承認同性婚姻的法律地位，儘管如此，自2015年起，六個直轄市及新竹縣、彰化縣和嘉義市的地方政府已陸續開放受理「同性伴侶」的戶政註記，其中台南市率先將註記載於戶口名簿的記事欄。相關的戶政註記可用於在簽署手術同意書時證明同性伴侶身分，但仍未能保障婚姻關係所享有的全部權利。有鑑於台灣「多元成家」草案未來發展趨勢，台灣伴侶權益推動聯盟於2012年07月推出包括「婚姻平權（含同性婚姻）草案」、「伴侶制度草案」及「家屬制度草案」三套草案，「婚姻平權」部分已一讀通過，而伴侶制度、家屬制度還未提案。2017年5月24日，司法院公布釋字第748號解釋文，宣布現行《民法》未保障同性婚姻自由及平等權已屬違憲，要求行政和立法機關兩年內完成相關法律之修正或制定，以保障同性婚姻的權利，成爲亞洲首例（維基百科，2018）。

　　法務部委託民調公司發布「保障同性伴侶權益方式」之民調。該調查將保障方式拆爲多種選擇方式提問，支持「同性伴侶可以合法結婚」爲

35.3%，支持「同性伴侶可以登記取得類似配偶的身分，但享有的權利與配偶不同」為21.0%。支持維持現狀，不必特別保障為31.7%。不知道或沒意見為11.8%。該份調查顯示，支持同性伴侶權益的地區以台北市最為踴躍，教育程度愈高、年齡層愈低、無宗教信仰者，愈傾向支持同性伴侶權益（法務部法律事務司，2015）。

　　不論是美國或是台灣，兩國民眾對同性戀的接受程度，皆明顯不如瑞典、荷蘭等北歐與西歐諸國，因此可知，台灣與美國欲達同性婚姻合法化之目標，未來尚有極大的努力空間（柯瓊芳，2013）。

　　就國家層次而言，同性戀的接收度與社會經濟發展程度有關，社會經濟發展程度愈高的社會，對於異於己群之「他者」的容忍度較高，對同性戀的接受度也會較高。而就個人層次而言，台灣、美國、與法國的資料顯示，同性戀的接受度與社會群眾對於「他者」的接受度有關；一般說來，教育程度愈高、所得較豐、沒有宗教信仰與政治立場偏左者，有較高的社會容忍度，進而有較高的接受度。

（二）同性戀恐懼症

　　同性戀恐懼症，或「恐同症」（英文 homophobia 和 homophobic）是指對同性戀行為以及同性戀者的非理智性的恐懼和憎恨等負向態度。這個名詞來自於心理學，是一種對同性戀的恐懼但不是一種精神病的術語。與一般其他恐懼症有所不同，雖然美國精神聯合會和美國心理聯合會仍然對這個現象進行研究，但是臨床上的同性戀恐懼症是不存在的。

　　新的精神學研究把對同性戀的深層仇恨與壓制同性戀的心理狀態相聯繫。對同性戀的恐懼在很多國家有法律上的定義，例如在有爭議的同性戀恐慌防衛（gay panic defense）、精神錯亂防衛（insanity defense）或在仇視罪行立法中。

　　對同性戀者的厭惡態度存在於社會層面的各行業中，即使是醫生、律師、社工師等專業人士，若有同志身分也會採取保密的防護。但有研究發現，即使是社會工作者，也有部分的人會對同性戀者抱持負面態

度（Wisniewski & Toomey, 1987）。不過近年來這種現象似乎有所改善（Friedman & Downey, 1994），但仍有為數不少的人表示不願與同性戀者成為同事（Herek, 1991）。

四、社區與支持系統

（一）職業生涯

當年輕人開始進入職場時，可能同時也成家。因此，在此階段對於工作、家庭與休閒間的平衡就顯得格外重要，職業可說是個人自我認同很重要的一部分。Levinson（1978）提出，對職業的認同，是人們進入職場首需考量的起點，再來才是職場定位的議題。

然而，讓人能成功適應職場的條件有下列幾點：專業技術的運用、權威關係的發展、對特殊需求與危險的適應、以及同事共處的技巧（Newman & Newman, 2002）。因為每個人對成年前期的適應不同，取決於對工作的態度是為求一份溫飽還是當作一份事業經營。

（二）性別角色

成年前期女性通常會面臨兩個非常重要的角色期待（Weiten & Lloyd, 2005），就是婚姻與為人母的角色任務。Tavris 與 Wade（1984）指出，家庭主婦比職業婦女有較大的心理調適問題，此症狀會令患者較憂鬱、沮喪與負面的自我批判，又稱「家庭主婦症候群」。Carol Tavris（1992）審視以男性為主體的觀點，指出性別區分標準的批判，及論述性別議題時，需擺脫舊有的框架（我們或她們的角度），以「人類」的觀點來進行探討。

（三）家庭與身心障礙兒童

有身心障礙兒童的家庭，代表著原家庭計畫需要重新修正與財務上的負擔壓力。母親的角色通常是家中感受巨大壓力及體力耗損最大的人，除

了這些外，這些母親往往處於孤立及承受相當的精神壓力（Pahl & Quine, 1987）。然而，大部分的壓力來自於無法再維繫或擴展其他社會支持網絡，及面臨家族或親友關切的言論，而丈夫的情緒支持就成為是否能成功應對這些壓力的關鍵要素。

由於生活壓力大於一般家庭，是否容易走上離婚一途，有研究指出（Thomas, 1987），有身障兒童的家庭，反而會因此而使夫妻產生更緊密的關係及更多的自我成長。而會離婚通常不是因為這個孩子，而是兩人本來就存在的問題（Simons, 1987）。

（四）離婚

過去離婚率不斷攀升，直至1980年代中期才開始出現下滑的情形，這種下降的情況可能是因為晚婚趨勢所致（Heaton, 2002）。整體而言，多數的婚姻皆因離婚而宣告終止。在中年階段離婚是很常見的情況，通常在此時家庭的發展歷程上都有青春期的孩子，及伴隨對婚姻較低滿意度的情形，不論離婚的原因為何，都會對彼此雙方形成情感上的傷害，因為離婚會讓原有的生活型態產生巨大的變化。

Gottman（1994）發現，造成離婚的因素並非是雙方缺乏一致性，而是面對問題化解的方式不同，及整體情感互動的品質；且夫妻間正負向互動的平衡也是影響婚姻滿意度的關鍵。而擁有理想婚姻關係的夫妻並不在乎是否符合理想，而是在於能維持適當的正負向互動關係（Gottman & Declaire, 2007）。

離婚首需面對的調適是重新定義自己轉變為單身的狀態，並重新找到與前段婚姻關係人相處的方法，尤其是有孩子需要照顧的狀態下，以及可能會面臨的孤單與寂寞和重新看待此新關係所產生的不確定性。再者是爭取孩子的監護權時產生的經濟壓力（Amato, 2000）。

許多研究發現，離婚、憂鬱與焦慮以及吸食毒品有相關性（Amato, 2000）。而離婚的男女有較高罹患精神上的疾病，且有性別差異的不同，如男性因為離婚而失去非正式的情感支持，而女性則失去經濟的支援

（Grestle, Reissman, & Rosenfield, 1985; Snick, 1993）。另外有一則研究發現，處於分居狀態下的雙方關係，通常都有較大的壓力及較差的健康狀態（Kiecolt-Glaser & Glaser, 1988）。此外還有研究顯示，較差的婚姻關係，女性比較容易罹患憂鬱與焦慮症（Lorenz et al., 1997）。對雙方而言，離開令人不愉快的婚姻關係，一樣會造成負面的影響，離婚經驗所產生的危機可持續長達一年以上；對家庭而言，也許需要花上二年以上的時間來平復因離婚帶來的創傷（Booth & Amato, 1991; Lorenz et al., 1997）。

現今社會對離婚所產生的負向觀感已有所轉變，不再像過去50年前那樣保守，而這些轉變的因素來自於，婦女不再依賴男性，離婚已變成是一種生活選擇權的行使，且家庭型態的改變也使得離婚變得較容易，再加上簡易的離婚程序和雙方主動尋找自我實現，不再願意成為犧牲者（Yankelovich, 1981）等趨勢的多元因素下，進而使離婚的數值居高不下。

離婚不只是一種家庭和社會危機（家暴、兒虐及藥物濫用等）而已，它所帶來的影響包含產生貧困的孩童、貧困的女性單親家庭，而這些都是近來不斷興起的論述議題。

（五）性騷擾

性騷擾（sexual harassment）指以帶性暗示的言語或動作，針對被騷擾對象強迫受害者配合，引起對方的不悅感。被騷擾對象不限於性別，如開黃腔、身體接觸、強迫發生性關係或性的暴力攻擊等情形。通常是加害者肢體碰觸受害者性別特徵部位，妨礙受害者行為自由並引發受害者抗拒反應，若有前述行為意圖而尚未行動或騷擾未遂也是性騷擾。根據估計，美國大約有50-60% 女性曾在職場有過被性騷擾的經驗（Berdahl, 2007）。而台灣女性遭受性騷擾占4.4%，高於男性之0.4%，且遭受性騷擾之加害者，通常以「同事」或「客戶」較高，分別占2.1%、1.7%，其次為「上司」占1.1%，女性有提出性騷擾申訴占1.1%，申訴後大部分都有獲得改善；而未提出申訴占3.3%，主要原因為「當開玩笑，不予理會」占1.8%（勞動部，2018）。

　　定義性騷擾時，通常分為兩類：一為性的交換，另一為職場上的騷擾。所謂性交換，指在雙方社經不平等的狀態下，促使較低位階者進行一種非自願的性行為，亦即以性作為籌碼來進行各種交換，例如，一份工作、升遷或較高的績效表現等；所謂職場上的騷擾則是指一個有敵意的工作場域，而這種不友善的感受是由有權力的人，透過一些與發生性關係為由的行為，包括與性有關會令人產生不愉快感受的言行舉止（挑逗、對他人身體的評論、冒犯他人隱私的話語、以及對性經驗的談論等）都算是性騷擾的行為。基本上，性騷擾是指一個有權勢的人對他人的一種濫權行徑。

1. 對受害人的常見影響

　　部分嚴重的性騷擾會對受害人構成心理影響，影響人際關係，嚴重的會患上憂鬱症等精神疾病。對受害人的報復和迫害司空見慣，特別是針對敢於說實話的人。受害人如果發言指責性騷擾，常常會被貼上招惹是非的標籤，或是被控譁眾取寵。類似的案例如強姦或性侵犯中，受害人常常成為被指責對象，她們的外貌、私生活、性格都受到干擾和攻擊。他們承受著來自同事、領導、導師、同學甚至是朋友的敵意和孤立。他們成為群毆和關係攻擊的對象。

　　受到性騷擾後，受害人常常會因消極行為而受到報復和迫害。例如，申訴者會被給予差評，所經營的項目會遭受破壞，工作或學習機會被拒絕，工作時間被竄改，以及其他影響生產力的事情，或是在申訴後失去職場或校園晉升的機會，導致失業、被迫辭職或是乾脆被開除。報復行動可能包括進一步的性騷擾，包括對受害人的圍追堵截或人肉搜索等。不但如此，學校教授或僱主被指責性騷擾時，或是成為性騷擾的幫凶時，可能會將受害人永遠開除，或是惡意阻止受害人進入其他學校（Williams, 2006）。

（六）強暴與性侵害

　　人的一生中遭受性侵害的比率非常高，根據估計，大約每7位女性，

就有1位是受害者（Kilpatrick & Ruggiero, 2004），在美國，約有半數的婦女在一生中會遭遇被強暴或是強暴未遂的事件（Matsakis, 2003），而被害者通常都很年輕，其中被陌生人強暴只占兩成，而又有一份報告指出（Mohlerkuo, Dowdall, Koss, & Wechsler, 2004），一年中7位女性學生中，就有1位被強暴，而這些女性學生中有超過七成的人是在酒醉不清楚的狀態下遭受強暴的對待。在台灣，根據衛生福利部統計資料顯示，民國86年至105年度性侵害通報案件受暴人數累計達13萬1,134人，其中女性高達9成，女性被害者人數爲男性的10.52倍。而衛福部表示，男性被害人數雖僅占1成，不過男性受害人數從86年的19人逐年增加到105年的1,159人，20年來增加60倍，顯見性侵害案件不僅限於女性（衛福部，2018）。

強暴事件所產生的恐懼感會對女性生活品質造成很大的影響，如生活中的言行舉止、夜間不敢單獨外出。雖然女性在強暴案件中占大多數，而男性被其他男性強暴也會留下很長久的傷害，特別是訝異成爲主要受害者時。然而，較常被談論的強暴案件多屬異性戀者爲主，但是同性戀也無法避免遭此迫害。

強暴的類型分爲：熟識者強暴（acquaintance rape）與約會強暴（date rape）兩類（Weiten & Lloyd, 2007）。所謂熟識者強暴，指女性遭熟識的人強暴；約會強暴是女性遭到正在交往的對象強暴。約會強暴與引誘不同，後者指女性在對方的勸說下「同意」與其發生性關係；約會強暴則是「未經同意」的狀態下被脅迫與其進行性行爲。通常男女都會忽略約會強暴存在的事實。從被害人與加害人兩造關係來看，根據統計資料顯示，陌生人性侵比率從25.81%下降至4.36%，熟識者性侵比率則從12.98%上升至75.65%（衛福部，2018）。在一項研究發現（Koss, Gidycz, & Wisniewski, 1987），所有的男性都不認爲在約會過程中，不管是否屬強迫性與對方發生性關係都是一種強暴行爲；對所有符合法律上所定義的受害婦女，只有27%認爲自己是被約會對象所強暴，因此這類型的案件又稱爲「隱藏性的犯罪行爲」（hidden crime），爲何受害者會如此認定此行徑，主要的關鍵

因素來自社會文化對女性所建構的迷思，認爲強暴是一種來自陌生人的犯行，而此迷思因此助長了男性拒絕對此行爲負責的結果，並且誤導女性對加害者男性的犯罪意圖。

（七）家庭暴力

家庭暴力（domestic violence）簡稱家暴，是指家庭成員間實施身體或精神上的傷害行爲，家庭暴力的侵害行爲包括了實際攻擊、傷害、虐待等直接實施暴力或在精神上威脅家庭成員。其涉及的成員可以指：配偶、前配偶、雙親、子女和繼親帶來的孩子、有血緣關係的家人、同居伴侶、殘疾者與照顧者、情侶關係。家庭暴力一般以暴力行爲爲主導，但也有經濟的虐待、身體的虐待、社會性的虐待、性的虐待等種類的家庭暴力廣泛存在於家庭中。依衛生福利部統計，105 年家庭暴力被害人數 9.5 萬人，其中女性被害人數 6.7 萬人，占總被害人比率 70.3%。依通報案件類型觀察，105 年各類型被害人以婚姻關係暴力 5.1 萬人占 53.5% 爲大宗，其中逾 8 成爲女性；其次爲兒少保護 1.4 萬人（占 14.3%），被害男童占 54.5%，高於女童；老人虐待被害人 0.6 萬人（占 5.9%），6 成爲女性（行政院主計總處，2018）。

產生婚暴的因素很多，如暴力代間傳遞、貧窮的影響、社會壓力、社會排徐、嚴重人格失常及精神疾病等，都與婚姻暴力有關。當家庭裡存在許多危險因素時，通常都會因爲多重問題而影響到家庭福祉，而這種家庭暴力行爲也被發現在一般所謂健康夫妻身上。我們除了提供庇護給受害者外，也應該嘗試著協助這些施暴者改變機制的建構。此外，也開始有越來越多關注於目睹兒童的處理與協助（Graham-Bermann & Edleson, 2001）。

（八）藥物濫用

物質濫用（substance abuse），也被稱爲藥物濫用（drug abuse），是一種精神疾病術語，意指某個人過量使用特定物質（某種藥物），或經由可能會傷害自己或是其他人的方式來使用。這是物質使用疾患的一種，當情

況嚴重到某個人對這種藥物產生心理或生理上的依賴，產生耐受性與戒斷症狀等，則稱為物質依賴（維基百科，2018）。

「藥物濫用」這個術語不排除依賴性，但是另外一方面與非醫療情況用法相似。此術語有非常廣泛的定義，與服用非治療或非醫療的精神藥物或者興奮劑有關。幾乎所有的定義都暗示問題用藥的消極面（與另外一種負責用藥的見解相比）。其中一些藥物通常與下列物品有關，包括酒精、安非他命、巴比妥類藥物、苯二酚、古柯鹼、安眠藥、菸草和類阿片。使用這些藥物除了可能會造成身體、社會和心理上的傷害，也可能會導致被刑事處罰。其他對藥物定義則落在主要的四個範疇裡：公共衛生定義、大眾傳媒和地方使用、醫療定義和政治與刑事司法定義。在全世界，聯合國預測有超過5000萬人經常吸食海洛因、古柯鹼和合成藥物（楊士隆、李思賢，2013）。

（九）性病

性感染疾病（sexually transmitted infections, STI），又稱性病或花柳病，描述因性行為而傳播的疾病。大多數的性感染疾病一開始沒有症狀，造成不知情的帶原者有極大的風險會傳染給他人。性病的症狀包含：陰道分泌物、陰莖分泌物、性器官或其週邊潰瘍、以及骨盆疼痛。出生時或出生前感染性病將對胎兒造成不良影響。有的性感染病甚至導致影響生育能力的問題（WHO, 2015）。

超過30種以上不同的細菌、病毒和寄生物可能造成性感染病。細菌性的性感染病，包括披衣菌感染、淋病和梅毒。病毒性性感染病包括性器皰疹、後天性免疫不全症候群／愛滋病。寄生病原性性感染病有陰道滴蟲炎等。儘管一般是經由性行為而散布感染，但是非性接觸、例如污染的血液和組織、哺育母乳或是分娩等，也可能引起一部分性感染病（WHO, 2015）。

預防性病最有效方式為避免性行為（CDC, 2013）。某些疫苗或許可以降低一定感染風險，包括B型肝炎和某些型態的HPV。使用保險套、

擁有較少的性伴侶或固定性伴侶等較安全的性行為，同樣可以減輕感染危險。男性切除包皮對於預防某些感染可能是有效的。大部分的性感染病是可以治療或治癒。一般感染，例如淋病、梅毒、披衣菌、陰道滴蟲炎是可以治癒，而皰疹、B型肝炎、後天性免疫不全／愛滋病雖然無法治癒，則是可以加以治療。某些治療特定感染病的抗生素，如淋病抗體，正在研發中（CDC, 2010）。

　　整體而言，女性得到性病的機率高於男性，無論是哪一種性病，透過男性傳染給女性的機率約二倍左右，包括愛滋病，而女性傳染給男性的機率則是一半（CDC, 2014）。性病的罹病率一直不斷上升，每年新增的罹病人數已超過1,800萬人，根據估計，在美國約有1/4的人於生活中，就有機會可以接觸到性病患者（CDC, 2014），台灣方面，2016年每10萬人口發生率，男性梅毒60.6，淋病35.4，2013年後明顯上升，在淋病方面，女性平均增幅較男性高，梅毒方面，70歲以上的男女都有偏高的趨勢（衛福部疾管署，2018）。近來人們將關注的焦點集中在人類乳突病毒上（HPV），因為它的傳播途徑非常廣泛，美國疾病控制與預防中心（CDC）的報告指出，50歲左右的男性，有50%的人會因為性行為而感染HPV，且當中至少有八成的女性是因性行為而被感染，因為它早期的病狀通常並不明顯，所以性伴侶通常在並非故意的情形之下傳染給對方。

　　過去20年中，女性罹患愛滋病的人數有大幅度增加的情形，患病人口比從7%增加至19%，因此，針對女性的預防性工作有不可或缺的重要性（Hader, Smith, Moore & Holmberg, 2001），因此除了市用的男性保險套之外，女用保險套也能成為保護女性避免因愛滋傳染或避孕等有效利器（Hoffman, Mantell, Exner, & Stein, 2004）。

　　愛滋病已不再是無法治療的疾病，在20年前已開始使用高效抗逆轉錄病毒治療法（HAART，雞尾酒療法），成為治療的首選。這種療法可以阻止病毒快速發展病程，使其從原本無法治療的疾病變成一種慢性病。然而，愛滋患者服藥的遵從性卻是一件困難且常被忽視的事情，導致病毒迅速蔓延並產生抗藥性，最近研究都著重於訂定新的介入措施，以提升病患

的遵從性（medication adherence）。

　　在一項針對服藥的遵從性研究中發現，當病患是藥物成癮者或是出現憂鬱情緒時，較不會遵從醫囑服藥（Crawford, 2003）。在這種狀態下，導致研究者建議患者在接受 HAART 之前，必須先接受藥物成癮或是憂鬱症的治療，同時，若要求藥物成癮者事先接受專業人員的支持輔導者，可得到更好的效果。

＊性感染疾病主要類型（維基百科，2018）

1. 披衣菌感染：爲由砂眼披衣菌引起的性傳染疾病，女性可能有陰道分泌物異常、排尿灼熱感、異常陰道出血等症狀，甚至無症狀。男性則可能有排尿疼痛、異常尿道分泌物等症狀。若未接受任何治療，披衣菌會引發泌尿道感染，進而可能造成骨盆腔發炎。骨盆腔發炎會造成懷孕期間嚴重併發症、導致不孕、或子宮外孕。然而，披衣菌感染可藉由抗生素治癒。

2. 皰疹：最常見的病原體爲單純性皰疹病毒（HSV）。第一型單純性皰疹病毒經由口腔傳染，多半會造成唇皰疹，第二型單純性皰疹病毒一般是透過性接觸傳染，會影響性器官，不過也有第一型皰疹影響性器官，或是第二型皰疹影響唇部的情形。有些人得到皰疹後，其症狀非常溫和，甚至沒有症狀。若有症狀的人，暴露皰疹病毒 2 至 20 天後會有明顯症狀表現，且症狀會持續二週至四週。症狀包括小而有液體的水泡、頭痛、背痛、生殖器或肛門部位瘙癢或刺痛、排尿時疼痛、類似流感症狀、淋巴結腫大、發燒等。皰疹是藉由和患者的皮膚接觸所造成，病毒從何處進入體內，就會在那個部分造成感染，包括接吻、陰道性行爲、口交及肛交。當皰疹有可見症狀時，其感染力最強，不過沒有症狀的患者仍然會透過皮膚接觸而傳染疾病。初次受到感染時，因身體沒有抗體，症狀最爲嚴重，之後其他部分的感染可能症狀會比較輕微，甚至不會有後續的感染。皰疹無法治癒，但有抗病毒的療法，只處理其症狀以及降低感染力。

3. 人類乳突病毒（HPV）：是美國最常見的性傳染疾病。人類乳突病毒超過 40 種，其中大部分都不會致病。90% 的情形下，人體的免疫系統可以在二年內清除人類乳突病毒。有些情形下，人體無法清除人類乳突病毒會出現生殖器疣。有時會到病情較後期才有相關症狀。因此，婦女的子宮頸抹片檢查就顯得非常重要，可以檢查和治療癌症。有二種針對女性人類乳突病毒的疫苗，分別是保蓓及嘉喜，可以預防人類乳突病毒的感染。人類乳突病毒可以透過性器官之間的性接觸感染，也會透過口交感染。需注意到受感染者也可能不會有任何症狀。

4. 淋病：是由淋病雙球菌傳播的，淋病雙球菌生活在尿道、陰道、直腸、口腔、喉嚨及眼睛等潮濕的黏膜組織中。淋病可以藉由和陰莖、陰道、口腔及肛門的接觸而感染。一般在接觸到患有淋病的性伴侶後，2 至 5 天就會有淋病的症狀，不過也有些人沒有症狀長達一個月之久。男性的症狀包括排尿時的燒灼感及疼痛，頻尿，陰莖有白色、綠色或黃色的異常分泌物，尿道口紅腫，睪丸腫脹，以及喉嚨痛。女性的症狀有陰道異常分泌物，排尿時的燒灼感及瘙癢，性交時疼痛，若是感染擴散到輸卵管，會有腹部劇痛及發燒，不過也有許多女性沒有任何症狀。有一些淋病的菌種已有抗藥性，不過大多數的情形仍可以用抗生素進行治療。

5. 梅毒：是透過細菌感染的性感染疾病，若未接受治療會造成許多併發症，甚至會導致死亡。臨床症狀包括泌尿生殖道、口腔及直腸潰瘍，若未及時治療，症狀會進一步惡化。

6. 滴蟲性陰道炎：是一種常見的性傳染疾病，是由一種名爲毛滴蟲的寄生性原生蟲所傳染，除了造成女性滴蟲性陰道炎外，也會造成男性尿道的感染，不過比例上仍以女性感染爲主。大部分的患者可以用抗生素甲硝唑治療，相當有效。

7. 人類免疫缺陷病毒（HIV）：會破壞免疫系統，攻擊 CD4 白血球細胞，使免疫系統無法抵抗致病原。人類免疫缺陷病毒會藉由體液傳播，因此會經由性行爲而散播。HIV 也可能透過受感染的血液製品、

哺乳、生產，或是在懷孕時從母親傳染給胎兒。受感染者在症狀最顯著的時期，該症狀會稱為愛滋病（AIDS，免疫缺陷症候群）。不過受人類免疫缺陷病毒感染時，也有不同的階段，分為原發感染、無症狀感染（隱性感染）、有症狀感染（顯性感染）及愛滋病。原發感染時，患者會有類似頭痛、疲倦、發燒及肌肉酸痛等類似流感的症狀，症狀約持續二週。在無症狀感染期，沒有相關症狀，病患有可能在幾年的時間內都處於無症狀期。

當已進入有症狀感染時，人體的免疫系統已經減弱，而且 CD4+ 的 T 細胞計數會下降。當人類免疫缺陷病毒已造成生命威脅時，此時即稱為愛滋病。愛滋病的患者會因為免疫系統嚴重受損，很容易因為機會性感染而重病，甚至死亡。當 1980 年代剛開始發現愛滋病時，患者很少有機會存活到數年以上。目前仍沒有可以治癒 HIV 或愛滋病的藥物，不過現在已有新的抗反轉錄病毒藥物來治療愛滋病感染，藉由降低病毒的數量，病患存活時間可以加長，不過即使病患體內的病毒數量很低，仍然可能將病毒傳播給其他人。

問題與討論 🖉

1. 請說明成人前期男女在溝通上有何差異？
2. 請說明女性罹患憂鬱症比率較多的原因？
3. 請說明選擇終身伴侶的階段有哪些特徵？
4. 請說明同性戀恐懼症的意義與內涵？
5. 請說明離婚對個人的影響，以及需面對的調適？
6. 憂鬱症在成人前期的案例日增，請說明可能的影響因素？
7. 請說明性騷擾的定義，以及對受害人的常見影響？
8. 請說明性感染疾病主要類型與症狀？

參考書目

中時電子報（2015）。**少子化危機！政府補助鼓勵，逾 8 成仍不願生**。http://www.chinatimes.com/newspapers/20151012。

天下雜誌 440 期（2018）。**不生、不婚又怎麼樣？** https://www.cw.com.tw/article/article.action?id=5000687。

台灣精神醫學會（2018）。**思覺失調**。http://www.sop.org.tw/news/l_info.asp?/5.html。

未來 Family（2015）。**幸福感調查**。http://buzzorange.com/vidaorange/2015/10/23/want-to/。

未來 Family（2015）。**結婚，人生才圓滿？調查統計：台灣男性比女性更想婚**。http://buzzorange.com/vidaorange/2015/10/23/want-to/。

行政院主計總處（2018）。**國情統計通報**。https://www.stat.gov.tw/public/Data/7411162124W75Z7PW0.pdf。

行政院主計總處（2018）。**就業、失業統計**。https://www.stat.gov.tw/ct.asp?xItem=41112&ctNode=516&mp=4。

法務部法律事務司（2015）。**保障同性伴侶權益方式**。執行單位：山水民意研究股份有限公司。2015 年 12 月。

柯瓊芳（2013）。台灣與歐美國家同性戀的比較研究。**中央研究院歐美所**。取自 http://www.ea.sinica.edu.tw/Forum/homo.html。

勞動部（2018）。**106 年僱用管理及工作場所就業平等概況**。https://www.mol.gov.tw/announcement/2099/36406/。

楊士隆、李思賢（2013）。**藥物濫用、毒品與防治**。台北：五南文化。

董氏基金會（2016）。**女性憂鬱症**。http://www.jtf.org.tw/psyche/melancholia/woman.asp。

董氏基金會（2016）。**憂鬱症**。http://www.jtf.org.tw/psyche/melancholia/woman.asp。

維基百科（2018）。**性感染疾病**。https://zh.wikipedia.org/wiki/%E6%80%A7%E6%84%9F%E6%9F%93%E7%96%BE%E7%97%85。

維基百科（2018）。**頂客族**。https://zh.wikipedia.org/wiki/%E9%A0%82%E5。

維基百科（2018）。**臺灣同性婚姻**。https://zh.wikipedia.org/wiki/%E8%87%BA%E7%81%A3%E5%90%8C%E6%80%A7%E5%A9%9A%E5%A7%BB。

維基百科（2018）。**藥物濫用**。https://zh.wikipedia.org/wiki/。

衛生福利部統計處（2018）。**105 年國人十大死因統計**。https://www.mohw.gov.tw/cp-16-33598-1.html。

衛生福利部統計處（2018）。**性侵害事件通報案件統計**。https://dep.mohw.gov.tw/DOS/cp-2982-14066-113.html。

衛福部疾管署（2018）。**2005-2016 年臺灣梅毒及淋病疫情趨勢分析**。https://www.cdc.gov.tw/professional//info.aspx?treeid=075874dc882a5bfd&nowtreeid=EE0CAF865F08

35F1&tid=631BAE8594F24EE5。

Adams, B. N. (1986). *The family: A sociological interpretation* (4th ed.). San Diego: Harcourt Brace Jovanovich.

Allen, K., Blieszner, R., & Roberto, K. (2000). Families in the middle and later years: A review and critique of reseach in the 1990s. *Journal of Marriage and the Family*, 62(4), 911-927.

Apantaku, L. M. (2000). Breast cancer diagnosis and screening. *American Family Physician*, 62, 596-602.

Ashford, J. & LeCory, C. (2012). *Human behavior in the social environment*. NY: Cengane Learning.

Bartels, A. & Zeki, S. (2004). The neural correlates of maternal and romantic love. *NeuroImage*, 21, 1155-1166.

Brown, M. A. & Woods, N. F. (1986). Sex role orientation,sex typing, occupational traditionalism, and premenstrual symptoms. In V. L. Olesen & N. F. Woods (eds.), *Culture, society, and menstruation* (pp. 377-389). Washington, DC: Hemisphere.

Centers for Disease Control and Prevention (CDC). (2010). Update to CDC's sexually transmitted diseases treatment guidelines. 2010: oral cephalosporins no longer a recommended treatment for gonococcal infections. *MMWR. Morbidity and mortality weekly report*, 10 August 2012, 61 (31): 590-4. PMID 22874837.

Centers for Disease Control and Prevention (CDC). (2013). How You Can Prevent Sexually Transmitted Diseases. cdc.gov. November 5, 2013.

Centers for Disease Control and Prevention (CDC). (2014). Presents statistics and trends for sexually transmitted diseases (STDs) in the United States through 2014.

Curran, D. D. (1985). *Stress and the healthy family*. Minneapolis, MN: Winston Press.

Davis, K. L., Kahn, R. S., Ko, G., & Davidson, M. (1991). Dopamine in schizophrenia: A review and reconceptualization. *American Journal of Psychiatry*, 148, 1474-1486.

Fowers, B. J. & Olson, D. H. (1989). ENRICH Martial Inventory: A disceimimnant validity and cross-validstion assessment. *Journal of Marital and Family Therapy*, 15, 65-79.

Gilligan, G. (1993). *In a Different Voice: Psychological Theory and Women's Development*. Harvard University Press.

Gottman, J. M. & Declaire, J. (2007). *Ten lessons to transform your marriage: America's love lab experts share their strategies for strengthening your relationship*. New York: Three Rivers Press.

Gottman, J. M. (1994). Why marriages fail. *Family Therapy Networker*, 1994, May/June, 41-48.

Kluger, J. (2003). Medicating young minds. *Time*, November 3, 48-57.

Kuhn, D., Kohlberg, L., Langer, J., & Haan, N. (1977). The development of formal operations in logical and moral judgment. *Genetic Psychology Monographs*, 95, 97-188.

Larson, J. H. (1988). The marriage quiz: College students' beliefs in selected myths about marriage. *Family Relations*, 37, 3-11.

Levinson, D. J. (1978). *The seasons of a man's life*. New York: Knopf.

Levinson, D. J. (1986). *The seasons of a man's life*. NY: Ballantine Books.

Levinson, D. J. (1986). A conception of adult development. *American Psychologist*, 41, 3-13.

Neimark, E. D. (1975). Longitudinal development of formal operational thought. *Genetic Psychology Monographs*, 91, 171-225.

Newman, B. M. & Newman, P. R. (2002). *Development through life: A psychosocial approach* (8th ed). Pacific Grove, CA:Brooks/Cole.

Ray, Blanchard (2008). Review and theory of handedness, birth order, and homosexuality in men. *Family Relations*, 53 (1), 51-70.

Roberts, P. & Newton, P. M. (1987). Levinsonian studies of women's adult development. *Psychology and Aging*, 2, 154-163.

Santrock, J. W. (2002). *Adolescence* (8th ed.). Boston, MA: McGraw-Hill.

Schuster, C. S. & Ashburn, S. S. (1992). *The process of human development: A holistic life-span approach* (3rd ed.). Philadelphia:Lippincott.

Tannen, D. (2005). *Converstational style: Andyzing talk among Friends*. New York: Oxford University Press.

Torrey, E. F. (2001). *Surviving schizophrenia: A manual for families, consumers, and provider* (4th ed.). New York: Collins Living.

Torrey, E. F. (2008). *Schizophrenia and civilization*. CFL Humanities press.

United States Census Bureau (2002). Quick facts of United States.

Williams, D. R. (2003a). Explaining the crisis: Why poor men of color have the worst health. *Facts of life*, 8, 2-8.

Williams, D. R. (2003b). The health of men: Strucured inequalities and opportunities. *American Journal of Public health*, 93, 724-731.

Williams, M. T. (2006). Sex education attitudes and outcomes among North American women. *Adolescence*, 40, 1125-1127.

World Health Organization (2015). Sexually transmitted infections (STIs) Fact sheet N°110.

第九章　成年中期

進入成年期後，人類的生理與智力的發展都趨近於緩和，不會有劇烈的變化，受生理變化影響較少，但是受到個人經驗影響卻很大。原本屬於生命發展階段穩定期的中年，受到個人身心變化及社會變遷的影響，在面臨不同角色與人生目標的困境時，每個人的思慮與做法皆不相同，個別差異是中年時期的最佳寫照，年齡分類未必是最可信賴的指標。

近年來因為醫療進步使民眾的健康改善，傳統上認定中年期約為40~60歲的成年人，實際上對於中年期及老年期的分野，則因人而異。西諺日：「人類跟蘋果相似，有的在七月就成熟，有的則到十月才會成熟。」（Sheehy, 2006）。

一、成人中期特徵

中年期也和人生其他發展階段一樣，有其特殊性質。只是個體間差異性大，多數專家都避免替中年期訂出一個發展的時間表，但許多人仍然把成人期想成可預期的、可辨認的發展階段。其特徵列述如下（Arnett, 2004）：

對女性而言，進入中年期不僅逐漸喪失生殖力，也逐漸失去其魅力，因此唯恐其他年輕女子會奪去她丈夫的愛。此外還會感到失去女性職務（母職與妻職）。對男性而言，中年意謂生理與性能力減退，為了想證明這不正確推測，自負心的促使下常不顧健康情況，參加可能威脅健康的劇烈活動。

此階段的中年男女必須學習新的行為模式與新的角色。每個人遲早都

必須對中年期的生理變化作新的適應，將年輕時期的行爲模式作根本上的修改。適應新的角色比適應身體上的變化更難。對男人來說，必須適應即將退休的生活及身體上，因工作情況的需要所發生的改變；女人可能要從家庭主婦變成職業婦女，或是從家庭的中心地位變成孤單的狀況。對這些變化都必須要有新的適應。

隨著身體的變化，對新的角色與生活方式的適應會有顯著的改變，必然會造成生理與心理的大轉變。這些轉變會產生壓力是因爲對逐漸發生的變化無法充分準備。例如，母親面臨著逐漸空虛的舊巢，假如不能對生活方式與舊角色的變化有相當的準備，那麼心理上的不平衡勢必會受到很大的影響。

其他方面也是危險的，中年男女往往因工作過度、憂鬱過甚或生活不檢點而精神崩潰，常會造成死亡，發生精神病與自殺的案例也很多。或者，夫妻雙方因爲發生不平衡的時間不一樣，更使這時期的危險性增加，妨礙各方面的適應。

有學者曾說：「一個人到40歲時，有了教育與人際關係的基礎，對種種社會關係，已有健全的價值觀與判斷力……他們有經濟基礎與社會地位，對將來有明確的看法，對自己的人生目標看的很透徹。假如有這些成就又能有健康的身心，那麼生命眞正的開始，就的確是在40歲。」生命成就的高峰期是40歲，這不僅是指經濟與社會地位的成就，也包括了權威與聲望的成就。每個人的成就高峰期，依其創業的內容、性質、創業時的年齡及其他種種因素，來決定高峰期的年齡。

二、發展的重點

每個人一生的發展主要受哪些因素影響？一生的平順或坎坷，到底受哪些因素造成？有人說是：「命運」。「命」在人一出生就已決定，但「運」可以再去創造，這個運和個人的信念與學習有關，且相當主觀。如何解讀命運，可以從以下幾方面思考（McQuide, 1998）：

（一）年齡因素

年齡是一種規範影響因素，研究個體的發展，年齡是最重要的變項，也是傳統發展心理學的主軸，除生物、環境因素和實際年齡相關外，其他並與社會化和各種角色的扮演有關，通常是和社會規範與期待相吻合。例如一個人何時走路、說話、上學、結婚、求職、退休……等等的生命具體事件，對個人都會有所影響。

（二）時間與空間

時間和空間也是一種規範影響因素，包括社會文化和歷史事件；例如戰爭、經濟蕭條、科技發明、政治動亂等等，對不同時代的個人，會產生不同的影響。換言之，年齡隨歷史的發展，其劃分會有不同的代表意義。例如相同的歷史事件，如電腦資訊、網際網路的發展對不同年齡的人，其影響就不相同。例如七十、八十歲的老人和二十、三十歲的年輕人，在使用這些高科技的能力、需求與影響就會有所不同；但對同一代的人，其影響就可能大致相同。

（三）生命事件或特殊的生命經驗

每個人皆有愉快或不愉快的體驗。個人生命事件是一種非規範影響因素，包括個人的愉快與不愉快經驗，只對個人發生影響，對其他社會大眾較不具影響力；換言之，對某些人可能具有意義，但並不是每個人都會經歷到。例如，個人獲頒諾貝爾獎、發生意外、疾病、離婚、生育、坐牢事件、中樂透、失業等等經驗或意外事件，都屬於個別化的非規範經驗（Eysenck, 1989）。

上述三項因素對個體身心與行為改變的程度，會隨個體不同階段發展而有不同程度的影響，例如第一項年齡因素對兒童期和老年期的影響比較大，第二項時空因素與第三項個人生命事件因素，對成年早期和中年期影響較大。

（四）性別因素

由於女性在生活中所扮演的多元角色，導致婦女在發展過程與發展任務上充滿特殊性與變化性。因此，影響成人發展因素除考慮性別因素外，還需要進一步考慮其他因素，包括面臨挑戰或逃避之因應模式，以及外在環境之支持系統因素。

綜而言之，影響成人發展因素，除個人人格特質外，亦包含上述年齡、時間、空間、個人特殊生命事件與性別等因素。事實上，也都與婚姻與家庭、自我與朋友、工作與社會角色扮演以及特殊生命經驗有關。

三、發展特性

個體生命週期的發展，一般說來是由「外」向「內」的發展過程，包括兒童期需要父母的寵愛，青少年期需求同儕的肯定，成年早期和成年中期在追求學位、伴侶、工作與成就。之後，就進入自我內省期，反思並從事自我評鑑，反問這樣的追求在成年中年期和晚年期有何意義？成年晚期是一個成長與反思期，也是一個衰弱期。在此種發展歷程中，不論對時間的看法、在生活角色的扮演以及人格的特質上都有一些改變，整個生命週期的發展特性，可進一步觀察。

當個體發展到某一年齡階段，對時間的看法也不一樣。基本上這屬於成人心理現象，對時間的一個看法是，我還有幾歲可以活，而不是說我已活了多少歲，這也是 Neugarten 所提出的觀點。通常成人前期是往前看，到了中期會去面對現實，到了晚期可能會反省，會回頭想如果當時我不如此做決定，現在發展可能將不是如此（McQuaide, 1998）。

生命期的發展是一連串生活角色的選擇與改變，年齡越大角色扮演越多。本來是女兒，之後轉變成媽媽、妻子、媳婦。在工作上也是如此，也有不同角色在扮演。基本上，生活角色是一連串的再選擇，有些人會選

擇，我不要轉變，我一輩子作女兒好嗎？不作妻子、媳婦，一輩子想當女兒，當然也是可以的，尤其是當前的自由社會。

　　成年期皆是不斷繼續改變的歷程，其中年齡、環境與重要事件都構成其發展的影響因素；同時每個不同發展階段雖呈現階序狀態，但卻是重疊而互為影響，每一期都有其獨特性和不同的特點和性別的差異性，並有轉換時期彼此相連接。這個轉換期是個人心理改變和對生活目標及個人興趣的再檢視，包括外在與內在的改變、調整和適應歷程。

　　對成人期後半段生命期的人格改變看法的研究，仍以 Neugarten 最為特別。尤其是此期的成人已將時間的看法，改變為剩餘時間觀，漸漸有感自我反思和反省。在性別角色認知方面，由於對性別角色知覺發生改變，男性感覺到對女性的順從，女性傾向對其主張和侵略性需求感到舒適。也就是說，中年後的成年人有傾向性格反轉和角色互換的現象，包括女性比較有事業心和控制慾或兩性趨向中性的發展，這部分的說法已可從生物及遺傳觀點加以詮釋。

　　個體生命期到底有沒有危機發生？由於心理學者的不同觀點而有不同的看法，例如艾瑞克森的心理社會發展論的看法，認為危機是在當下的發展階段面臨適應的困難。而其他學者則認為如發生在預期的時間，就沒有危機，例如更年期、空巢期、退休等事件；另外，有人傾向用旅程或轉變一詞，來取代危機一詞，代表個人生命週期中的重要轉捩點，有可能是轉好或轉壞之義；Levinson 亦認為危機是個人在面臨壓力事件的不良或不適應的反應結果，所產生的不適應危機，但也傾向以「轉換」一詞取代「危機」一詞，以代表個人在固定年代所發生的生命現象之選擇與轉變。

　　綜而言之，人的一生發展包括一些事件的發生，有些事件和年齡有關，可能經歷類似的人生階段，就有其基本的順序可循，但也有一些不可預期的事件發生，而經歷和他人不同的發展經驗。尤其是成人的成年期比較長，因經歷不同發展時段的心境轉折，一連串生活角色的選擇與扮演，多元角色的扮演、承擔與撤退，不可預測的生活事件之發生，以及身心漸漸老化的事實。因此，成年期的發展顯示出發展性、適應性、連續性、穩

定性、**轉變性**、衰退性、多元性與複雜性的發展特色，它既不是高原期，也不是穩定期的發展。

第一節　生理層面

一、中年期生理發展

癌症和心臟病是中年人的兩大死因，病因除了生理因素外，也包含了心理因素，特別是壓力，它不只與疾病發生攸關，也和疾病如何影響個體有重要關聯（Berk, 2004）。

Friedman 和 Rosenmanxu（1974）的研究發現：除身體因素外，人格也是導致心臟病和影響病情發展的主因，他們將人格歸納成兩種類型：A 型人格（type A personality），其行為和心臟病或其他健康問題有密切關係。人格傾向是愛競爭、好強、缺乏耐性、充滿敵意、易被激怒及完美主義。B 型人格（type B personality），特徵是放鬆、隨和、友善、不易動怒。關於 A 型人格研究發現，敵意才是造成心臟病主要的危險因素，尤其是具嘲諷性敵意的人，因為情緒起伏大，故較容易患心臟病、高血壓，甚至短壽。該研究的缺點是取樣的問題，因研究樣本多取自醫院或診所，故無法從中辨別兩者間的影響或差異。

Grossarth-Maticek 的研究發現，一般人可分成 4 種類型人格（Eysenck, 1989）：

1. 類型一，屬於癌症的危險群，準確率達 50%。
2. 類型二，屬於心臟病危險群，1/3 死於癌症，1/5 死於心臟病。
3. 類型三與四，屬於健康型的人，死亡率極低。

其研究也證明了人格傾向和健康問題有密切關係，接受教育和諮商（情緒表達技巧、因應壓力技巧、減少情緒依賴原則、情緒上自我紓解步驟），有助於增加預防疾病效果。

二、更年期

更年期（menopause）是女人一生中無可避免的過程，通常發生在40至60歲，此時女人的身體會逐漸產生變化，進而影響了社交生活、對於自身的感覺及工作機能則因人而異。多瞭解更年期的資訊及保養方法有助於減輕身體的不適，也能讓女性輕鬆愉悅的擁有第二春。所謂「停經」是指從最後一次月經來過後一年內沒有月經。「更年期」一般從停經前三至五年開始，之後逐漸進入更年期，此期卵巢功能開始逐漸退化，雌激素和黃體素的分泌幾近不足，使得許多的婦女出現了一些不舒服的症狀稱之為「更年期症候群」，它是一種漸進的過程。更年期也可能發生在卵巢切除，或因為其他原因導致卵巢功能受損的年輕女性（AFP, 2004）。

一般學者認為，所謂更年期依時程前後分為：「前更年期」、「更年期過渡期」、「最終經期」和「後更年期」。從更年期過渡期開始出現經期不規則、荷爾蒙波動，到了最後一次經期後12個月，卵巢停止分泌荷爾蒙，就進入後更年期。大約從45歲到55歲開始進入更年期，平均最終經期約是51歲停止月經，更年期症候群可能持續5年甚至10年，約三分之一的婦女症狀較嚴重（Avis, 2002）。

更年期並不是一種疾病的名稱，而是女性身體必須經歷的轉變，如同另一個青春期。更年期的症狀只是暫時的，但更年期所帶來的影響卻是長久的，只要正視、瞭解自己身心的變化，好好保養，適當調適，每一位婆婆媽媽皆可順利度過。

在台灣每天約有500名的婦女進入更年期，而根據國民健康局統計，更年期來臨時的症狀表現為：18.7%的更年期婦女出現熱潮紅，16.3%失眠，15.5%疲倦，15%頭痛、頭暈，14.9%心悸，13.6%盜汗，11.2%尿失禁，10.5%憂鬱或失落感，性交疼痛10%，尿道陰道發炎9.8%（國民健康署，2018）。

三、更年期的症狀

（一）生理的影響

　　根據統計，將近有3/4的女性於更年期會出現不愉快的症狀，而症狀的嚴重程度常因人而異，主要來自雌激素分泌量減少所影響（Adler, 2000）。

1. 不規則的出血現象：週期變短或加長、血流量變多或少、乳房鬆軟、體液增加造成頻尿。

2. 熱潮紅（有夜間盜汗之稱）：熱潮紅是更年期非常典型的症狀，燥熱的感覺突然湧現於身體不同的部位，尤其以胸部、臉部及頭部最常見。初次潮紅可能出現在停經的第二年或停經的前幾年。潮紅與盜汗通常同時出現接著伴隨冷顫的情形。有些婦女會感覺心跳加速或焦慮。潮紅的現象可能持續數秒或數分鐘。

3. 記憶力衰退：雌激素與腦部神經細胞功能的運作也有相關性，目前已知對於記憶的影響最受矚目。記憶衰退及注意力不集中是更年期婦女常見的症狀，這些症狀通常是因為腦部缺氧或營養補充不足所致。

4. 睡眠障礙：許多婦女抱怨、不易入眠、睡眠品質差或易清醒的情形，多夢快速眼動期的睡眠減少，干擾睡眠。

5. 情緒不穩：有些婦女在此時期變得容易焦慮、緊張不安、神經質、易怒。

6. 陰道萎縮：雌激素是維護女性的陰道、子宮、膀胱、尿道等器官正常運作的重要因子，停經時這些器官會慢性萎縮，如膀胱及尿道可能導致漏尿、被感染或排尿時有疼痛感。陰道壁變得比較薄且乾燥，可能造成行房時的疼痛及容易感染。

7. 膀胱感染：根據統計約有15%的更年期婦女有膀胱感染的經驗，主要是因為尿道萎縮導致，原有的天然屏障受到破壞，致使細菌容易

侵犯泌尿系統。

8. 手腳冰冷：手腳冰冷的現象常發生於一般女性，非更年期婦女的專利，推測造成手腳冰冷的主要原因可能有三種：低甲狀腺素、血鐵濃度低及血液循環不良，只要經醫師診斷確立後，對症下藥將可獲得明顯改善。

9. 精神系統變化：觸覺變得敏感或遲鈍。

10. 骨質流失：流失加劇、骨頭變薄、脆弱、骨折風險上升。鈣質補充雖有助益，但是缺乏雌激素會讓鈣質的吸收有限。

11. 皮膚和毛髮變乾：皮膚變薄、乾、癢，頭髮變疏，臉毛增加。

12. 心臟血管變化：血管彈性漸失，血液中膽固醇和三酸甘油脂增加。

（二）心理的影響

有些婦女會經歷所謂的「後更年期熱絡」，精力和信心都大爲增加，更能夠自我肯定。專家們認爲促成婦女自信增加的因素有可能是：

1. 深感過去人生目標未達成和潛力未發揮，體會到處理過去衝突和滿足慾求的能力日增等心理因素造成的結果。

2. 不用再處理每個月經期和荷爾蒙起落造成的困擾，每個月也不會再有血液的流失，鐵質的儲存增加。

關於更年期有一個重要問題：婦女是否有憂鬱和煩躁的傾向？相關研究並沒有發現更年期婦女的情緒（焦慮、憂鬱、憤怒、自我知覺、對身體的擔憂等……），和更年期之前有何不同。加上更年期正好發生在婦女發覺自己漸漸老化的時候，故專家們難以將更年期和老化兩者間的影響加以區分。換言之，中年婦女的情緒並不受更年期所左右。但有些婦女在經歷過程和解釋意義時，仍會反應負面情緒（Grodstein, 2000）。

有些專家則認爲憂鬱和焦慮通常不是更年期所造成的，而是生命中的事件和變化所引起。例如：重視年輕和美貌的人可能較會因爲更年期造成的變化而焦慮；有些則因爲兒女離家而感覺哀傷。

心身科的觀點從各個層面來探討更年期，除了讓婦女瞭解女性賀爾蒙

減少，造成許多身體症狀，或是本身是否就有身心疾病，還是有「空巢期」的適應問題，面對子女長大獨立、家庭結構改變，或是家裡有婆媳相處、隔代教養的問題，這時候也容易自覺老化、失去青春魅力與自信的焦慮。如果婚姻關係出現問題，這些壓力都會更加影響更年期的身心表現。

過去的觀念一度以爲更年期會導致憂鬱症，其實「停經」或「更年期」本身並非病因，而是透過生理、心理狀態變化的影響，誘發潛在憂鬱的因子，特別是原本有憂鬱症、焦慮症、經前憂鬱症、產後憂鬱症、家族憂鬱症病史的婦女，容易在更年期出現憂鬱症，所以現在醫學上只有憂鬱症，而沒有「更年期憂鬱症」這個疾病診斷（Marston, 2002）。

醫學研究顯示，憂鬱症患者月經停止時間較常人早兩年；有些患者在更年期發生的憂鬱症是屬於復發性的，意指患者曾經有憂鬱症而沒有治癒。40歲左右是憂鬱症的易發期，由於時間也接近前更年期，所以容易被混淆。女性憂鬱症患者不一定會出現更年期身心症，建議應該提早治療、並預防復發（Apter, 1995）。

更年期的憂鬱或是情緒低落症狀，一般人認爲心情不好是因爲身體不適之故，如果身體問題解決，心情就會轉變，然而事實並非如此；此種觀念也可能使許多婦女疏忽憂鬱症的早期診斷。身心是一體兩面且會相互作用與影響，不管任何原因，症狀病情達到「憂鬱症」的診斷準則，就必須積極的重視與治療。另外，雌激素會影響腦內啡的釋出，是不可否認的，該物質的釋出會產生愉悅感，雌激素的減少會導致該物質的釋出減少，造成憂傷的情緒。

（三）雌激素與健康的關係

1. 骨質疏鬆

在無外力影響下，年齡超過40歲的女性每年骨質流失速率大致爲1~2%，而停經後的婦女每年流失骨質的速率平均爲2~3%。55至75歲間所流失的總骨量估計爲20%。骨質容易大量流失的前三名順序是橈骨、股骨及脊椎骨。50歲的女性，以橈骨骨折最多，60歲的女性則以脊椎壓迫

性骨折較多，70 歲的女性以股骨骨折較常見，且有 15% 的患者死亡。這些併發症會增加醫療支出及家庭負擔外，如何保護自己的老人生活，是現代女性必須重視的議題（Rapp, 2003）。

2. 生殖泌尿道的疾病

由於女性荷爾蒙的減少，使得控制膀胱機能的肌肉組織的自主神經系統調節能力受損，致使婦女無法抵抗因咳嗽、打噴嚏或跳躍等突然增加的腹部壓力而引起漏尿問題。同時，因為陰道的上皮細胞萎縮，天然防菌的屏障喪失，也容易引起陰道炎及尿道炎。此期陰道的黏液分泌減少，造成陰道乾澀及疼痛感。

3. 心臟血管疾病

一般年輕的女性，發生心臟疾病的機率比男性低，但更年期後罹患心臟病的危險性卻與男性相同，心臟疾病成為婦女死亡的主因之一。更年期這段時間應勤於監測血壓、膽固醇、HDL（好的膽固醇——高密度脂蛋白膽固醇）、TG（甲狀腺球蛋白，Thyroglobulin）及血糖。平時多食用健康的飲食，不抽煙、維持理想的體重，然而，持續的運動將有助於降低罹患心臟疾病的機會。

四、荷爾蒙療法

（一）荷爾蒙療法（HRT）

女性在更年期階段，由於荷爾蒙分泌減少，可能引起不適的感覺。荷爾蒙療法較常見者有兩種：單一雌激素療法，以及合併使用雌激素與黃體素療法。其中，單一雌激素療法較適合子宮已切除之婦女。其他一般女性則較適合使用雌激素與黃體素的複合式荷爾蒙療法。

荷爾蒙療法經常被使用在預防更年期婦女所發生的骨質疏鬆或是冠狀動脈心臟病等問題之治療。然而，最近美國國家衛生院公布之研究報告（WHI, 2003）顯示，長期使用雌激素合併黃體素荷爾蒙療法的風險增加，

主要可能會增加乳癌和心血管疾病之發生率；而單獨使用雌激素療法，則可能導致心臟疾病風險並會增加中風機率，但不會增加乳癌的機率。

（二）荷爾蒙療法的預防效用

1. 防止骨質疏鬆

「荷爾蒙療法」是經過美國食物藥品管理局核准，用來防止骨質疏鬆的處方，只是造成骨質的疏鬆原因很多，荷爾蒙減少只是原因之一。更年期婦女可經由改變生活方式以減少骨質的流失，例如：規律性運動、培養健康的飲食習慣、多曬太陽、減少吸煙喝酒。基本上，要預防骨質疏鬆，應該在女性年輕時就開始建立良好的生活習慣。

2. 預防心臟血管疾病

依據流行病學的研究指出，荷爾蒙療法可能有益於心臟血管疾病的治療。近十年來針對更年期婦女心臟血管疾病經常使用荷爾蒙療法。而近幾年來，支持與反對的意見兼具。根據2002年美國 WHI 及 HERS 的研究報告，明確主張荷爾蒙療法不該被用於預防更年期婦女心臟血管疾病；2003年的追蹤報告也支持此種看法。事實上，在1990年美國食物藥品管理局沒有核准相關藥廠申請 PREMARIN 用於預防心臟血管疾病，哈佛大學的史丹佛教授說：「如果我們有效應用現有的知識，相信不需要動情素，就可以減少90%的心臟病。」

3. 防止失憶

根據2003年5月美國 WHIMS（Women's Health Initiative Memory Study）的研究報告指出，65歲以上的婦女並沒有因為服用複合式荷爾蒙療法超過五年而減少輕微認知障礙，其得到失憶症之比例為未使用者的二倍；2004年6月又指出，單獨使用雌激素可能會增加失憶症及老人癡呆症的風險。因此，在此刻不宜為了改善更年期婦女的記憶、認知能力而使用荷爾蒙療法。

4. 導致乳癌

根據美國2002年 WHI（Women's Health Initiative）研究指出，同時

服用雌激素與黃體素荷爾蒙的婦女罹患乳癌的機率明顯高於一般同齡層婦女，尤其是使用荷爾蒙超過五年以上婦女，罹患機率高出35%。2003年6月的追蹤報告進一步證實：HRT（Hormone Replacement Therapy）不但會增加罹患乳癌風險使之惡化，更會影響乳房攝影的精確度。此外，在2003年9月，英國的一項百萬婦女研究報告也有相同的結論。但根據2004年4月的研究報告，單獨使用雌激素並不會增加罹患乳癌的機會。雖然國內目前並未有具體統計數字或相關研究證實相同結果，而國內婦女罹患乳癌的年齡層較國外女性年輕，但是對於使用荷爾蒙療法醫療機構應該審慎，而正在使用的婦女應定期進行乳癌篩檢及自我檢查。

5. 導致卵巢癌

最近國外研究顯示，服用雌激素超過十年以上的確會增加罹患卵巢癌的危險，至於更年期婦女長期使用雌激素與黃體素合併荷爾蒙是否會增加卵巢癌的發生率則尚無定論。

（三）需不需要荷爾蒙療法

「醫生是否該矯正停經後婦女雌激素自然減少的現象？」「補充缺失的雌激素是否衍生危險性？」專家對這些問題曾進行大量的研究，但是答案仍無定論。「自然學派」堅持更年期是大自然的天意人類不應干擾；而另一派則認為女性缺乏雌激素將會對身體帶來風險，補充後不僅能增加女性的快樂與自信，且能幫助她們預防心臟病及骨質疏鬆症。

現在的女性平均壽命增加，每一年全球約新增兩千五百萬名女性邁入更年期，預估五十歲以上女性將從目前的五億人口成長到2030年的十億人以上。世界衛生組織預估，在亞洲到了2025年，年老的女性將由一億七百萬人，快速增加到三億七千三百萬人。

下列情況的更年期婦女，建議補充雌激素：白種人、體型瘦的人、有飲酒習慣者、早年雌激素分泌量少、運動過度而月經經常不規律者、曾經因為減重或降低膽固醇而少吃乳製品，以致攝取太少鈣質的人、抽煙者、運動不足者等。

（四）荷爾蒙補充療法的迷思

　　2002年美國國家衛生研究院，發表了對荷爾蒙療法追蹤五年的研究報告，文中指出荷爾蒙補充療法可能會增加乳癌、中風、心臟病的發生率，這個結果讓許多婦女放棄了荷爾蒙補充療法。但是這份報告也有正面的結果，那就是婦女罹患大腸直腸癌、子宮內膜癌罹患率下降，大腿骨折率也降低了，因此，荷爾蒙補充療法仍是緩解更年期徵候群最有效的方法。

　　女性朋友在考慮是否使用荷爾蒙的同時，應瞭解在專業嚴格的篩選與監控下，確實可以讓副作用的發生降至最低。而更年期所造成的不舒服已存在，如何讓症狀緩解是相當重要的。對於不適合補充或不願使用雌激素的女性，可以建議多食用富含雌激素的植物，如：茴香、芹菜、荷蘭芹、大豆、核果、全穀類、苜蓿，或選用經萃取的大豆異黃酮素替代。

（五）植物性雌激素

　　生活中常見的天然植物也包含雌激素的成份，例如：茴香、芹菜、荷蘭芹、大豆、核果、苜蓿等。這些植物的雌激素成分與人類的雌激素相似，只是這些雌激素的作用偏低。有需求的婦女多食用這些植物，將對減輕荷爾蒙不足造成的不適有幫助，例如：蘋果、紅蘿蔔、茶、咖啡等，亞麻仁及大豆等。目前市售的植物性雌激素以大豆異黃酮最多，它的化學結構與人體雌激素相近，許多研究報告指出，異黃酮素可以緩解更年期徵候群、增加骨質密度。

（六）更年期保養的方法

1. 多食用健康飲食，如：低脂、高纖（水果、蔬菜、全穀類食物）。
2. 綜合維他命或礦物質應均衡補充；尤其是鈣。
3. 不抽煙。
4. 控制體重。
5. 多做負重運動，如：快步走、慢跑、跳舞、迴力球等，至少每週3

次，運動前要做好關節的保護措施如：穿戴護膝、護踝、護肘，以減少關節退化的嚴重性。

6. 經常監測血壓、血糖、血脂肪，若異常應接受醫師的治療。

7. 陰道的不舒服，可以使用水溶性陰道潤滑劑。

8. 頻尿的問題應儘速就醫。

9. 定期做乳房、子宮頸檢查。

10. 潮紅減緩的方法，建議多處在冷氣房內、喝冷開水、穿透氣吸汗的衣服。

11. 荷爾蒙的補充，應在醫師的監控下使用。

　　一般而言，不論是 ERT 動情素治療或 HRT 荷爾蒙治療，皆有其利弊與危險性，婦女必須依自己的健康狀況、症狀、面臨癌症和骨質疏鬆症的風險，衡量得失輕重而做決定（Ross & Whitehead, 1995）。

五、乳癌

　　中年婦女在健康方面最大的隱憂之一則是乳癌，乳癌（breast cancer）是由乳房組織發展成的癌症；乳癌的徵象包括乳房腫塊、乳房形狀改變、皮膚凹陷、乳頭分泌物或是皮膚出現紅色鱗屑狀斑塊，而出現遠端轉移的病患，可能會有骨痛、淋巴結腫大、呼吸困難或黃疸的情形；乳癌的風險因子包含了：肥胖症、缺乏運動、飲酒、更年期時的激素替代療法、游離輻射、初經提早開始與晚生或不生育。大約5至10%的病例是因父母親的遺傳而發生；以全球而言，乳癌是女性癌症中最常見的，占了25%，在 2012 年，有 168 萬的乳癌個案，及 52 萬人因乳癌死亡，乳癌在已開發國家較常見，且女性患乳癌的機率是男性的 100 倍（維基百科，2018）。在台灣乳癌是女性好發癌症的第一位，死亡率為第四位。國內婦女隨著生活型態及飲食習慣西化的改變，台灣乳癌患者一方面平均年齡逐漸年長，但另一方面仍有不少年輕患者，好發年齡約比歐美國家年輕十歲。根據國民健康署統計顯示2012 年有 10,526 名乳癌新增病例，台灣地區乳癌發生

率為每十萬分之六十五點九（乳癌防治基金會，2018）。有專家認為環境因素（攝取過多脂肪性的飲食習慣、殺蟲劑或化學廢棄物污染飲用水與食物、暴露在放射性物質之下、處於壓力之下）是造成罹患率升高的主因，這種看法由一項證據得到支持：由低危險區域遷至高危險區域的婦女，其罹患乳癌的比率是上升的。

　　早期檢測可以減少重大與繁複的手術程序，然而，除去癌腫與乳房常被婦女視為有損女性形象、容貌、哺乳的角色和性生活。因此，對罹患乳癌的婦女而言，支持團體可以協助罹患乳癌的婦女來進行心理上的調適，為了緩解乳癌造成的心理壓力，實務工作者可以協助家庭或配偶瞭解乳癌案主的需要，以便提供必要的支持。

六、攝護腺癌

　　對中年男人而言，攝護腺癌是他們「無聲」的困擾。攝護腺癌（Prostate cancer）是出自於攝護腺的惡性腫瘤，大多數的攝護腺癌生長速度較為緩慢，但仍有些生長快速的，而癌細胞可能轉移到骨頭和淋巴結等部位，攝護腺癌早期可能沒有症狀，晚期可能會導致排尿困難、尿血、背痛、骨盆疼痛等症狀，攝護腺肥大也會導致類似的症狀，晚期症狀還包括因紅血球數量低而導致疲倦；攝護腺癌的風險因子包含高齡、家族病史、種族等，約99%的病例中患者年齡超過50歲，父、母、手足等親屬皆患有此病症，其發病風險較常一般人高出二至三倍。

　　台灣每年約有將近5,000位攝護腺癌（前列腺癌）的新個案，其中八成為所謂「局限性攝護腺癌」（localized prostate cancer），即癌細胞尚未轉移至淋巴結，或其他遠處器官，如骨頭、肺或肝等。局限性攝護腺癌又可分為二大類，腫瘤細胞局限在攝護腺被膜內，及腫瘤細胞已吃到攝護腺被膜外，但是尚未轉移。前者可說是「早期」攝護腺癌（T1 或 T2），後者可說是「中期」攝護腺癌（T3 或 T4）（台灣楓城泌尿學會，2016），但許多人都只是隱約知道它的存在、後果和治療的方式，不像女性可以自由的

談論身體某部分隱私健康的問題，而男性原本就不輕易討論自己身體的問題，對於產生精液與影響尿液腺體的問題，則更是羞於啓齒，所以很少人會接受傳統的肛門檢查。

　　無論男性接受檢查和談論的意願如何，攝護腺癌不只是普遍而且也很致命，壽命延長罹患癌症的比率就上升。男性罹患攝護腺癌的人數愈來愈多的主要原因是，因爲男性壽命也愈來愈長，活到70歲或80歲是疾病最常發生的階段，即使沒有遇到心臟與中風的問題，但卻有愈來愈多人可能死於攝護腺癌。造成攝護腺癌的診斷率愈來愈高的最大因素是PSA（prostate-specific antigen）檢驗，也就是篩檢血液中的攝護腺癌抗原，在腫瘤明顯可見之前，可以早期發現早期治療，減少死亡人數。另外，攝護腺肥大通常是在50歲時開始，隨著細胞數目的增加，攝護腺的抗原也會穩定與緩慢的上升，如果細胞組織增生快速進而轉爲惡性，就可能變成攝護腺癌，而抗原的數目也會因此而急速上升。由於攝護腺癌從發現到有症狀產生及嚴重到影響生活品質時，大約是10年的時間，患者可以採取「警戒觀察」並接受治療。雖然男性本身要自己評估狀況，以便採用何種方式控制或治療，但醫生往往會建議還能活上10年以上的男性最好可以直接治療。

七、從家庭系統看夫妻與病痛

　　當配偶中有人生病，這是否屬於家庭的事？ Liddle 與 Dakov 認爲這是家庭事務之一，他們研究癌症夫妻的因應之道，有了和傳統想法背道而馳的發現，也就是：配偶以開放的心態討論病情並不一定是最好的因應方式，因爲重要的不是溝通多少，而是雙方對溝通多少的期望是否接近。因此，雙方應該根據對方想溝通多少的期盼做必要的適應與調整，發生調適的問題常是因爲雙方對溝通的期待差距過大。另外，溝通之外的因素也影響夫妻對癌症的調適，例如，夫妻過去的關係，癌症的消息可能會使關係好的夫妻更親密；反之，可能會強化原本關係不好的敵意，其他的研究者

發現丈夫心臟病發作之後，妻子常會有過度保護對方的舉動，雖然這種舉動常以敵意開始，但其想法通常是正面的，也就是為了協助對方，並且維護雙方親密的依賴關係。因此疾病成為家庭系統整合的一部分，所促成的互相依賴的程度成為瞭解夫妻關係動力的關鍵。

（一）嚴重疾病病患的心理治療

社工人員常說：癌症的醫療照護進步了許多，但是心理上的支持卻仍缺乏。1999 年的一項報告「確保癌症照護品質」印證了這樣的觀點，該報告發現醫療照護體系、健康照護人員和保險公司等，在照護上有不少差異。醫生常常會忽略癌症對病患心理方面長期的衝擊，因此也忽略了治療，尤其是憂鬱症狀的診斷缺乏準確的正確性，疼痛控制也無法滿足病患的需求。

壓力管理或心理治療可以減緩愛滋病、癌症的進展，因為全美國各地的研究者都同意此種觀點。心理治療的方法包括教導病患壓力管理技巧、因應技巧、放鬆技巧、問題解決、疲憊管理技巧，以及團體治療和社會支持，這些方法在美國的一些州都獲得實證（DeAngelis, 1995; Sleek, 1995）。

在美國，針對癌症病患所成立的團體支持和治療是最常也是最廣泛運用的治療模式，過去研究也顯示團體治療有助於提升病患的生活品質、培養正向的感受情緒、強化家庭正向的互動、提升病患的精力（Spiegel, 1999）。有研究（Spiegel, 1993）顯示團體治療運用於乳癌轉移的病患增加了 18 個月的壽命；另一項研究（Cunningham et al., 1998）試圖複製前一項研究的成果，但是並沒有產生延長生命的效果，必須要有更多類似的研究，以便釐清團體治療是否具有延長生命的效果。

即使不常出門的病友也會很想加入治療團體，Yvette Colon 是一位透過電話和網路提供團體治療的社工員（Murrary, 1999）。科技的進步使得越來越多人能夠接受團體治療服務輸送的新模式，電話和網路提供病患一個可以討論因應策略、情緒負荷、疲憊、失落和死亡等議題的論壇。

但是，並非每一位婦女都能夠接受治療，原因仍然不太確定。尤其是

低收入者和少數族群婦女，她們持續接受治療的情形不如高收入者或白人婦女（Cancer Rates, 1998），這導致她們的癌症發現得比較晚，死亡率也較高；團體治療如果能夠注意跨文化的議題，掌握少數族群對疾病的社會心理反應，減少服務使用的障礙，將有助於減少此族群的高死亡率。

另外，壓力管理模式的運用有助於強化病患對於疾病所引發壓力的警覺，也有助於挑戰當事人的負面想法，強化積極面對的意志這類處遇模式，雖然未必有助於延長壽命或減輕疾病的嚴重程度，卻能夠強化病患因應的能力，增強免疫力，改善生活品質。雖然過去研究已經印證前述治療模式的效果，問題是健康保險並不給付（Sleek, 1995），實務工作者應該為病患請命，強調健康心靈就是人類最佳的良藥。

(二) 中年與食物攝取

美國農業部的資料顯示，餐飲業者每年花費三百多億美元的廣告，引誘居民大量消費可樂和垃圾食物，平均每人一年中觀看一萬次的食品廣告。現實情況是美國人的身材變得越來越胖。速食店的便利購物與便利商店使得美國人的腰圍越來越大。其原因有三項：首先、外帶食物所含的脂肪、鹽分和熱量比標準高出許多；其次、消費者用餐速度較快，因此攝取量也較多；第三、食用者通常會因為好吃而全部解決，且份量偏高（表9-1）。

表 9-1　影響健康飲食的原因

影響健康飲食的因素	
一、食物選擇不當	在大街小巷的餐食店，食品種類繁多，多數人難以抗拒，選擇時考慮美味多於營養。如果任意而為，容易陷於高脂肪，高膽固醇及甜食中而導致肥胖。
二、不良飲食習慣	由於工作繁忙，無法定時進食，不吃早餐或省略午餐，結果導致吃零食或晚餐太過豐富。倘若不健康的飲食習慣從小就開始，易形成日後難以改變的情境，對成年肥胖影響極大。
三、在外進餐	工業化的生活型態，家庭主婦可能沒有時間準備營養膳食，導致經常在外用餐，促使飲食營養不均衡。

四、偏食	有些人的偏食習慣，不吃某些營養的食物，如蔬菜、水果及牛奶等，造成營養素缺乏。
五、不當烹調	食物烹調時間過長，烹煮溫度過高，維生素會消失；蔬菜、水果在水中浸泡的時間過長，也會使維生素含量流失。加糖或味精，對患有某些疾病，例如糖尿病、高血壓等，會因攝取過量而加重病情。

資料來源：http://kelvincskwan.tripod.com/page1.htm

　　在 1960 年代和 1980 年代之間，體重過重的美國人增加了 30%，目前有 5,800 萬的美國人屬於肥胖族，體重超過標準的人占 20% 以上。正當整個國家的健康照護支出必須削減的時候，肥胖人數的增加反而使得健康照護的成本升高，因為體重過重者是糖尿病、高血壓、心臟血管疾病、中風、痛風、關節炎等疾病的高風險族群。

　　但是，食物的問題並非肥胖的唯一因素，許多美國人的腰圍增加並不只是因為攝取太多的熱量，而是消耗太少的熱量。其實，現代人吃的比 90 年前的人少得多，不過當時肥胖的比率卻比現在低，因為工業化和技術的進步，使得許多人不在戶外工作，而是在電腦桌或辦公桌前，勞動的機會持續降低，運動意願偏低，結果可預見。

　　研究顯示，花時間在消耗熱量的人並不多。在台灣每 3 人中有 1 人為規律運動，依不同工作族群之規律運動人口比率，一般受僱者包括藍領、白領及專業技術人員均不及 1/4，相對較低，各年齡別則大致呈 U 型分布，60 歲以上老年人口較注重健康養生，約 5~6 成有規律運動習慣，35~54 歲青壯年族群忙於工作及家庭，規律運動人口僅占 2~3 成，相對較低；性別差異方面，男性規律運動人口之比率平均高出女性 11.1 個百分點（行政院主計總處，2018）。在某些原住民的社區，成人肥胖達到危險程度的比率甚至接近或超過 70%，這些族群的肥胖問題也有基因的因素，例如，科學證據顯示：雙胞胎若分居在不同的家庭，體態的發展會比較類似原生父母，而比較不像養父母。

（三）腦傷害對家庭系統的影響

　　電影《意外的人生》（*Regarding Henry*）敘述一位冷酷無情又愛錢的律師，在大腦被人開槍後失去記憶，行動遲緩，思想呆滯，失去閱讀能力，只好辭職，朋友都疏遠他，以往的威風盡失，無法適應自我，男主角與家人都必須學習因應傷後的生活。

　　親近的家人對於患者在腦部受傷後該如何適應？部分專家主張，原生家庭若能夠學習接納傷者的後續行為，讓傷者的舊形象逐步遞減，此種家庭的適應情形會漸入佳境。但此種過程並不是一件容易做到的事；所愛的人腦部受傷所帶來的影響可能比死亡更嚴重，家人或許較易接受死亡的事實，重新開始生活；而腦傷的程度和延續性則很難確定，不容易估計，有時讓家人燃起復原的希望，有時可能發展成是生命歷程都要面對的問題（Mitiguy, 1990）。腦傷的不確定性使得家人無法確定後續的進展，傷者的存續和人格的變化會讓家人感受到持續失落，而傷者的情況大多無法讓社會感受到案家的困境；因此，提供適當的資源與支持對案家比較有幫助。

　　雖然對腦部受傷的反應因人而異，研究顯示有部分相同的類型出現在父母、手足和配偶之間。對父母而言，子女是家庭傳統和價值的傳承，也是生命不朽的象徵，腦部受傷使得父母重拾照顧者的角色，許多父母會傾向於過度保護腦傷者；父親和母親的反應方式可能會有差異，孩子的腦傷可能使得配偶關係更密切，也可能反而成為衝突的因素；手足的反應比較不同，依年齡、過去的關係及在家庭中的角色而定；配偶則面臨婚姻關係中情緒、人際、生理等方面的挑戰。雖然調適的過程是持續不斷的，只要傷者沒有完全復原就無法終止，許多家庭還是能夠面對現實，接受傷者，順勢而為，使得整個體系獲得平衡。

第二節　心理層面

一、認知發展與資訊處理

　　過去的專家們多數皆使用皮亞傑的理論研究認知的發展。最近,專家們發覺他的理論並不是研究成人認知發展的最佳方法。其實,由於皮亞傑的理論,許多人有刻板印象,以為兒童時期是人類智能發展的最主要時期,成人期成功發展所需的知識需要仰賴兒童和青少年期的認知發展,因此長期以來,專家們一直以青少年晚期和青年期初期為認知發展的最高峰。此種觀念似乎合乎邏輯,因為個體到了中年期,生理的變化可以明顯看出,例如,頭髮變白（Willis, 1989）。想要瞭解認知發展的變化,必須提出的問題是:認知的發展在青年期或中年期真的會開始走下坡嗎?

　　心理學家 Schaie 的持續研究大大改變了對於中年期認知發展的觀點。他經由縱貫研究的結果指出,一般人的語言能力發展在中年期達到最高峰（Schaie & Strother, 1968）,五種不同層面的認知能力（推理、語言、字詞流利、數字和空間視覺能力）在中年時期並沒有明顯的衰退,屬於平穩的狀態,多數人的智力在 60 歲才會衰退。空間推理與數字計算能力,則是在更早的時期就已開始。

　　中年時期是人生中擔當重任的時期,是職業生涯和社會角色的高峰期,因此,中年人需要敏銳的觀察力及獲得資訊與技術的能力（Willis, 1989）。Schaie（1994）認為成人的認知應該著重於資訊的應用,因為成人階段多半較為注重知識與技能的應用,以利於達成目標及解決問題,需要將社會角色和認知功能進行整體性探討。從 Schaie 的理論與研究觀之,成人前期在認知上的主題應該是:「我應該知道些什麼」,到了中年期則是「應該如何應用過去所學」,到了老年期變成「我的認知是什麼」（Schaie, 1977）。

二、專業過時的影響

專業過時（professional obsolescence）的觀點對中年成人具有特別的意義（Willis, 1989），意指個人擁有的資訊、理論或技術已經不符時宜，無法勝任職場的要求，主要是指個人無法學習及使用新的資訊或技能，無法跟上科技的進步（Dubin, 1972）。

值此資訊和科技創新的時代，專業半衰期（professional half-life）是指個人所擁有的專業技術或知識有一半會落後於時代所需。然而，不同的專業特徵有所差異，基本上任何的專業都需要電腦的知識與技能，中年人所接受到的相關訓練，電腦專業知識或技能的半衰期約有二至三年的時間（Willis, 1989）。伴隨人類壽命的延長，職場的生涯也可能增加，保持資訊和專業的更新以面對工作上的要求，是中年人的重要挑戰，所謂終身學習是一種必然的趨勢與觀念（Willis, 1989）。

三、女性與毒品

全球15至64歲人口至少使用過一次毒品者占4.9%，其中嚴重依賴毒品者的比例不到十分之一，約有兩千六百萬人，占全球成年人口的0.6%（呂淑妤，2011）。

台灣女性毒品罪受刑人的吸毒背後原因，多半始於好奇及同伴或親友相引，其他則包括減肥、減輕身體病痛、提神等因素；也反映出對藥物的偏差信念，如：俱樂部藥物不具成癮性、安非他命具有減肥效果、海洛英可讓人忘卻煩惱等錯誤觀念。在探討毒品犯性別差異的結果發現，因為籌錢買毒品而從事財產犯罪行為的男女比例，分別為17.9%與13.1%；男女性因為施用毒品而有自傷（16.9%：34.4%）及毆打家人的傷害行為（3.9%：7.0%）之比例，則是女性多於男性。台灣女性藥癮者在盛行率、藥物濫用成因與戒毒經驗，甚至為了籌錢買毒品而衍生的其他犯罪行為方面，與男性藥癮者相較之下，都呈顯出顯著的性別差異。所以應該從預

防、治療、預防復發等方面來發展性別敏感的因應策略，同時針對女性濫用藥物所衍生的特殊風險加強防治，包括懷孕期間使用毒品造成的產前藥物暴露、感染愛滋風險，以及可能經由注射毒品感染愛滋病毒後造成的母子垂直感染，而目前多數女性藥癮者是育齡婦女，在懷孕生產的健康風險以及對下一代的影響較為複雜，亟需深入瞭解並關注（呂淑妤，2011）。

　　藥物濫用對男性及女性都有著不同的心理社會影響，上癮的女性較男性經歷更多情感失調，也容易有罪惡感、焦慮及憂鬱，且自尊心比較低。上癮的女性的生命期待、教育程度、工作技巧與經濟來源上都比較低落與不足。基於上述理由，幫助這些女性的支持團體應該強調自尊的強化和建構，同時以充權的觀點來協助她們，以建立健全的個人權力概念，挑戰性別角色的偏差與刻板印象帶來的負面影響。

第三節　社會層面

一、中年子女與年老父母的親子關係

　　人到中年，與老年父母的角色轉換是不可避免的，老年父母的角色從過去的照顧者變成被照顧者，而中年的子女則由過去的依賴者變成被依賴者；中年成人在家庭關係上所面臨的挑戰是：要滿足小家庭中夫妻、親子關係的需求，也要滿足年邁父母的需要。且中年成人的父母這時正進入老年期，在許多方面已不能像以往一樣，給予成年子女幫助，反而需要子女更多協助。現代社會中，老年人在子女奉養中安度晚年的景況不在，原因如下（Takamura, 2002）：

1. 中年時期的子女，各方面均在高峰階段，事業的發展正需要高度精力的投入，家中子女正需密集教養，中年子女不太可能以全部的精力投入年老父母的照顧。

2. 現在小家庭制度盛行，三代同堂的情況不多見，大部分老人單獨居住，或住子女家附近。

3. 現代婦女角色轉變，傳統社會中婦女不外出工作，全職照顧家庭成員。現代婦女，爲了增加家庭收入，大多出外工作，家中年老父母已不再能享受全職的照顧。

　　年老父母需要子女幫助，大致分爲三個層面。分別是經濟的、生理的、精神與情感的。

　　處遇原則：政策和照顧者角色之調適。就是爲照顧者提供所需的社會支持；社會支持的重要來源之一是照顧者的社會團體，Toseland 和 Rossiter 認爲它具有下列功能（Lemme, 2001）：

1. 提供照顧者所需的喘息。

2. 減少孤立與孤單。

3. 提供分享感受與經驗分享的機會。

4. 支持並肯定照顧者對照顧情境的感受與想法。

5. 教育照顧者有關慢性疾病和失能的影響與因應之道，認識現存的社會資源。

6. 鼓勵分享經驗和因應技巧。

7. 協助和教導照顧者如何運用有系統的解決和因應問題之技巧，以便減輕所面對的壓力。

　　從政策的層面上思考，老人照顧的問題必須考量的不只是老人福祉，家庭照顧者、家庭、甚至社會也都受到波及，因爲人口的老化使得越來越多的老人需要照顧，家庭照顧者的投入可能影響整個家庭的運作，影響勞工的參與率，造成曠職，這些社會代價常常被政策制定者忽略，因此越來越多的專家呼籲將老人照顧的議題視爲整個社會的議題，提供家庭照顧者應有的支持，例如：財務上的補助和長期照顧服務質和量的提升。

二、祖父母的角色

　　一個幸福而理想的成長環境，應該是由父母與祖父母共同創造的。因為父母與祖父母可以提供不同角色的學習，同時可以和孩子個別建立提供安全感的「依附關係」，這種關係可以幫助孩子擁有自信的人格。如果父母能和祖父母住在一起，祖父母對孩子的影響也會隨著年齡而不同。一些研究發現，祖父母是孫子女很好的老師，因為，小孩到學校學習，要被評量，不像家中的祖父母可以教他們很多事物，而且不須被評量。這些事物可能是種花、種菜、編織，寫毛筆字，可以讓孩子學到很多東西，又沒有壓力，祖孫可以建立良好的關係。另外，祖父母是一個歷史學家，對於家族的淵源，可以從祖父母得知。祖父母同時也是照顧者與調停者的角色，當子女跟父母對立的時候，孫子女往往會去找祖父母，祖父母就成為兩代之間溝通的橋樑（Conner, 2000）。

　　對孫子女來講，祖父母也可以是年老的楷模。家中有祖父母的小孩，對老年會有一個正確、實際的看法。如果和祖父母相處得很好，就會覺得老年是一個仁慈的、健康的，而不是印象中嘮嘮叨叨、不健康的形象。

（一）祖父母再次成為父母，照顧孫子女

　　當父母在遇到教養上的困難時會求助於自己的父母親，而祖父母也會因為接手照顧孫子女的工作而促進與孫子女之父母相處的機會。

1. 影響祖父母參與親職的因素

　　祖父母與孫子女的關係是家庭中三代代間關係中的一環，因此影響祖孫關係的因素也是直接或間接影響祖父母參與親職的因素。祖孫關係受到祖父母年齡、祖父母性別、祖父母的教育程度、祖父母的身體健康情況、祖父母有無工作、孫子女年齡、孫子女性別、孫子女數、血緣關係、父母與祖父母的關係、孫子女父母的家庭收入、祖孫接觸頻率、及地理接近性等所影響。現就可能影響祖父母參與親職之因素分別探討如下（Sands,

2004）：

（1）祖父母的年齡

Cherlin 和 Furstenberg（1986）的研究發現，年輕的祖父母投入子女或孫子女生活照顧較多，隨著祖父母年齡的增長、身體的老化、生理疾病增加，都會影響祖父母對孫子女照顧或投入程度，在與孫子女溝通互動時也會有較多的困難。但是也有研究（Burton & Bengtson, 1985）顯示，如果祖父母太年輕（例如青少年未婚媽媽的父母）在養育孫子女時與孫子女的關係可能不會比年紀較大的祖父母好，適當的年齡（42~57 歲）才擔任祖父母的角色，會使他們有很好的感覺，相對於那些較早或較晚成爲祖父母者，壓力比較少，也較願意主動和孫子女互動。

（2）祖父母的性別

在性別的影響方面，發現祖父母面對孫子女的行爲與態度不同，是導致祖孫關係差異的重要因素。祖母會提供孫子女適時的關懷和照顧，給予較多的「讚美」，祖母與孫子女的衝突也較少；祖父則較易表現出教導者、建議者、以及監督者的形象，顯得較嘮叨、會差遣、命令孫子女，因此一般來說祖母與孫子女的關係較祖父要親密。因爲台灣是父權社會，所以台灣的男性在擔任父親的角色時較有權威感與孩子有距離感，孩子比較怕他們，也因此會服從他們的命令，導致父親較易導正孩子的行爲；但當爸爸年齡漸長成爲祖父之後，發現利用威嚴來導正孩子的行爲沒有很大的效果，只會造成與孩子的疏遠及距離感，加上體力和精力不如當年，他們改變與孫子相處之道，開始學習享受和孫子間愉快的感受。而相對於祖父享受含飴弄孫之樂，祖母特別是婆婆被社會文化賦予帶孫的義務，且因媳婦熬成婆的因素，爲了確定自己在家中的地位，祖母會在媳婦面前擺出權威的態度，而且因爲爭取孫子對自己的忠誠度，祖母在教養孩子時，較母親更容易去寵壞孩子。

（3）祖父母的教育程度

高學歷的祖父母常扮演良師益友的角色，和孫子女討論問題及未來；低學歷的祖父母則表示和孫子女有較多層面的接觸，涉入的類型也比較

廣泛。

（4）孫子女的年齡

　　孫子女的年齡愈小愈需要家人的照顧，但隨著孫子女年齡的增長，祖父母涉入孫子女生活的程度會逐漸減少。一般來說祖父母與較年幼的孫輩關係較佳，隨著孫子女年齡的增長而變差，但到了青少年晚期祖孫關係又會再趨緊密。

（5）孫子女的性別

　　孫女較喜歡和祖父母在一起，也會主動協助或幫助祖父母，因此獲得祖父母較多工具性協助、讚美，且覺得祖父母比較喜歡她們，與祖父母的衝突也較少。

（6）父母的社經地位

　　家庭社經地位愈高的父母，參與親職的程度愈高。相對的當父母參與程度愈高時，祖父母的參與程度就不高，因為祖父母通常扮演支援的角色，若父母親能發揮良好的職責時，祖父母多半不會有太多的干預。因此父母的社經地位，對祖父母的親職參與的影響也是不容忽視。

（7）父母與祖父母的關係

　　中間代的父母在祖孫關係中扮演著調停者的角色，以往的親子關係將影響現在父母－祖父母的代間關係，進而影響到祖孫關係的品質。祖父母雖是家族的守護者，可是中間世代卻有能力支持或阻止祖父母參與孫子女生活，因此祖孫關係的品質及祖父母參與孫子女親職的程度，需視祖父母與父母間關係的良好與否來決定。

（8）接觸頻率

　　對孫子女來說是否住在一起也是影響原因之一。「非同居型」的祖孫家庭中母系的祖母最具影響力，在「三代同堂」及「隔代教養型」的祖孫家庭中，影響力最大的則是父系的祖父母，這可能與在台灣如果父母離異，孩子的監護權一般都判給父親有關。

　　祖孫關係主要受到祖父母的年齡、性別、教育程度、管教方式，及孫子女的性別、孫子女的年齡、孫子女父母與祖父母關係、孫子女父母的社

經地位等因素所影響；其中祖父母與父母的關係，則是祖孫關係是否堅固親密的最大關鍵，直接影響到祖父母和孫子女相處時間的長短和接觸的頻率，還有祖孫關係的品質、參與孫子女親職的內容，當然也是祖父母對孫子女影響多寡的決定因素。而有關祖父和祖母的角色，在家庭社會的變遷之下是否有所變化也是值得探討的。

（二）祖父母對孫子女的影響

祖父母對孫子女的影響，一方面當孩子們受虐或未被父母妥善照顧時，祖父母如同孫子女的救贖者；但在另一些研究則顯示，隔代教養家庭下的孫子女常常會有被拋棄的感覺，因此有遲滯、失落、丟臉、罪惡感、孤立等情緒上和精神徵狀上的異常（如焦慮、憂鬱、重創後遺症），或成為社會刻板印象的犧牲者（Crnic & Greenberg, 1990）。

歸納祖父母角色對孫子女身心發展與人格形成有五點正面影響：

1. 透過和祖父母的互動及接觸，可以增進孫子女對家庭的向心力，對於家族歷史的發展和變遷，也能有更深的瞭解。且因為多了祖父母的關愛，孫子女擁有較多的安全感。
2. 從和祖父母接觸的經驗中，瞭解老年人的感受及如何和他們溝通。
3. 在孫子女早期社會化的歷程中，祖父母佔有重要地位，孫子女透過模仿祖父母的行為學習許多的人生經驗。
4. 當父母外出工作無法陪伴孩子時，祖父母能給予情感上的支持及穩定感。
5. 祖父母是育兒最佳人選，能協助父母照顧孩子。

祖父母對孫子女的影響是多方面的，並不只限制於日常生活和身體的照顧，還包含了家族歷史的傳承，參與社會歷程，對孫子女的自我發展、自我認同與價值觀等也有影響。而祖父母對不同年齡的幼兒有不同層面的影響。尤其在現今雙親都外出工作的家庭增加，祖父母除了照顧年幼的孫子女，更提供孫子女安全感以及情緒的支持，在孫子女社會化的過程中提供成人的引導、強化父母的角色等多項功能，在孩子的成長過程中扮演舉

足輕重的角色。如果父母們能居中扮演聯繫鼓勵的橋樑，孫子女與祖父母可能就會有較相近的觀點，祖父母對孫子女的影響力也將增強。

三、男權運動

（一）抗衡不利男性的立法與制度

正如女性主義亦會出現「自由」（Liberal）與激進（Radical）的分野；男性運動亦出現了「非女性主義男性運動」（Nonfeminist Men's Movement），這個流派對女性主義提出強烈的質疑，亦不斷的控訴女性主義及運動對男性、或父親造成許多的傷害及不公平，他們的目標是抗衡、甚至是推翻建基於女性主義的立法與制度。

此種路線的運動是以男權或父權為中心點，在美國的男性運動中，這以六○年代由一群關注離婚法例改革的團體開始，這群男士認為美國的離婚法例與及法庭判決，特別是產權分配及子女撫養權方面，對男性十分不利，他們對數額甚高的瞻養費，及法庭在缺乏足夠考慮之時，只顧及女性作為一個「較適合」的家庭照顧者的性別定既定形象，判決子女的撫養權予「不合適」的女性，大感不滿。這些不滿隨著離婚率不斷上升，這些不滿的人士在數量上亦不斷擴大。

Metz 在其著作 *Divorce and Custody for Men*（1968）中，指出這個法律制度如何壓迫男性所應有的權利，他更指出在這個壓迫的過程中，擁有權力的男性，為了取悅女性的同意及支持，而做出對男性不公平的判決。

在男權運動的發展過程中，支持者逐漸將關注面由離婚爭執，擴展至整個司法制度、虐待兒童及「正面行動」（Affirmative Action）。Doyle（1976）的 *The Rape of the Male* 便是充滿了這種種激進理念及控訴的著作。這群激進的男性運動者指出女性主義對男性的詮釋是片面的，只代表女性如何對男性經驗以女性角度來作演譯，這並不完全反映男性如何理解自己的體會與深層意義，他們認為男性亦應團結起來，學習如何正

確而全面地表達男性如何理解種種社會事件，代表的團體有 MEN（Men's Equality Now）及 Free Men。由於他們較激進的理念，對女性主義抱同情態度的男士及團體，指責他們為反女性主義者及持有本質上憎恨女性的價值觀，雙方採取敵視態度，亦由於這個激進的理念，得不到社會上大多數人士的認同，因此運動無法壯大。

（二）男性尋求諮商協助

社會的刻板印象對於男士使用福利服務有重大的衝擊。在尋求精神健康服務的人口中，男士約只有女士的一半；即使尋求協助，男人通常比較不易自我透露，情感表達和探索的意願也不高。而在經過多位諮商員的個案研究結果顯示：男女諮商員有給男性案主較嚴重診斷的傾向，例如情緒或人格違常。而精神醫療人員也已經著手改善這類傾向，使用男士能夠接受的治療方式。這些諮商方式的變革，特別有助於促進男士在生活上的調適。

四、生涯發展與工作滿意度

表 9-2　生涯發展模式

階段 項目	生涯階段			
	探索期	建立期	維持期	撤離期
發展任務	界定興趣、技能、自我跟工作的適配	晉升、成長、保障、發展生活型態	繼續完成、更新技能	退休計畫、平衡工作與退休間的轉變
活動	幫助學習、追隨方向	提供個人貢獻	發起訓練、決策制訂	分階段退休
與其他員工之關係	見習生	同僚	教練	輔導
年齡	少於 30 歲	30-45 歲	45-60 歲	60 歲以上
工作年數	少於 2 年	2-10 年	多於 10 年	多於 10 年

資料來源：Noe (1998)

（一）職涯發展

　　生涯發展（Career Development）：指組織藉由計畫性努力使個人生涯需求能夠結合組織的要求（表9-2）。這個過程幫助員工從組織經營層面與策略方向上規劃他們的生涯（李聲吼，2001）。工作滿意：工作滿意是工作者對於其工作特殊構面之情感性反應。一個滿意的員工通常會有較低的曠職率、對組織有正面的貢獻、且會繼續留在公司（Fox, 1994）。

　　工作和生涯的發展是成人期發展的主要情境或場域，步入中年期之時，多數人已經在職場多年，不論工作的性質如何，工作是生活重心之一，隨著年齡的增長，從工作得到的滿足感越來越強，工作也越努力，造成良性的循環。

（二）工作是一種生活方式

　　工作的表現對個人整體的生活方式有重大的影響，因為工作決定個人的社經地位（經濟地位或收入、教育程度或社會地位、職位或職業類別）。此外，工作也影響社會對個人的期待，它決定個人穿著的樣式、個人的行為、工作者個人對自己的評價、人生的意義及認定感（Lemme, 2001）。

（三）中年的職業變遷

　　隨著新經濟時代的來臨，傳統職場的年資倫理，已經被顛覆掉，以往技能傳授是老一輩的教年輕人，現在是年輕人教年紀大的。由於對資訊科技的掌握能力較差，中年人的職場生存空間，日益受到年輕世代的擠壓（Newman, 2002）。而中年工作者的困境有：重返職場困難、不敵知識經濟浪潮。

（四）中高齡勞工的負面形象

　　影響企業僱用中高齡勞工的意願，除了規避退休金給付等制度面的原

因外，不容否認很多是「觀感」的問題。「積習難改、叫不動、沒鬥志、意見多……」，成為社會對中高齡勞工的刻板印象。學者將這些刻板印象歸納成四大類（Lemme, 2001）：

1. 身心機能降低：中高齡者體能低落、判斷遲緩、缺乏活力、健康不佳。
2. 學習新知動機不足：對科技不感興趣、難以訓練。
3. 觀念保守固執：缺乏創造力、觀念老舊、固執己見不易溝通。
4. 應變遷能力降低：抗拒變革、不易適應、無法應付壓力、不易輪調。

雖然這些觀感部分屬實，卻流於「以偏概全」的刻板印象，使得年齡成為「原罪」，即使條件不比年輕人差，仍然受到企業的年齡歧視。

（五）街友

一般人很難想像街友的生活，也就是沒有固定的家。對有些人來說，家只不過是一個不重要的中繼站，甚至有人認為家是個像監獄一般的地方。而台灣目前受理或查報的遊民人數約有 4 至 5 千人左右，以協助的服務項目來看有：協助返家、關懷服務、年節活動、轉介福利服務、轉介就業服務或職業訓練及結合資源輔導租屋等項目（衛生福利部統計處，2018）。另外，在收容方面也分為轉介精神療養院、老人安養機構、老人養護機構、身心障礙福利機構及遊民收容所或其他有關機關等。

到底哪些人會成為無家可歸者？答案相當多元，有男有女、有年輕有老年、單身或有家庭、精神違常或健康者都有。由於街友的組成很多元，異質性也頗高，再加上低薪與失業率的衝擊，街友成為群體之中成長最快的團體。

什麼原因造成街友的現象呢？成為街友的因素也極為多元，有如街友成員的背景一樣多元，街友通常是一連串的危機、錯誤的決定、以及錯失機會所造成，其他因素包括：缺乏就業機會、缺乏家庭支持、藥物濫用、精神違常的去機構化、逃避暴力、社會福利的縮減等。

由於多元因素的交互影響，也意味著多元性協助方案的必要性，如精

神醫療方案必須針對脆弱或有可能成為街友的個體，提供預防性措施。想解決街友的問題不容易，街友面對的困難也很沉重。另外，不論是街友與否，職業訓練和擁有一技之長對任何想要成功適應中年生活的人而言都很重要。

（六）性別、工作、家庭：不同的途徑

步入中年後，生涯規畫的變動（工作或入學）可能會帶來正面和負面的結果，正面包括：學習新技術、新知識、新觀念、自我成長和新的人際關係，這些都有助於自我肯定及自尊心的提升；負面的結果：最容易造成家庭的衝突（因為另一半想轉移精力在求學或職場的同時，對方可能想要開始經營家庭生活）。所以成功的調適如何解決角色的更動和對變動所採取的態度是很重要的。

隨著年齡的增長，族群的認定也變得很重要；有關老年寡婦的質性研究也發現：人越老，族群的認定也變得越強烈，例如：老伴過世之後，他們拾起家族歷史的角色，回顧家庭傳承的過程，他們重新發現族群傳統和根的重要性，不少人因此學習如何將過去和現在自我統整。

問題與討論 ✐

1. 請說明更年期的定義以及對女性在生理及心理或社會面向之影響？
2. 請說明荷爾蒙補充療法的優點與缺點？
3. 請說明乳癌對中年女性患者之影響？
4. 請說明攝護腺癌對中年男性患者之影響？
5. 請說明專業落伍的定義以及對成年中期人士的影響？
6. 請說明中年成人與老年父母的關係與責任？
7. 請說明自己對於中年危機是否真的存在的看法？
8. 請說明女性毒品罪受刑人吸毒的原因與影響？
9. 請說明街友的現況與產生原因？

參考書目

台灣楓城泌尿學會（2016）。**攝護腺癌（前列腺癌）最新治療**。https://www.tmua.org.tw/PC-therapy-new-trend.html。

行政院主計總處（2018）。**國情統計通報**。https://mobile.stat.gov.tw/public/Data/6513163838ECWGCXEJ.pdf。

呂淑好（2011）。**女性與藥物濫用**。國家科學委員會專題研究計畫研究報告。

李聲吼（2001）。**人力資源發展**。台北市：五南文化。

乳癌防治基金會（2015）。**乳癌照護**。http://www.breastcf.org.tw/index.php/knowledge-base/current-status。

維基百科（2018）。**乳癌**。https://zh.wikipedia.org/wiki/%E4%B9%B3%E7%99%8C。

衛生福利部國民健康署（2018）。**婦女更年期保健**。https://www.hpa.gov.tw/Pages/Detail.aspx?nodeid=1149&pid=6613。

衛生福利部統計處（2018）。**遊民收容情形**。https://dep.mohw.gov.tw/DOS/cp-1721-9439-113.html。

Adler, S. R., Fosket, J. r., Kagawa-Singer, M., McGrae, S. A., Wong-Kin, E., & Gold, E., et al. (2000). Conceptualizing menopause and midlife. *Chinese American and Chinese Women in the U.S. Maturitas*, 35, 11-23.

American Family Physician, (2004). Osteoporosis. Retrieved January 12, 2009, from http://www.aafp.org./afp/

Apter, T. (1995). *Secret paths: Women in the new midlife*. New York: Norton.

Arnett, J. J. (2004). *Emerging adulthood: The winding road from the late teens through the twenties*. New York: Oxford University Press.

Avis, N. E., Craeford, S., & Joannes, C. B. (2002). Menopause. In G. M. Wingood & R. J. DeClemente (eds.), *Handbook of women's sexual and reproductive health* (pp. 367-391). New York: Kluwer.

Berk, L. E. (2004). *Development through the lifespan* (3rd ed.). Boston: Allyn & Bacon.

Cancer Rates. (1998). U. S. Cancer rates declining. CNN Interactive, Retrieved March 13, 1998, from http://www.cnn.com/

Cherlin, A. & Furstenberg, F. F. (1986). *The new American grandparent*. New York: Basic Books.

Cunningham, A. J., Edmonds, C. V. I., Jenkins, G. P., Pollack, H., Lockwood, G. A., & Warr, D. (1998). A randomized controlled trial of the effects of group psychological therapy on survival in women with metastatic breast cancer. *Psycho-Oncology*, 7, 508-517.

DeAngelis, T. (1995). How adoptes fare. *APA Monitor*, January, 23-24.

Dubin, S. (1972). Obsolescence or lifelong education: A choice for the professional. *American Psychologist*, 17, 486-498.

Eysenck, H. J. (1989). Health's character. *Psychology Today*, December, 28-32, 34-35.

Friedman, M. & Rosenmanxu, R. F. (1974). *Type A behavior and your heart*. New York: Knopf.

Grodstein, F., Manson, J. E., Colditz, G. A., Willett, W. C., Speizer, F. E., & Stampfer, M. J. (2000). A prospective, observational study of postmenopausal hormone therapy and primary prevention of cardiovascular disease. *Annals of Internal Medicine*, 133, 933-941.

McQuide, S. (1998). Women at midlife. *Social Work*, 43, 21-31.

Murrary, B. (1999). Via the telephoto, group support reaches cancer patients who might otherwise go without it. *APA Monitor*. Retrieved April 25, 2005, from http://www.apa. org /monitor/jun99/telephone.html

Noe, R. A. (1998). *Employee Training & Development*. New York: McGraw-Hill.

Rapp, S. R., Espeland, M. A., Shumaker, S. A., Henderson, V. W., Brunner, R. L., & Manson, J. E. (2003). Effect of estrogen plus progestin on global cognitive function in postmenopausal women: The women's health initiative memory study: A randomized controlled trial. *Journal of the American Medical Association*, 289, 2663-2672.

Schaie, K. W. (1977). Toward a stage theory of adult cognitive development. *Aging and Human Development*, 8, 129-138.

Schaie, K. W. (1994). The course of adult intellectual development. *American Psychologist*, 49, 304-313.

Sheehy, G. (2006). *Passage: Predictable crisis of Adult life*. New York: Ballantine Books.

Sleek, S. (1995). Battling breast cancer through group therapy. *APA Monitor*, December, 24.

Spiegel, D. (1999). Health words: Emotional experiences and disease outcomes. *Journal of the American Medical Association*, 281, 1328-1338.

Willis, S. L. (1989). Adult intelligence. In S. Hunter and M. Sundel (eds.), *Midlife myths: Issues, findings, and practive implications* (pp. 33-54). Newbury Park, CA: Sage.

第十章　成年晚期

　　成年晚期（late adulthood）涵蓋區間從 60 歲到死亡的階段，Erikson主張成年晚期發展的任務是統整與絕望（integrity or despair），與 Carl Jung強調老年時期是一個回顧和反省的人生階段，兩者意義相近。當老人們回顧自己的生命歷程，如果覺得自己的生命是有意義與價值，則較能接納自我，並感覺生命的整體性；相對的情境則是感覺悔恨及遺憾，對生命感到絕望。由於成人晚期涵蓋的時間因人而異，因此專家建議加以區分（表10-1），以便於分辨不同階段的情況。

表 10-1　老年階段三個分期的一般特徵

分期	特徵
青老年 （65-74 歲）	青老年人在社區中活躍參與，以及與親友維繫緊密關係，其中有些更活躍於娛樂活動、成人教育與志願服務，或因為財務需要或維持生產效能而全職或兼職工作，女性壽命通常較配偶長的現象開始呈現；身體健康、財務充盈、沒有親職責任的老人可以旅遊與遷居，有些人則必須扮演照顧老年親屬、配偶或孫子女的角色；另外，還有認為退休就是自由，收入、身分、被需要性降低和生命意義的失落。此時，配偶、伴侶、親友、同事的辭世情況漸增，罹患慢性疾病的機會增加，可能造成失能的情況，或經歷憂鬱的病症。然而，多數的人都還是能夠適當或有創意地讓自己適應老年的生活。
中老年 （75-84 歲）	此時許多人罹患慢性病。包含配偶、親朋好友、成人子女的過世會帶來附加的壓力，經歷到更多的身體變化，包含失能、視力聽力退化、平衡感，或是走動能力、反應時間的緩慢與空間判斷力的下降等。不少人在這個階段仍然獨立自主，對社區和家庭仍然很投入，也有一些貢獻。因為身心健康，身體和社交上都很活躍，造成每個長輩發展情況的差異日增，本階段長者的多樣性高過前一階段。

老老年 （85 歲以上）	大多數人在此階段是屬於體弱、依賴、失能、慢性病纏身，走動力受限等情況，有些人仍維持獨立和活躍的生活。因為體能衰退、無法開車或任意走動，喪偶許多人處在孤立狀態，失智症也愈益嚴重，85 歲以上長者之中有 50% 有腦部違常或失智的跡象。有些老人能持續日常生活功能，不論是獨立生活或與家人同住，本階段的婦女和男性的比率大約是 2.7：1。

　　由於醫療制度健全以及居住、衛生條件改善，國人壽命逐步提升，高齡人口不斷增加。根據內政部統計，在1993年，國內老年人口數（65歲以上）為149萬人，占總人口比率超過7%，遂進入國際衛生組織（WHO）定義之高齡化社會（ageing society）。此後老年人口逐年攀升，在2015年9月達12%。依國發會人口的推計估算，我國將於2018年邁入老年人口占比達14%以上之高齡社會（aged society），並於2025年成為老年人口占比達20%以上之超高齡社會（super aged society）（表10-2）（行政院主計總處，2015）。

表 10-2　高齡化社會人口推估

單位：萬人，%

項目別	1993 年		2005 年 9 月		2018 年		2025 年	
	人數	結構比	人數	結構比	人數	結構比	人數	結構比
總人口	2,100	100	2,347	100	2,354	100	2,352	100
老年人口（65 歲以上）	149	7	290	12	345	15	473	20
工作年齡人口（15～64 歲）	1,422	68	1,736	74	1,712	73	1,599	68
幼年人口（0～14 歲）	528	25	321	14	298	13	281	12
老化指數	28		90		116		168	
扶老比	10		17		20		30	

　　依據美國人口資料局（PRB）的統計，在2015年全球老年人口約占8%。其中，日本、摩納哥、義大利、德國、希臘、芬蘭、瑞典及保加利亞老年人口均達20%以上，為老化程度較高國家。我國當前老年人口雖低於多數已開發國家，但生育率持續走低，致使人口老化速度加劇，預估在

2060 年老年人口比率將達 40%，恐超越美、日、德、英等先進國家。

　　伴隨人口老化之**趨勢**，我國超高齡人口亦隨之增加。依據內政部統計（圖10-1），老年人口我國百歲以上人瑞人數首度突破 3 千人，20 年來約增 5 倍；因女性平均壽命高於男性，故歷年女性百歲以上人瑞數皆高於男性，惟性別比例指數（女性＝100）在 2015 年 9 月底爲 92，已較 1995 年的 53 及 2000 年的 67 高出許多（行政院主計總處，2015）。

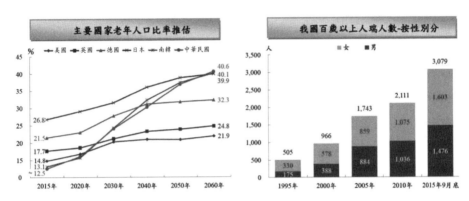

圖 10-1　世界老年人口推估及我國百歲以上人瑞數

一、社工實務須知

　　當人們年紀漸老時，哪些改變是需要注意的？綜合多位研究者及實務工作的意見，歸納如下（Frazer, 2011）。

1. 關切能夠留下一些東西：在生命過程中的一些具體事物，希望能傳承給家人或朋友。例如，有紀念性的個人物品、工作與生活上的經驗。
2. 對時間的感覺改變：許多人雖然是活在當下，卻已領悟來日不多。另外有些人則是開始回憶早年的時光，逐漸取代當下的生活經驗。
3. 希望能成爲活躍的智者：分享個人從年輕到老年的知識與經驗，積極參與社區或是民間的活動。
4. 蒐集熟悉的物品：老人會開始關心或是蒐集個人與家庭成員的用品，

包含照片、信件等。

5. 保持創意與好奇心：提供持續性的健康生活環境與社會支持，使其好奇心與創意都能朝向正面發展（Steklee, 2011）。

社會工作人員的主要任務之一，就是對高齡者提升其生活素質。由於醫療與社會的進步，使得人類壽命不斷提升，接近三分之一的生命歷程將屬於高齡階段，老人在財富、健康、種族與社會支持等方面的差異愈益明顯（Administration on Aging, 2008）。例如，生命歷程（life cours）觀點就強調要瞭解老人，則必須重視個體在歷史、族群、文化背景、性別、社會與經濟因素、教育和生涯等層面的年齡特質（Stoller & Gibson, 2000）。另外，需要考慮的還有基因特質、家庭和社會支持的情況。由上述之因素可察覺年齡僅是瞭解老人特質的因素之一，社工在進行老人功能評估時，應考量其身體功能、日常活動（用餐、盥洗）、心理狀態（生活彈性）、家庭與社會支持等（Green, 2000; Greene et al., 2007）。

二、成人晚期發展理論

一般而言，要想辨認老年時期的共同特質並非易事，社會老人學專家已經試圖勾勒出這些特質。例如，有一些理論試圖描述老年期的變與不變之處、老年與早期階段的差異、成功與正常老化的特徵，這些理論都有助於社會工作人員協助老人與家庭去因應老化的挑戰。

持續理論（continuity theory）（Atchley, 1989）強調，人們的改變較少與年齡有關，人的特質是呈現穩定狀態。例如，老人階段的特質通常是早期特質的延續，每個人面對老化問題的因應方式，通常是依照個體過去熟悉和習慣的策略；因為策略是以過去的經驗為主，因此，可以推斷老年生命的發展變化是有限的，人類晚期的發展是很奇特的（Atchley, 1989）。這項理論的基礎建立在長期縱貫性的研究上。這些研究發現：從青年、中年、進入老年期，每個階段的人格都是相對穩定，這些特質包含正直、神經質、外向、服從、對新事物的開放性等。與年齡有關的改變是漸增的，

而個人的特質卻是不變的。依據持續理論與老人一起工作時，所使用的方法與觀點是需要特別注意的。另外，在這類的理論中，歷史較久且較著名的是活動理論與撤退理論，其主題皆比較重視變化而非延續性。

活動理論（activity theory）（Havighurst, 1961）採用社會角色理論的觀點，強調長輩在社區及鄰里間若是能夠積極參與或加入服務的行列，則個人的幸福感會增加。成功老化的關鍵在於扮演新的角色，並且能夠適應環境的改變。該理論被批評之處在於，內容過於簡單化；例如，參與活動是否一定增進老人的生活滿意度與幸福感？參與活動者是否比較健康樂觀？

撤退理論（disengagement theory）（Cumming & Henry, 1961）主張，在老年階段，社會和個別的老人可能會產生「互相退縮」的過程，隨著老化，個體的內省或轉向內心世界的傾向逐漸明確，相關研究結果顯示，老化會伴隨著社會角色的失落而減少社會互動。所謂的撤退是指多數人皆如此，是無法避免的情況。每個人撤退的原因會有所差異，例如：有些人是自願退休，有些人是非自願。此理論較具爭議之處，在於傾向支持社會大眾和實務工作者應該遺棄老人，也造成專家學者反對區分老人與年輕人之間的差異（Achenbaum & Bengtson, 1994）。以上兩種理論，曾經引起不同的爭辯與研究，也促成新理論的形成和相關研究的探索。

Rowe & Kahn（1998）在探討「成功老化」的議題時，主張促進成功老化有三個因素：維持認知能力、維持身體功能與減少疾病、保持生活上的活力。說明成功老化的因素是個人可以控制的，例如：不要抽菸、多做運動、維持適當體重及生活豐富化。

一般學者對於成功老化概念的批評是：由於社會存在的不公平，致使部分人士無法體驗或經歷成功老化的過程；例如，老年婦女與特定族群，很多人生活在貧窮中、沒有健康保險、沒有接受教育（Holstein & Mindler, 2003）。再者，對於失能或是健康欠佳的長者，也很難達成此種目標（Holstein & Minkler, 2003）。有些學者主張靈性與宗教的概念也應該納入（Crowther, Parker, Achenbaum, Larimore, & Koenig, 2002）。

　　在最近15年，有兩個較新的老年相關理論亦開始受到關注：社會情緒選擇論（socioemotional selectivity）（Carstensen, 1992）與老年超越論（gerotranscendence）（Tornstam, 2000），兩個理論皆有採用撤退理論的部分觀點，強調老化過程帶來的心理和社會層面的變化，社會情緒選擇觀點主張，伴隨老化過程，熟悉與可靠的人際關係更加重要，老人可以選擇自己的情緒能量，以及互動與投入的方式；老年超越論則強調，最佳的老化是由靜思與靈性的要素所構成，這些因素使得老人能夠超越自己對於逐漸衰退的體能，以及對物質的關切，能將精神集中在靈性的層面。這兩個理論都注重老人在孤獨自處、生活選擇、人際關係等層面的需求，隨遇而安的重要性。

第一節　生理層面

一、生理成長與發展

　　由於醫療科技在治療與傷害處理的進步，使得人類壽命可能延長到120歲（Hooyman & Kiyak, 2008），生命階段（life span）指的是人類生命的最終極限；平均餘命（life expectancy）則是指某些特定年齡民眾到達死亡之前，剩餘的平均歲數。醫學的發達、健康的生活及營養的普及，使得人類壽命已逐步延伸，在2005年出生者的平均餘年是77.8歲（National Center for Health Statistics, 2007），相對的，1900年出生者平均餘命僅49歲（National Institutes on Aging, 2001）。美國的全國性資料也顯示（the Administration Aging, 2008），在2004年，年紀65歲者平均餘命是18.7年，且女性壽命較長。在台灣方面，2004年零歲平均餘命，男性為74.68歲，女性為80.33歲；2016年，男性為76.81歲，女性為83.42歲，都顯示出女性較長壽，而男女性的比率隨著年齡增加而增加（內政部統計處，2018）。65-69歲的老年女性和男性比率為122：100，到85歲時，比

率達256：100。研究發現，生理老化與身體變化的規則與發展任務極為多元，也因人而異，相關的理論中，大眾較熟悉的是「耗損理論」（wear & tear），認為身體就像汽車一般，會隨著時間而耗損；「自由基理論」（free radical）強調，主要不穩定的氧分子會破壞體內健康的細胞；「免疫理論」（immunological theory）則是將生物生理的變化歸因於免疫系統老化逐漸衰退，所產生的抗體難以抗拒疾病的攻擊。

雖然解釋身體老化的理論極多，但是，身體逐步衰老則是可預見的過程模式。個體老化後的身體容易受到疾病的侵擾，因此對於區別老化過程與疾病所造成的影響並非易事。由於個體衰退的速度各不相同，器官老化程度也互異，因此年齡無法成為衡量身體變化的絕對指標。表10-3顯示，老化會影響身體每一個部位，但是醫護界、生物及社會科學家都在努力讓人類能夠活的更健康，提升生活品質。

依據國外疾病預防中心的報告（Hooyman & Kiyak, 2008a），運動是健康老年生活最重要的關鍵要素，促進身體的活躍對老年的健康具有真正的幫助，培養既定的習慣有助於控制和預防身體的疾病，例如糖尿病、高血壓、過重、憂鬱皆會影響老年壽命和生活品質。適度的體能訓練可以降低風濕性關節炎的影響、降低跌倒風險、強健筋骨並減少血糖。

老化造成肌肉逐漸被脂肪所替代，減少了肌肉的力量，新陳代謝也隨之降低，在休息時，脂肪能夠燃燒的熱量減低，使得老人的體重可能增加。相關研究顯示，體適能訓練可以降低老化所造成的肌肉減少症（sarcopenia）。1990年代的研究證明經由適當的訓練，養老院虛弱的老年人肌肉的力量亦可增強。另外一項研究（Baum, Jarjoura, Polen, Faur, & Rutecki, 2003）將75-99歲安養機構的老人分組，第一組每週有三次的體力和彈性運動訓練；第二組進行時間相同的靜態活動（繪圖）。結果顯示，實驗組的肌肉力量顯著超過對照組，實驗組的認知測驗（Mini-Mental Status Exam, MMSE）分數比對照組高。許多研究結果亦顯示，年齡大小不會影響運動和良好的結果。有氧活動（走路、游泳、輪椅運動）皆對心臟和肺部的健康有幫助，強化肌肉、消耗熱量和減少老化（尤其是更年

表 10-3　老化的生理系統變化

骨骼系統	身高在 30 歲尾到 40 歲時達到最高峰，到了約 75 歲，大多數人可能降低 5 公分，因為椎間盤退化、骨質疏鬆與其他有關的變化，胸腔變得較深與窄化，骨質密度降低（女性流失速度更快），關節退化，上肢、下背、髖關節、膝蓋和腳部的移動範圍縮小，關節炎影響 75 歲以上的老人高達 58%，與疾病無關的腳步問題可包括：拇囊腫、足跟骨刺、錘趾、瘢傷組織。
肌肉系統	自老年中年期開始，淨體重減少，體脂增加（男性約 50%，女性約 33%），脂肪多數集中在腹部。肌肉收縮的速度與力量隨年紀增加而下降，倘若減少運動則肌力與耐力會逐漸衰退。
腦部與神經系統	神經系統最基本的細胞單元是「神經元」，會隨著年齡增長而減少（70 歲以後加速減少），除非血液供給阻塞，功能的變化極少，如果腦部血液流量減少、神經傳導產生變化、膽固醇累積等因素，上述的改變會影響反應時間的速度，影響感官知覺及認知功能。
感官知覺系統	肌肉、骨骼和神經的整體性改變，會影響到老人的平衡與步伐，意外和跌倒的機率提升；皮膚變硬，觸覺敏感度降低，會使老人對痛苦感覺降低，忍受程度提升。嗅覺細胞退化造成嗅覺功能降低，味覺也類似。視覺的改變是因為視網膜傳達光線的強度和質量降低，老老年更可能因視網膜的退化而喪失視力，在 21 歲以下失明的比率是 10 萬個人中有 100 位，65 歲以上則增加到 1400 位。聽力也會因老化而退化，主要是聽覺的各個部分與神經退化，高音可能無法聽到，可能聽到的是不清楚或扭曲的聲響。
循環系統	老年生理的改變是：左心室略微增大、二尖瓣和房室瓣增厚；動脈的膠原增加及主動脈彈性纖維鈣化，使得動脈容易硬化和增厚（血管硬化）。肥胖、運動不足、焦慮、疾病和血管硬化會使血壓升高，年齡益增，靜脈也變成較無彈性、變厚，使得大腿靜閥將血液送回心臟的效能降低。
呼吸系統	從 20-80 歲，一般人肺部的容量會減少 40%，肺部的彈性也逐漸減低，胸部變小，胸膈膜變弱；結締組織變化造成鼻子隔膜萎縮，使用嘴巴呼吸和打鼾的頻率提升。
外皮系統	老人的皮膚逐漸變乾、變薄、不規則顏色增加，結締組織減少，使得老人的皮膚易於瘀血和受傷，皮膚的膠質變少，逐漸失去彈性，造成皺紋和鬆弛，手及腳指甲變厚，頭髮變少，顏色漸失；體外的體毛和腋下毛逐漸變少。原因可能是賀爾蒙的影響，老年婦女的嘴唇上方和臉下半部的粗毛會增加；男性的耳、鼻和眉的粗毛會增加。

資料來源：Schaie & Wills (2002); McInnis-Dittich (2009)

期）引起的骨質疏鬆問題，並可以強化正向的情緒。老人運動意願不高的主要原因可能是關節炎或相關疾病引起的關節疼痛，或是怕跌倒（Yardley & Smith, 2002）。安養機構所提供的運動方案亦可供參考與執行。

運動與營養也對老年人的健康有所幫助，老人的營養需求與中年人的差異不大，老年人對低脂、高蛋白和複雜的碳水化合物應該均衡攝取（Chemoff, 2006），由於味覺與嗅覺退化導致老人食慾不高，或是可能偏好甜、鹹味等食物。另外，消化液分泌不足也會造成消化能力降低（Webdietitian.com, 2008）。由於養份與水份的代謝能力降低，加上氣候溫度上升，可能會造成脫水的問題。再者，獨居老人、低收入與失能的老人皆可能因為不容易取得食物，導致營養不良。

二、健康照護與藥物

經由老化所導致的慢性病與生理問題逐漸增加，調查顯示，老人每日使用的藥物包括四種看診藥品與兩種西藥房所購買之藥品（Geinberg, 2000; Beers, 2001）。上述藥品雖然可以解決老人有關血壓、心臟、血糖等健康問題，倘若服用過多也會造成問題。例如，前一位醫生所提供藥物如果引起副作用，很可能會被醫師誤以為是另一種疾病症狀，再開立另一種藥物，成為循環不絕的藥物問題（Cameron & Richardson, 2001）。由於老人的肝腎功能減弱，藥品代謝功能減低，藥劑容許量亦降低，對於焦慮或鎮定劑的處方皆應考量藥物對老人的影響（Beers, 2001）。

以美國為例，老人常見疾病的類型如下：高血壓（hypertension）最高55%，其次是關節炎（arthritis）50%，第三是心臟病（heart disease）30%，再來是癌症（cancer）25%，糖尿病（diabites）21%，及哮喘（asthma）11%（CDC, 2013）。在台灣，65歲以上老人自訴患有慢性病者占81.1%，所患慢性病主要為「高血壓」、「骨質疏鬆」、「糖尿病」及「心臟疾病」。就性別觀察，女性自訴患有慢性病的比率為84.1%高於男性之77.7%，其中女性自訴患有「高血壓」、「骨質疏鬆」及「關節炎」情形均

明顯高於男性（衛生福利部國民健康署，2018）。

三、性生活

　　雖然性生活的能量會受到健康、單身、缺乏對象而降低，老人在性方面的動能在老年階段仍可以表現。早期有關男性性行為（Kinsey et al., 1948）與女性性行為（Kinsey et al., 1953）的大規模研究顯示，老人不僅希望維持，也希望持續性活動，後續研究也顯示老人對性生活的興趣不減，只是次數減少了（Walz, 2002），有關老人性生活的突破性調查都在過去十年進行，一項由美國「國家老年委員會」（National Council on Aging）所進行的大型調查（Cutler, 2001）顯示，一千兩百餘位60歲以上的長者中，有近半數的老人仍希望有活躍的性生活（男性61%，女性37%），60-70歲之間的老人對性生活的期望比率更高（男性71%，女性51%），70或80歲的老人則是性趣降低。上述調查僅詢問老人的性活動，包括性交、口交、自慰等，並未詢問行為的頻率，也沒有討論性關係或性伴侶的意向。在台灣方面，65歲以上有31%有性生活（含自慰者：0.2%）、69%完全無性生活（曾春典等，1994）；另外一項針對南台灣所進的研究也發現：有63.6%表示仍有性生活；有98.7%老年人表示目前還是有性慾（黃玉等人，2012）。

　　此外，有研究探討1300位老人評估自我性生活的興趣、投入和滿意度（Johnson, 2001），結果顯示，男性在指標的平均都高過女性。另一項研究是針對3000位老人（Lindau, 2007），結果顯示性活動和健康良好有顯著的相關。但是在性生活活躍的受訪者中，發現有半數的受訪者，表示至少有一項「對性方面的問題感到困擾」。

　　Walz（2002）認為當前的社會較重視年輕與活力，對於老人性生活的議題重視度偏低，電影、媒體也很少出現老人性親密的場景，如果有出現，在性方面的描述都是負面較多，不是滑稽、就是病態、恐怖的「老不休」，媒體中如果出現「再振雄風」的勃起藥物，廣告的主角多半是50歲

左右的中年人，極少廣告會以老人來表現。另外，有關女性的性生活議題也極少被討論，尤其是女性必須面對更年期在性生活的衝擊，嬰兒潮世代正好進入此階段，隨著嬰兒潮世代的老化，老人性方面的議題將逐漸受到重視。

四、慢性病

由於身體的老化使得一般老人都有慢性病，在老人的醫療支出中，有九成五是花費在慢性病的治療上（Center for Disease Control and Prevention, 2008b）。儘管慢性病會使老人的身體受到影響，但是多數的老人仍可以在生活上保持正常化。很多老人因爲某些功能喪失因此需要協助，例如吃藥、出外的交通工具等。因此，社工人員在協助老人時的主軸應該是：雖然老人有失能情況或慢性疾病，應該盡可能保持老人的自主能力（Giffords & Eggleton, 2005）。

2015 年「台灣中老年身心社會生活狀況長期追蹤調查」顯示，就整體慢性疾病罹患率而言，50 歲以上老人，逾七成（72.2%）至少罹患一種慢性疾病，依性別比較，男性至少罹患一項慢性疾病的比例（73.9%）高於女性（70.7%）。年齡層越高則罹病項目數也越多，75 歲以上族群至少罹患一種慢性疾病之比例超過九成（93.8%）。按年齡層及性別分，50 至59 歲女性罹患慢性病項目數較同年齡層男性少，但 65 歲以上女性罹患慢性病項目數則較同年齡層男性多（表10-4）（衛生福利部國民健康署，2018）。

表 10-4　50 歲以上中老年人「自述曾經醫師診斷罹患慢性病項目數之百分比」

性別	年齡	自述曾經醫師診斷罹患慢性病項目數 (%)					
		0 項	1 項	2 項	3 項	4 項	5 項以上
男性	65-74 歲	17.4	27.6	21.5	14.6	8.6	10.3
	75 歲以上	7.1	20.5	21.3	17.6	10.8	22.6
女性	65-74 歲	15.5	22	20	17.8	11.3	13.4
	75 歲以上	5.5	14.1	20	19.9	16.2	24.3
合計	65 歲以上	12	21.3	20.7	17.4	11.6	16.9

資料來源：國健署 2015 年「台灣中老年身心社會生活狀況長期追蹤調查」

　　2016 年台灣兩性十大死因死亡率來看，以惡性腫瘤最多，其次為心臟疾病外，其他主要死亡原因排名順序男、女性有不同的變化（圖 10-2），就十大死因觀察，男性死亡率皆高於女性，其中又以事故傷害、慢性下呼吸道疾病男性死亡率為女性 2.7 倍，以及慢性肝病及肝硬化為 2.6 倍，差異較明顯（表 10-5）（衛生福利部，2018）。

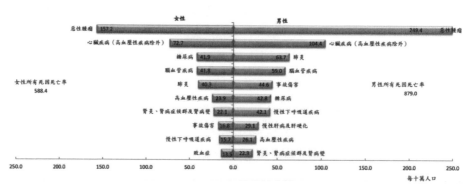

圖 10-2　2016 年兩性十大死因死亡率

資料來源：衛生福利部（2018）

表 10-5　兩性十大死因死亡率

	男性		女性		男/女倍數比
	順位	死亡率（每十萬人口）	順位	死亡率（每十萬人口）	
所有死亡原因		879.0		588.4	1.5
惡性腫瘤	1	249.4	1	157.2	1.6
心臟疾病（高血壓性疾病除外）	2	104.4	2	72.7	1.4
肺炎	3	63.7	5	40.3	1.6
腦血管疾病	4	59.0	4	41.8	1.4
糖尿病	6	42.8	3	41.9	1.0
事故傷害	5	44.6	8	16.8	2.7
慢性下呼吸道疾病	7	42.1	9	15.7	2.7
高血壓性疾病	9	26.1	6	23.9	1.1
腎炎、腎病症候群及腎病變	10	22.3	7	22.1	1.0
慢性肝病及肝硬化	8	29.1	11	11.3	2.6

資料來源：衛生福利部（2018）

　　從十大死因死亡率長期趨勢觀察，其中與生活型態有關之死因，又以慢性病佔最大宗，以台灣65歲以上中老年人曾患各項慢性病之百分比來看，由高至低前十名依序為高血壓（52.3%）、白內障（41.3%）、糖尿病（24.2%）、心臟病（23.2%）、關節炎或風濕症（20.6%）、高血脂（20.0%）、肝膽疾病（10.6%）、中風或小中風（9.4%）、痛風（7.8%）、腎臟病（6.8%）（圖10-3）（衛生福利部國民健康署，2018）。

　　老人死亡的過程，以中風與心臟病引發的速度最快，癌症與心絞痛相關的心臟病衰竭則可能要數週到數月。在此過程，老人會明顯轉為虛弱、嗜睡、少互動、意識不清、極少飲食。實際死亡的過程會延續1至2周左右，方向感可能若有若無，睡眠時間增加，偶爾會有躁動或用手指按床單，並有流汗、皮膚轉為蒼白泛黃，手腳轉為青藍色，呼吸及心跳不整。若有腎臟病則會出現身體浮腫的現象，多數人在死亡前會陷入昏迷，手腳和腿出現紫色塊狀，呼吸更不規律，兩次呼吸之間的間隔或中止的時間變長，肺部會發出聲響，最後失去意識、呼吸完全停止。

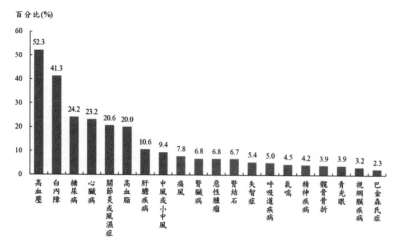

圖 10-3　65 歲以上曾經醫師診斷罹患各項慢性病罹病率

資料來源：國健署 2015 年「台灣中老年身心社會生活狀況長期追蹤調查」

　　在二次大戰之前，死亡是人類經驗與社區生活的一部分，病患多半會在家中與親友的圍繞下過世。現在因為醫療的進步，在醫院裡臨終的情形反而日增。安寧照顧（hospice care）興起之主要目的是提供臨終病患所需要的照顧與支持。經由和緩的醫療照顧（palliative care），滿足瀕死的病患與家人獲得安寧的需求。安寧照顧提供的替代選項中，治療不是重點，強調安寧與舒適。假使病人只剩 6 個月生命，又不願意接受治療，就符合安寧照顧的資格，可以選擇在家中、醫院、或社區機構接受照顧。

五、預立醫療指示

　　醫療進步也讓死亡過程變得比較複雜，其實臨終過程的生活品質才是關鍵，有幾種「預立醫療指示」的法律文件，讓臨終者可以預先做醫療照護的相關決定，以免臨終失去能力無法掌握自己的照護方向，其中最常見的就是「預立遺囑」（表 10-6）（living will）或「生命意願書」（圖 10-4），當一個人罹患無法治療的絕症，或者其他因素，在呼吸或心跳止時，可以

預先表達自己不想接受醫療或人工介入的方式延續生命，只求舒適無痛，也就是最為人所知的「不施行心肺復甦術」（Do not resuscitate, DNR）（圖10-5）。值得注意的是，預立遺囑或生命意願書不只有關是否延長生命的抉擇，其他還包括是否打抗生素、插鼻餵管、打點滴、連結呼吸器、進行手術等（圖10-4）。因為沒有人可以完全確定何時要中止治療，預立遺囑也常常無法包括所有的醫療決定，最好的方式還是委託可以信賴的親朋好友成為自己的代理人（圖10-6），在自己無法做決定時，成為自己意旨的持行者或代言人。

表 10-6　「預立醫療自主計畫」包含項目

1	急救意願表達	安寧緩和意願書／健保卡註記：當病患面臨生命盡頭或是生命徵象消失時，表達是否接受氣管內插、體外心臟按壓，急救藥物注射、心臟電擊、心臟人工調頻、人工呼吸等標準急救程序或救治行為。
2	維生醫療抉擇	末期病人對用以維持生命現象，但無治癒效果，僅能夠延長瀕死過程的醫療措施之選擇。
3	預立醫療委任代理人	當病患因疾病嚴重而無法表達意願時，當事人可選擇一位代理人，由其代為表達意願。
4	預立醫囑	病患在健康或意識清楚時，與醫師共同討論後，包括本人與醫師共同簽署的文件，說明當疾病無法治癒或臨終前，若本人已無法表達意願，由醫師根據病患之原意願簽署醫囑。

資料來源：安寧照顧基金會

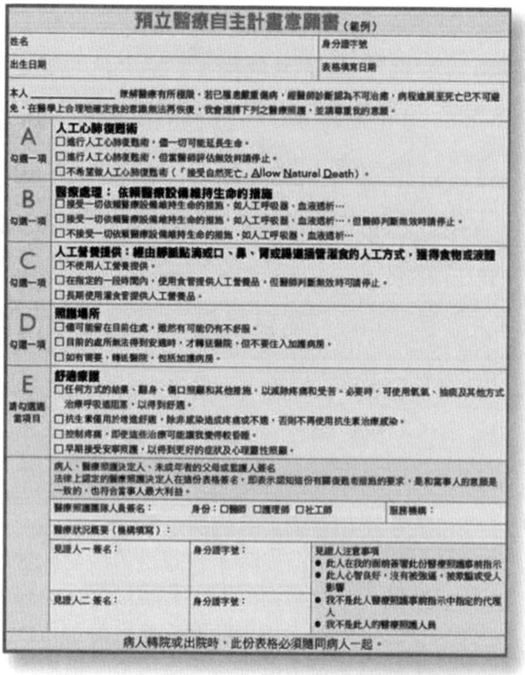

預立醫療自主計畫意願書（範例）

姓名
身分證字號
出生日期
表格填寫日期

本人＿＿＿＿＿＿＿＿ 深解醫療有所極限，若已罹患嚴重傷病，經醫師診斷認為不可治癒，病程進展至死亡已不可避免，在醫學上合理地確定我的意識無法再恢復，我會選擇下列之醫療照護，並請尊重我的意願。

A 勾選一項
人工心肺復甦術
□進行人工心肺復甦術，盡一切可能延長生命。
□進行人工心肺復甦術，但當醫師評估無效時請停止。
□不希望做人工心肺復甦術（「接受自然死亡」Allow Natural Death）。

B 勾選一項
醫療處理：依賴醫療設備維持生命的措施
□接受一切依賴醫療設備維持生命的措施，如人工呼吸器、血液透析…
□接受一切依賴醫療設備維持生命的措施，如人工呼吸器、血液透析…，但醫師判斷無效時請停止。
□不接受一切依賴醫療設備維持生命的措施，如人工呼吸器、血液透析…

C 勾選一項
人工營養提供：經由靜脈點滴或口、鼻、胃或腸道插管灌食的人工方式，獲得食物或液體
□不使用人工營養提供。
□在指定的一段時間內，使用食管提供人工營養品，但醫師判斷無效時可請停止。
□長期使用灌食管提供人工營養品。

D 勾選一項
照護場所
□儘可能留在目前住處，雖然有可能仍有不舒服。
□目前的處所無法得到安適時，才轉送醫院，但不要住入加護病房。
□如有需要，轉送醫院，包括加護病房。

E 請勾選適當項目
舒適療護
□任何方式的給藥、翻身、傷口照顧和其他措施，以減除疼痛和受苦。必要時，可使用氧氣、抽痰及其他方式治療呼吸道阻塞，以得到舒適。
□抗生素僅用於增進舒適，除非感染造成疼痛或不適，否則不再使用抗生素治療感染。
□控制疼痛，即使這些治療可能讓我變得較昏睡。
□早期接受安寧照護，以得到更好的症狀及心理靈性照顧。

病人、醫療照護決定人、未成年者的父母或監護人簽名
法律上認定的醫療照護決定人在這份表格簽名，即表示認知這份有關復甦術措施的要求，是和當事人的意願是一致的，也符合當事人最大利益。

醫療照護團隊人員簽名：　身份：□醫師 □護理師 □社工師　服務機構：
醫療狀況概要（機構填寫）：

見證人一 簽名：　身分證字號：
見證人二 簽名：　身分證字號：

見證人注意事項
● 此人在我的面前簽署此份醫療照護事前指示
● 此人心智良好，沒有被強逼、被欺騙或受人影響
● 我不是此人醫療照護事前指示中指定的代理人
● 我不是此人的醫療照護人員

病人轉院或出院時，此份表格必須隨同病人一起。

圖 10-4　預立醫療自主計畫意願書

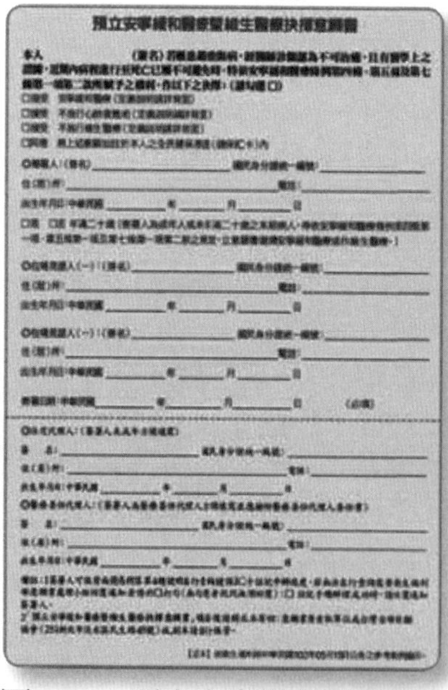

預立安寧緩和醫療暨維生醫療抉擇意願書

圖 10-5　預立安寧緩和醫療暨維生醫療抉擇意願書

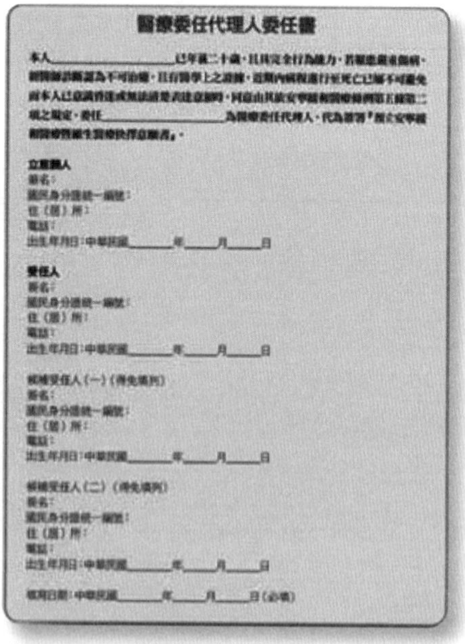

醫療委任代理人委任書

立意願人
簽名：
國民身分證統一編號：
住（居）所：
電話：
出生年月日：中華民國＿＿年＿＿月＿＿日

受任人
簽名：
國民身分證統一編號：
住（居）所：
電話：
出生年月日：中華民國＿＿年＿＿月＿＿日

候補受任人（一）（得免填列）
簽名：
國民身分證統一編號：
住（居）所：
電話：
出生年月日：中華民國＿＿年＿＿月＿＿日

候補受任人（二）（得免填列）
簽名：
國民身分證統一編號：
住（居）所：
電話：
出生年月日：中華民國＿＿年＿＿月＿＿日

填寫日期：中華民國＿＿年＿＿月＿＿日（必填）

圖 10-6　醫療委任代理人委任書

　　所謂的健康照護的「授權書」或「委任狀」（power of autonomy），是指在法律上指定一位代理人，當病患失去能力時，授權特定人士為自己做醫療上的決定（圖10-6）。美國在1990已通過病患自決法案，要求所有接受聯邦或州政府經費的醫療院所，必須在病患接受照護時，明確告知相關的權利，協助當事人簽署授權或委任文件，且有固定格式的預立遺囑或委任狀，病患可以指定可以信賴者為自己做照護的決定，且具有法律效力（Gunter-Hunt, Mahoney, & Sieger, 2002）。

第二節　心理層面

一、認知發展與資訊處理

　　老人的想法與學習是否與年輕人有所差異？ Schaie 與 Willis（2000）建構了一個成人階段的六個認知發展期，當中有兩個發展期屬於老人階段，他們認為青老年期的長輩所需要獲得與應用資訊的需求，不若往昔，也就是進入重組時期（reorganizational stage）。老人必須將認知能力重新整理與規劃，主軸應該是因應老化帶來的角色變化與個人需求的改變。進入了後老年的階段，認知的主軸是「再統整」（reintegration），近似艾瑞克森所謂人生第八階段的統整，他們認為：「相較於年輕人」，老人更需要將所獲得的資訊與知識，應用在自己的興趣、態度和價值的重新整合（Schaie & Willis, 2002）。

　　還有一個論述老人認知的理論就是選擇性優化（selective optimization）與補償（compensation），又稱為 SOC（Baltes & Baltes, 1990），強調老人儲存資訊的能力不若從前，應選擇重要的任務與活動資訊，去蕪存菁，這是老人因應之道；「優化」是讓自己仍舊擁有的經驗、技巧與優勢盡力發揮；「補償」則是當能力衰退時，改變自己的行為以搭配現有的能力。有研究探討老人認知與發展的情況，內容是有關個人嗜好的情況與程度，

Adams（2004）發現，需要體力和社交的活動（動態娛樂活動、與他人互動的社交活動、逛街購物等）較少了，但是智能與情感的活動反而增加。

老化對於腦部的功能仍有影響，改變的內涵包括：腦容量變小、神經、澱粉代謝、血液流量減少（Piguet et al., 2002），改變所牽涉的因素很多，每個人不同。研究顯示，結晶智力（crystallized intelligence）是指資訊的累積和語文能力，這個部分維持穩定，甚至可能還會增強；流動智力（fluid intelligence）是指抽象思考能力，此部分則會因為年齡的增進而衰退（Horn, 1982）。另一項在澳洲的研究顯示，有關執行管理功能中，高階的認知能力，諸如組織、規畫、做決定、自我控制等，不會因為老化而衰退，但是會因為認知缺陷等病變的影響而退化（Piguet et al., 2002）。

研究者若是想要觀察跨越生命階段的變化，則需進行縱貫性研究（Schaie & Hofer, 2001）。西雅圖縱貫研究（the Seattle Longitudinal Study, or SLS, Schaie, 1996）自1956年開始觀測老人智力每隔七年的情形，評估項目包含：語言、推理、文字順暢、數字使用及空間視覺等五大項，執行了35年。結果發現，每個層面變化皆有差異。特別的發現是，在67歲時，智力衰退程度低於25%，在74歲，衰退情況是33%，到了81歲，衰退是40%。表示老人的衰退過程是漸進的，在80或90歲，衰退就很明顯，研究顯示某些測驗項目的表現維持穩定或是有進步。整體而言，老人的衰退並非隨著年齡增加而發生，不同的認知能力的衰退情況也有差異。

有關老人認知能力，最常見的衰退是資訊處理方面（Schaie & Willis, 2002; Salthouse, 2000），知識的建立或回憶會受到眼、耳等感覺器官對資訊的吸收，隨著年齡的增長，眼睛聚焦的能力衰退，視覺所需的光度增加，由光亮轉陰暗及反轉適應能力劇降；聽力也是衰退，尤其是對高頻的聲音（Fozard & Gordon-Salant, 2001），感覺功能上的退化，也影響感覺的品質，以及接收與處理資訊，或是採取行動的能力，造成成年晚期行為及反應緩慢的原因（Madden, 2001; Salthouse, 2000）。

老人記憶力的衰退也受到年齡的影響，尤其是口語回想及空間記憶（Foster, Comwell, Kisley, & Davis, 2007）。找字與名詞回想的受測驗情況，

也就是「舌尖現象」會伴隨正常老化而降低（National Institute on Aging, 2008），記憶與學習這兩項會互相影響，記憶是將所學習的資訊予以編碼及儲存，然後再加以提起或回想。心理學研究已經辨認的記憶類型，包含長期與短期記憶，長期記憶包括四種類型：情節（episodic）、語意（semantic）、程序（procedural）、與前瞻（prospective）的記憶，這些記憶一般都會保持不變，除了情節記憶（記得事物，以及與該事物有關的時間和地點），因為所需要耗費的資訊處理能量較多，會隨著年齡增長而衰退（Schaie & Willis, 2002）。短期記憶包含主要記憶（primary memory）與工作記憶（working memory），前者是指短期記憶的儲存空間，後面是指正在處理的資訊，以及能夠保留長短的能力，短期工作記憶所需要的編碼和提起的能力會因為老化而降低（Foster et al., 2007）。

　　影響記憶困難或缺陷的因素包含：糖尿病、高血壓、心臟血管疾病和憂鬱等等（Backman, Smakll, & Wahlin, 2001），有些記憶的缺陷卻是誤診的結果，例如醫師將短暫、過渡性或可逆性的問題誤判。例如，藥物或是缺少某種維他命會造成記憶功能暫時衰退，被誤判為是腦部的違常（Backman, Small, & Wahlin, 2001; Kaye & Grigsby, 2007）。

　　一般而言，老化過程中的長期記憶喪失極少，衰退較多的是短期記憶與近期記憶。部分長輩產生近期記憶喪失的現象，其原因可能是對當下的事物不感興趣，缺乏動機或注意力不集中的緣故。西雅圖縱貫研究的結果發現，有些長輩到了 80 歲，智力仍然沒有退化，Schaie（1987）察覺其共同的特徵包含：無心臟血管疾病、經濟是中上的水準、積極參與生活、中年後的生活態度、行為很有彈性等。專家強調，能夠保持腦力活躍並且維持刺激，就可以維持日常生活的記憶功能（Burdman, 1986）。綜合言之，保持彈性的心態、願意接受改變、主動學習新事物，以及用心觀察新環境等，老人的心智就不容易退化（Azar, 1996）。

　　生理與心理的健康對記憶的影響極大（Burdman, 1986），此外，藥品的使用也會影響記憶，因為可能是暫時性與局部性，因此易被忽略。新近的研究顯示，適當的組織資訊將可增強老人的記憶（Schaie & Wills,

2002）。另有研究採用模擬、回饋、獨自練習、團體討論等方式，增加老人辨別問題欲解決問題的能力，結果顯示，受試者的表現較原先明顯改善，證明認知能力是可以強化的（Wills & Nesselroade, 1990）。

二、溝通

老年人因為感覺器官逐漸衰退，使得聽讀說寫等溝通的能力皆受到影響。此外，疾病也會造成溝通能力降低，諸如帕金森氏症，患者的說話速度與聲調皆呈現降低的情況。由於對外的互動減少，社工員必須重視持續連繫的重要性。社工在早期所發展出的驗證治療（validation therapy），強調照顧者須瞭解失智長輩的需要與感受，藉由傾聽、同理及回應（Feil & Altman, 2004）。此外，諸如思覺失調症者的溝通，也可加入其他活動與治療方式，例如，每日張貼不同的圖像與日曆，以強化患者的認知能力與現實感。

老人化語言（elderspeak）是一種對長輩的溝通方式，不論其是否失智，亦著重說話時的方式與態度。老人化語言強調對話時需要：速度放慢、言詞簡單、聲音放大、字詞精簡、語法簡單（Kemper & Mitzner, 2001），類似與小孩說話一樣，唯一的差異是音量。當然，此種做法也有一些爭議，認為會傷害其自尊，也可能含有不敬之意。有研究顯示，此種方式的溝通效果較佳（Kemper & Mitzner, 2001）。

三、態度與情緒

研究結果顯示，長輩的情緒、心情及個人的感受力與一般成人不同。例如，老老年的樂觀情緒較少，憤怒與悲傷則是較常見（Magai, 2001）。此外，老人的情緒經驗亦較為複雜，因為可能感覺來日無多，因此較能感受與體驗多樣化的生活。因此，提供適當的刺激，減少悲觀的情緒是照顧者與社工該努力的方向（Carstensen et al., 2000）。

（一）失落、悲傷

　　老年人的情緒生活中充滿了失落（loss）的經驗與調適過程，例如，青春遠去、親友往生、社會地位不再擁有，有些人甚至失去獨立自主的能力。倘若許多遭遇同時發生，即使心裡有準備，仍然可能造成極大之衝擊（Knight, 2004）。喪偶或至親的離開對存活當事人的影響極為深遠，主要是因為失去的關係難以替代，失去配偶也等於喪失一生之中極重要的角色。

　　悲傷（grief）是因為深愛的人過世所造成正常性的生理與情緒反應。生理上的反應包括：胃中空、呼吸緊促、喉嚨緊繃、肌肉無力與疲勞、對吵鬧聲音過敏、口乾舌燥等。情緒上的反應包括：悲哀（sadness）、憤怒、自責（self-reproach）、焦慮、孤獨、無助、麻木（numbness），有時會產生解脫（relief）的感覺（Worden, 2008）。當人們經歷喪失至親且當事人缺乏處理痛苦和失落的經驗，日後可能會產生一些問題。Worden 列出哀悼失落者必須完成的四個任務：

1. 接受失落：悲傷者可能在初期會否認至親過世的事實，因此，接受親人已經死亡、人無法復生的事實是主要的任務。悲傷者一般會出現尋覓的行為，例如：看到往生者出現在人群或聽到其聲音。

2. 感受痛苦：悲傷者在親人過世後會詢問：「要等多久才能遠離痛苦？」為了避免太過於哀傷，有些人忙碌在活動與旅行中，希望能夠減輕痛苦的感覺。只是，痛苦無法迴避而只能被感受，因此可以嘗試尋找新的角色與關係。例如，到鄰近社區參加活動或擔任志工等。此外，悲傷者必須經歷痛苦，所以可以找機會向人說出至親過世的經驗和感受，另外，參加團體治療也可嘗試。

3. 適應新的情境：外在的調適包含處理生活上的實務與喪失的社會角色，內在的調適則是面對自己和往生者關係的認定，自己扮演的角色或內在的認同是往生者的孩子、伴侶或父母？同時可以在宗教層面尋找實質的意義。

4. 發掘與過世者維持聯繫的適合方式：可採用宗教禮儀、遺物的整理與保管、心理對話等，面對現實，走出自己的路。

國外學者主張，走出悲傷的最主要概念是轉換當事人的生活模式與角色。另一個模式是「對應哀傷的二重模式」（dual process model of coping with bereavement）（Striebe & Schut, 1999），該模式主張哀傷可以分爲兩層，失落取向與恢復取向的因應，前者聚焦在哀痛情緒的處理，例如：盼望、絕望，對過世者的追憶，後者則建議以新的角色與行動走出悲傷，建立新的生活方式。Richardson（2007）曾進行老年喪偶者研究顯示，一方面支持二重模式的觀點。此外，認爲當事人若是持續集中精神在死亡情境與悲傷，則其幸福感會降低，應改以回復正常生活爲導向。

（二）孤單

老年的悲傷情緒可能導致孤單（loneliness）（Adams, Sanders, & Auth, 2004），孤單被界定爲：不愉快的主觀感覺，個人期盼可以有人陪伴或情緒支持（Blazer, 2002b）。有些人屬於社會性孤單，意指無法找到任何的陪伴或親近的他人。其他與老人年齡有觀的孤單含意是指，遷移到新的地點，因健康因素而改變生活習慣。研究顯示，老人在八十歲以上、低收入者較易感覺孤單（Pinquart & Sorensen, 2001），孤單的感覺易導致憂鬱的症狀（Blazer, 2002a; Adams, Sanders, & Auth, 2004），一般而言，即使參加活動，住在老人公寓內的長輩仍可能有孤單的感覺，社工員可採用下列方式協助之：

首先，社工可以替住民辦理人際技巧課程，增進互動與認識的機會。其次，對於獨居或行動不方便者，提供關懷訪視。第三，招募志工進行電話訪問與問候。第四，辦理家庭成員之活動與研習，增加長者的社會接觸。第五，提供家庭治療、促進家庭成員對孤單長輩的社會與情緒支持。第六，辦理新進喪偶者的支持團體，增加其支持與互動機會。

四、社會認知與規範

（一）年齡與自我概念

一般長輩大多數是不服老的個體。有研究顯示，受訪者自己覺得比實際年齡少八歲，老人認為別人也有相同的看法（Kaufman & Elder, 2002）。年長女性的自我認知多半是，盡量不使別人認為自己已經屬於老年人，此種現象在社會中頗為普遍（Hurd, 1999）。大多數的老人會以退休前的職業與社會角色界定自己。參與的服務以及休閒活動也與工作經驗相近似。此種行為與「持續理論」的概念較為相近，也就是自我概念與個人特質不會改變。亦即，懷舊（reminiscing）是多數老人自我概念的延續方式。

自我概念與認定的主要因素是人際關係與社會角色。即使因為年歲造成一些變化，回憶過往生活中的主要經歷或事件皆有助於自我認定的維持。因此，藉由懷舊的過程，可以賦予生命的自我意義與價值。長輩也可藉由互動，進一步認識自己的過去，並可導引對未來的自信與方向，此乃鑑往知來是也。

生命回顧（life review）是一種經由正式的過程，幫助老人回憶自己過去的成就與經歷。此舉有助於改善老人的情緒（Butler, 1963）。回想（recall）與生命回顧的不同之處是，較不注重自我覺察與解決衝突（McInnis-Dittrich, 2009），生命回顧強調欣賞或肯定過去的成就，淡化個人的缺點與過往的錯誤。

（二）心理幸福感

相關的研究顯示，成功老化與心理上的幸福感覺關係密切，基本上，如果能夠保持身心健康，則可降低老化所導致的危險。換而言之，老人本身的心態調適與因應能力，與未來的幸福關係密切（Greene, 2000）。此外，對環境的掌控感與熟練度，也是影響幸福的重要因素（Jang, Haley, Smaill, & Mortimer, 2002）。老人若是住在養護之家或安養中心，則其幸福

感較容易被剝奪，也較容易造成憂鬱的感覺。因此，工作人員應該盡力維持其功能，進而提升他們的自主能力與控制感。

（三）智慧

在艾瑞克森所提出的人生發展八大階段中，老年期的任務是「統整與絕望」，其中最主要的影響因素就是智慧（Schaie & Wills, 2002）。所謂的智慧是指「一個人在生活與人際互動中所累積的人生知識，它可以維持與超越個人自我、人際與興趣間的平衡」（Stemberg & Lubart, 2001）。簡言之，智慧就是個人除了擁有能力之外，也可以從別人的觀點來待人與處事，亦可以看到別人的需要。

經由研究，國外學者界定出老人智慧的五個層面：「豐富的生活事務知識、豐富的生活程序知識、能夠從整體人生的角度看事情、接納別人的看法與價值、明瞭與接受生命的不確定性」。研究顯示，智慧在75歲之前是很穩定且變化不大（Baltes & Staudinger, 2000）。也就是智慧不會隨年齡而增長。

（四）宗教信仰

宗教的重要性伴隨老人年齡的增加而日增（Hooyman & Kiyak, 2008）。信仰所給予老人生命的意義與其主觀的幸福感有密切的關聯性（Krause, 2003）。宗教行為和靈性兩者的概念是不同的；靈性的定義是，相信有一種超越自己的力量，透過對此種力量的信賴和禱告，當事人能夠面對人生的問題（Hooyman & Kiyak, 2008）。研究顯示，宗教活動（個人的靈性信仰和禱告）與身體健康（Musick, Traphagen, Koenig, & Larsen, 2000）、生命的長度（Helm, Hays, Flint, Koenig, & Blazer, 2000）、自覺的生活品質、存活的意志，與對死亡接受程度（Hooyman & Kiyak, 2008）的關係密切。

部分社工員主張應該將生理、心理和社會層面的評估擴展到靈性層面（Nelson Becker, Nakashima, & Canda, 2007）。目前，在長期照護、醫院、

安寧照護、精神醫療實務的環境中，已發展出評估或探討個案靈性活動、信仰，以及靈性需求的指導說明（Krause, 2003）。

（五）認知缺陷

認知缺陷（cognitive imparement）的風險隨著年齡成長而增加（National Institute on Aging, 2008），失智（dementia）常常被用來指：影響記憶、人格和功能上不可逆轉的認知缺陷。阿茲海默氏症（Alzheimer's disease, AD）是失智症最常見的類型，大約有60-70%的老人失智症屬於這種類型（Schneider et al., 2003），還有幾種失智症會引發類似的症狀，但是其背後的原因則有些差異，包括：血管性失智、路易氏體失智和額顳葉失智。

美國在2008年大約有520萬的人罹患阿茲海默氏症，預計到2025年，人數將成長到1,100-1,600萬人，大約占65歲以上老人人口13%（Plassman, et al., 2007），此種疾病是從喪失短期記憶開始，最後導致腦部的功能喪失（Naditz, 2003），常見的症狀包含情緒和行為的改變、情緒的反應降低、失去生活動機與冷漠（Landes, Sperry, Strauss, & Geldmacher, 2001）。病人在中期，有半數的患者會產生妄想、幻覺、躁動、言語與行為上的敵意、不配合照護（Schneider, Porsteinsson, Peskin, & Pfeiffer, 2003）。

在台灣的部分，65歲以上老人共3,268,013人，其中輕微認知障礙（MCI）有598,694人，占18.32%；失智症人口有259,013人，占7.93%（包括極輕度失智症105,180人，占3.22%，輕度以上失智症有153,832人，占4.71%）。也就是指65歲以上的老人每12人中有1位失智者，而80歲以上的老人則每5人就有1位失智者。根據流行病學調查結果，每間隔五歲的失智症盛行率分別為：65~69歲3.40%、75~79歲7.19%、80~84歲13.03%、85~89歲21.92%、90歲以上36.88%，顯示年紀愈大認知障礙會更嚴重，且每隔五歲就有倍增的趨勢（表10-7）（台灣失智症協會，2018）。

表 10-7　　五歲分齡層失智症盛行率

年齡（歲）	65～69	70～74	75～79	80～84	85～89	≧ 90 歲
失智症盛行率（%）	3.40	3.46	7.19	13.03	21.92	36.88

資料來源：台灣失智症協會（2018）

　　以民國106年12月內政部人口統計資料，以及上述五歲分年齡層失智症盛行率計算，台灣於民國106年12月65歲以上失智人口有259,013人。30-64歲失智症盛行率依據國際失智症協會之資料爲千分之一，估算台灣30-64歲失智症人口有12,630人，加上65歲以上失智人口，推估民國106年12月台灣失智人口共271,642人，占全國總人口1.15%，亦即在台灣每100人中即有1人是失智者。民國130年失智人口逾66萬人，每100位台灣人有3位失智者；民國140年失智人口逾81萬人，每100位台灣人有4位失智者；民國150年失智人口逾85萬人，每100位台灣人有近5位失智者。未來的45年中台灣失智人口數以平均每天增加35人；每40分鐘增加1位失智者的速度成長。

（六）失智症的診斷

　　老人與其家屬也很關心認知能力喪失的問題，由於人類壽命展延、阿茲海默氏症的案例增加之影響，一般中年人或老人對此種疾病的焦慮感越益明顯（Hodgson & Cutler, 2003）。高齡時期（senior moment）這個名詞主要是陳述記憶的錯誤，也反映出大眾對於老人的刻板印象，認爲老人的記憶力會衰退，或老人會容易忘東忘西。同時也反映出社會對於老化，認知力降低與喪失的焦慮（Bonnesen & Burgess, 2004）。

　　失智症是一種疾病，並不是正常的老化現象，很多家屬認爲患者是老呆瓜、老頑固，認爲人老皆會如此，忽略了就醫的重要性，事實上患者應該要接受治療。失智症（Dementia）並不是單一疾病，而是一種症候群，它的症狀不僅只有記憶力的減退，也會影響到其他認知功能，包括有語言能力、空間、判斷力、思考演算能力、注意力等功能的退化，也可能會出

現干擾、改變性情、妄想或幻覺等症狀，其嚴重程度足以影響患者的人際關係與工作（台灣失智症協會，2018）。

　　失智症的分類一般有兩種：退化性失智（阿茲海默氏症、額顳葉型失智症、路易氏體失智症、其他如亨廷頓氏症等）；血管性失智，患者可能存在兩種或以上的病因，最常見的是阿茲海默氏症與血管性失智症並存（混合型）。失智症是一個進行式的退化疾病，從輕度時期，逐漸進入中重度、末期症狀。疾病退化的速度不一定。若能瞭解疾病的病程與症狀，可幫助患者、家屬預做準備，以因應疾病帶來的生活影響（台灣失智症協會，2018）。

　　最近幾年各方都很強調早期診斷，因為較早診斷可以提早治療與投藥，此種做法也有風險，例如：個案沒有失智的問題卻被誤診，也就是「假陽性」（Comer & Bond, 2004）。病患有失智且診斷無誤，也必須面對心理的壓力，例如：知道自己罹患漸進性的病症所產生的焦慮、使用新藥物可能的副作用與焦慮、家庭與人際關係會受到影響等（Iliffe & Manthorpe, 2004；Schneider et al., 2003）。

　　藥物濫用與帕金森症也可能會導致失智症，使得阿茲海默氏症的診斷更為複雜。另外，阿茲海默氏症也可能引起冷漠，以及憂鬱症引起的認知缺陷症狀，使阿茲海默氏症看似憂鬱症，反之亦然（Schneider et al., 2003）。國外專家曾經對病患死後進行腦部解剖，以確認患者是否有澱粉樣斑塊與神經纖維纏繞等現象，這是診斷阿茲海默氏症的確定方式。認知與神經的檢驗和症狀史的確認，都有助於辨識多數患者的失智情況（Naditz, 2003）。

　　輕度認知障礙（mild cognitive impairment, MCI）的名稱首次出現是在1990年（Bennett, 2004），現在的病患則是日益增加。雖然MCI與失智症早期兩者間的差異有限，當個案的認知有缺陷，老化衰退嚴重，也沒有AD或其他失智症常見的功能障礙與問題，一般會診斷MCI（Bennett, 2004; Foster et al., 2007）。MCI是否為失智的前兆，目前尚未能確定（Davis & Rockwood, 2004），研究顯示每年大約有10-12%的老人得到MCI。

（七）阿茲海默氏症的危險因子

　　年齡增長是 AD 和其他失智症的主要危險因子，年齡越大，罹患的機會就越大，一般而言，所有老人都有失智的風險。家庭史是另一項風險，科學家已經發現某些異常的遺傳基因，稱為 AD 的前置因子，這種基因使得家庭成員容易罹患 AD 之外，也有少數家庭的成員容易罹患早發性的 AD，這種類型極為少見，可能是幾個世代才發生一次或兩次，很少有跡可循，對於這類型的遺傳就很少可以精準的預測。對於隨機或偶發類型的 AD 而言，基因的角色雖然很清楚，但是通常不會很直接地傳遞下去。最近的研究集中在一種名為 APOE 的基因，該基因會使得某些人容易得到 AD（Alzheimer's Association, 2008b）。其他的前置因素也已經被探討過，並且這些因素顯示在失智症的發展上扮演著某種角色，例如：青少年早期智商或口語能力偏低的問題，在《老化與優雅》（*Aging with Grace*）（Snowden, 2001）這本書中，針對某個教會的修女進行的研究，結果顯示生命早期的心智能力與晚期罹患 AD 有關係，最近的研究也顯示體能和社交活動在預防失智症方面的功能，以及糖尿病、高血壓、心臟疾病都是可能的風險（National Institute on Aging, 2008）。

（八）失智照顧

　　輕度與中度 AD 個案的行為改變，對照顧者而言是巨大的挑戰，不論是身體和口語的暴力、妄想、多疑、失控的躁動、遊走。回顧過去的研究，Schultz 與 Martire（2004）提到：「有些家庭照顧者的角色持續許多年，有不少人有 10 年以上的照顧歷史，照顧過程的角色持續不斷地擴充，照顧任務有越來越複雜的趨勢，且與專業人員的角色、任務越來越接近。」專業人員可以提供照顧者支持團體、認知行為模式的團體療法（Akkerman & Ostwald, 2004）、個別諮商心理治療。由於網路的發達，網路支持團體隨之興起，使得照顧者可以不離家，仍然可獲得社會支持，有機會與其他照顧者互動交流（Smyth, Feinstein, & Kacerek, 1997）。還有日

間照顧或夜間喘息照顧可以運用。然而,對於許多家庭而言,將長者安置在機構是最後的選擇,通常是獨居失智的個案或者是照顧需求已超出家庭負荷的能耐,例如:失禁、容易走失,機構安置通常是不得已的選擇。

自從 1980 年代,研究者將焦點放在對照顧失智家屬可能造成的衝擊與結果後,主要是探討負荷和壓力感受等因素,激發了社會心理處遇模式的興起。整體而言,家庭照顧者可能會有嚴重的憂鬱、身體上的問題、情緒上的違常。另外,研究也顯示有些人因應的能力變差,有些人則是尚可,進而促使研究者想找出造成這種因應差異的因子,過去研究比較確定的是心理與社會因素(例如:人格特質、社會支持)影響照顧者的因應結果(Pearlin, Mullan, Semple, & Skaff, 1990)。某些研究則是將焦點放在家庭照顧帶來的收穫,例如:覺得自己很有用處、感到自信,因為能夠回饋長者過去對自己的照顧而感到欣慰(Kramer, 1997)。

但最近有研究顯示,照顧上的負荷與壓力並不是造成照顧者憂鬱或鬱卒的主因,反倒是哀傷或悲痛才是照顧者憂鬱的主因(Adams & Sanders, 2004; Adams, Smyth, & McClemdon, 2008)。照顧者的哀傷在失智症的早期和晚期最嚴重(Adams & Sanders, 2004),因為剛剛開始扮演照顧的角色,家庭也正好面對巨大的壓力、充滿了不確定感,經歷到哀傷和壓力,因此上述的這些因素導致家庭關係的不穩定,家人間的互相支持可能因此而難以得到(Adams, 2006)。

(九)成年晚期的精神疾病

當老人向精神醫療人員求助時,原因通常是生理、認知、社會與情緒等各種問題混合在一起,也造成精神違常的診斷有些困難。例如:身體和情緒症狀常常重疊,正常的哀傷和憂鬱的症狀重疊,早期失智造成的認知虧損和不少精神違常症狀也有重疊之處。與年輕人相較之下,老年人比較少為了情緒和精神問題求助,部分原因是他們將心理或精神問題視為身體和環境的問題(Knight, 2004),老人即使求助於精神醫療專業,他們接受的諮商比年輕人少,得到的反而是藥物和監護性或日常生活的照

顧（Schaie & Willis, 2002）。接受精神醫療照護的老人中，有些人有長期
嚴重的違常，例如：精神分裂和躁鬱症；有些人具有人格違常之症狀，例
如：自戀、依賴、邊緣性人格、強迫症。較常見的老人病患雖然有人格違
常，但中年時期卻都未出現家庭或社會功能方面的障礙，可是到了老年
期，因為經歷了多方面的失落和變化，開始出現問題（Segal, Coolidge, &
Rosowsky, 2000），通常是在人格違常之外，會開始出現憂鬱和焦慮；有些
人可能會主動求助於精神醫療專業；有些人則因為家人受不了而求助。另
外，還是有不少老人生平第一次出現心理的問題，例如：憂鬱、焦慮、妄
想或精神性想法的扭曲等等，可能是身體的疾病、失落、哀傷所造成。雖
然面對這些精神與心理的問題，但許多老人第一時間求助的是初級照護醫
師或家醫科，而不是精神科，這些都凸顯出教育與轉介的重要性。

（十）憂鬱

根據 DSM-IV-TR 的診斷標準，美國社區中的老人大約有1-4%的人
有憂鬱違常的現象（depression disorder）（Blazer, 2003），約有200萬的老
人有憂鬱症（National Institute of Mental Health, 2007），住在長期照護機構
的長者得到憂鬱症的比率可能達到30%（Blazer, 2002a）。輕微的憂鬱症
（minor depression）則影響大約500萬的老人（NIMH, 2007），比率介於
4-30%之間（Blazer, 2002a）。

在台灣方面，依2013年「老人狀況調查報告」顯示，65歲以上的老
人約有3.9%的老人符合憂鬱症定義，男性3.1%，女性4.5%。老人憂鬱症
盛行率高，但卻常被低估或治療不足，獨居老人尤為嚴重。相較於男性，
女性有較高的罹病率。老年女性在性別與年齡歧視雙重壓力下，較一般女
性或老年男性，容易受到不平等的待遇和限制，需要相關的支持與服務
（衛生福利部國民健康署，2018）。

不論是主要憂鬱或次要憂鬱都與老人身體功能衰退有顯著的關係
（Hybels, Blazer, & Pieper, 2001）。憂鬱與日常生活遇到的不幸福感不同，
憂鬱的症狀可能包括憂傷，但是在老人的身上，憂鬱可能不會以憂傷

（sadness）的方式出現（Gallo & Rabins, 1999），對原本感興趣的事情失去興趣，是老年人憂鬱的特色。另外，還包括：空虛、社交退縮、自我照顧的疏忽、食慾改變、睡眠問題、感到沒有價值、認為自己是別人的負擔。老人也比年輕人容易以身體的問題或症狀表達心理的問題，例如：覺得虛弱、暈眩、隱約疼痛、便秘等，這些問題通常找不到身體的病因（Blazer, 2002a; King & Marcus, 2000），疾病是老人時期心理問題的主要因素，包括：高血壓、糖尿病、帕金森氏症、癌症、中風、心臟病（Blazer, 2002b）。

　　社工人員可以藉助於一些工具或量表來評估老人憂鬱、認知障礙、失能、情緒狀態等問題（Berkman, Maramaldi, Breon, & Howe, 2002; Greene et al., 2007），一項評估老人潛在憂鬱的工具是30個項目老人憂鬱量表（Geriatric Depression Scal, GDS），該量表能夠精準地篩檢出憂鬱的問題（Adams, Matto, & Sanders, 2004）。

（十一）自殺

　　自殺的問題在老年階段日益嚴重，老人想結束自己的生命偏高，然而，因為老人自殺的原因是很多元的，必須審慎處理（Duberstein & Conwell, 2000），企圖自殺的長者許多都有憂鬱的問題，也包含精神違常、身體疾病、藥物濫用等因素（Duberstein & Conwell, 2000）。而社會孤立、獨居、配偶過世等族群的自殺率也都高於結婚或同住的長者（Harwood, Hawton, Hope, & Jacoby, 2000）。對任何年齡群而言，自殺的盛行率都不易評估，因為自殺與意外死亡不易區分。

　　根據衛生福利部所公布的自殺死亡統計資料，我國老年族群（65歲以上）的自殺死亡率一向高於其他年齡層，自殺死亡的人數從408人（1995年）上升至835人（2012年），自殺死亡率每10萬人口25人，上升到33人，為全國自殺死亡率的2倍。65歲以上族群自殺粗死亡率為每10萬人口32.3人，約為一般人的2倍。在105年65歲以上自殺死亡人數為976人，占全體自殺死亡人數25.9%，比104年上升8.8%（自殺防治中心，

2018）。

　　各國對老年自殺方法的研究都顯示，老年自殺的方式較年輕族群所使用的方式更為強烈且致命性高，在台灣也不例外。根據2012年自殺死亡資料分析，其中有近四成是以「上吊」方式自殺，近三成採用「喝農藥」自殺，近一成是以「高處跳下」方式自殺，另亦發現老年燒炭自殺的比率也略有增加。根據自殺通報（自殺未遂）資料分析，老人有六成選擇以「固態或液態物質」自殺，細項來看，約有近三成為「安眠藥、鎮靜劑」自殺，兩成選擇以「農藥」自殺。就自殺企圖通報資料而言，同年65歲以上老年族群總共通報人次為2,994人次，自殺原因中前三高為「生理疾病」（37.1%）；其次為「精神健康／物質濫用」（31.9%）；第三為「情感／人際關係」（26.3%）。由此可見，隨著臺灣老年人口的攀升（105年老年人口已達12.9%），老人的自殺率也呈現著逐漸增加的趨勢，所以老人的身心健康不容忽視（自殺防治中心，2018）。

　　老人「自殺企圖」與「自殺死亡」的比例，遠低於一般人口。例如，在國外，「自殺企圖」與「自殺死亡」人數的比例，在一般人口約8：1~40：1，意即每8~40個企圖自殺的人，有1個會自殺死亡，在老人約2：1~4：1；而在台灣，近二年資料顯示「自殺企圖」者與「自殺死亡」者約7：1~8：1，老人則約為3：1，反映出老人自殺行為具有高自殺意圖及高致命性。老人自殺族群特性包含自殺意圖強、很少透露出自殺想法或計畫，且很多都是獨居者，加上可能原本就有身體疾病及身體脆弱，導致老人時不易存活。一旦老年人嘗試自殺，身亡的比例很高。老人族群自殺的影響因素包括：（1）社會文化因素（年齡、婚姻、獨居、重大壓力事件）（2）精神疾病（3）身體疾病（4）曾經自殺史（自殺防治中心，2018）。

　　雖然老人自殺的意圖不易預測，Roff（2001）提出幾項可能的徵兆，可作為社工人員或家屬的參考：行為的徵兆（孤立的增加、送走珍貴的東西）、口語徵兆（自殺威脅、想結束生命、道別、表示自己沒價值或無望）。社工員可以在長者經常求助的情境裡進行精神健康和藥物濫用的篩

檢，有時長者需要的是居家的精神違常處遇或外展服務，而這類服務不是每個社區都會有（Kohn, Goldsmith, Sedgwick, & Markowitz, 2004）。

第三節　社會層面

一、團體與家庭

在人類行為的生態觀點中，強調個體生活在物質與社會環境的背景之下，對於人類行為的瞭解不可忽略文化、社區、鄰里、家庭、住宅區等情境，老人也會受到原生家庭、父母管教、兒童時代的環境、學校、朋友、生活習慣與生活方式等因素的影響。生命歷程的觀點強調個人除了受到個人的歷史影響之外，也受到每個階段經歷的歷史事件，或年齡和歷史互動結果的影響（Stoller & Gibson, 2000），早期的各種經歷都可能影響與塑造老人的價值觀、信念、社會互動方式與環境互動的模式，進入老年階段的環境，將會持續影響老人的成長與發展。

進入成年晚期的人，必然經歷生命週期階段，包括嬰兒期、童年、青少年、成人早期、中年期等，因為所經驗的歷史事件不同，不同時期老人的發展與行為模式也會有所不同。當然，不只過去，現今的生活情境仍然會影響老人的發展，並塑造他們的成長。

（一）家庭

家庭對老人而言是最主要的支持來源，在年齡日增之後需求愈益明顯（Hooyman & Kiyak, 2008）。依衛福部 2013 年的調查指出，台灣的家庭型態，55~64 歲者之家庭組成有 4 成 7 為「兩代家庭」；65 歲以上老人則有 3 成 7 為「三代家庭」（衛生福利部國民健康署，2018）。這些家庭也是老人社會支持的重要來源，目前的現況是，屆齡退休的孩子仍然有父母活著。老人從家庭成員獲得支持的順序依序是：配偶、成人子女和手足。進

入老年期，手足的關係越重要，有些手足在父母過世之後，自己也有可能守寡或成為鰥夫。

不同理論對老人家庭的研究結果顯示，老人家庭類型和關係的複雜與奇特的性質有關（Allen, Blieszner, & Roberto, 2000b），此種現象稱為「虛構的親屬」（fictive kin），是指沒有配偶或近親的老人可以和鄰居或朋友發展出類似血緣或近親的互動關係（Narranti & Cohen, 2000）。

（二）夫妻

根據統計資料，台灣在2013年，有40.72%的老年婦女屬於有偶或同居的狀態，56.51% 喪偶、2.36% 離婚或分居及0.41% 未婚。相對的，有75.55% 的男性是屬於有偶或同居狀態，19.83% 喪偶、2.83% 離婚或分居及1.8% 未婚，顯示老年婦女較男性多出四成左右處於無偶的狀態（衛生福利部國民健康署，2018）。國外曾進行有關退休後與空巢期對婚姻的影響調查，結果顯示，關鍵因素是彼此關係的密切程度，以及婚姻關係是負擔或滿足。整體而言，多數的結果是滿意度增加。但是，這些研究皆屬橫斷性而非縱貫性研究，也就是沒有針對相同的對象進行長期的調查（Schaie & Willis, 2002; Barnes & Parry, 2004）。

Hatch 與 Bulcroft（2004）的研究認為長久的婚姻是導致夫妻不合的主要因素。Bookwala 與 Jacobs（2004）針對老年、中年、與青年等三個時期的配偶，探討婚姻不和諧、婚姻滿意度以及憂鬱等因素間的關係，結果發現有顯著的關係。老年夫妻的滿意度較高，主要是他們會「忽視」負面的問題，此種能力與「社會情緒選擇論」的觀點近似（Carstensen, 1992）。由於年齡增長，老人會將注意力集中在配偶的信賴與優點，並能適度調整自己的情緒。Bookwala 與 Jacobs（2004）建議老人應該關切婚姻關係的正面影響力，因為婚姻滿意與健康等兩個因素，是可以用來預測生活滿意度和品質，並且讓伴侶感受到信任與親密的感受（Hooyman & Kiyak, 2008）。

研究顯示，配偶如果生病，另一半的精神和情緒也會受到影響（Schulz & Martire, 2004）。基本上，老年夫婦的情緒與幸福感是近似的，

另外，社工在面對因為疾病或失能而需要協助的老年夫婦時，應該適當處理，尤其是失能需要被照顧時，配偶多半會成為主要的照顧者。然而，老年夫妻在生活上還是優於單身或獨身者，因為兩人可以互補，互助使兩人可以自主生活（Townsend, Miller, & Guo, 2001）。

如果配偶兩人都失智，傳統的溝通方式無法奏效，婚姻關係可能受到影響，也可能產生孤立的感覺與敵意（McInnis-Dittrich, 2009），例如：老年人的聽力障礙可能會影響配偶間的談話與溝通（Wallhagen, Strawbridge, Shema, & Kaplan, 2004）。此外，兩人除了必須面對自己老化的過程外，還要注意到其他相關的婚姻議題。專家建議實務工作者可教導老年夫妻溝通方式，特別是感官知覺衰退或健康不良的配偶，可以協助其因應生活方式的改變，提供服務資源連結，降低關係惡化程度。

（三）鰥寡

老年男女在配偶或伴侶過世之後的調適情形會因人而異，由於社會情境的因素，核心家庭和延伸家庭的老人會與社區之間保持某種距離。由於喪偶前，夫妻互相依賴與支持的情形比較密切，所以當配偶過世，存活者可能要哀悼過往者多重的失落角色，包括：摯愛、性伴侶、密友、經濟夥伴或延伸家庭的一員等角色，研究也顯示，當兩人的關係比較親密、比較熱絡，依賴對方打點日常活事務，喪偶的因應會比較吃力，因此大幅度的增加罹患憂鬱的可能性（Carr et al., 2000）。缺乏足夠家庭與社會支持的鰥寡老人，調適的時間會比較緩慢且冗長，狀況也為比較不佳，尤其是鰥夫通常有適應上的困難。不過有一項研究顯示，男性罹患憂鬱的情形較女性低，但是一遇到喪偶的問題，兩者憂鬱的程度就相近（Lee, DeMaris, Bavin, & Sullivan, 2001）。整體而言，男女的調適共同受到一些「存在意義」的影響（例如，個人賦予生命的意義、靈性、宗教信仰），喪偶之後，能夠找到存在或存活的理由和意義的長者，其適應上較趨於正向（Fry, 2001）。

然而，老年男人再婚的可能性遠高過老年的女性（Hooyman & Kiyak,

2008），而健康且經濟狀況良好的老年女士，可能因此而有完全靠自己的感覺，也可視為一種自我成長的好機會。對她們而言，再婚不是那麼急迫，例如：有研究針對配偶過世兩年的長者進行訪談，結果顯示女性能夠因此而享受難得的自由，對再婚或找伴也會因此而興致缺缺，反之，對老年男性而言，這方面就不會提到所謂的「自由」這個字眼，因此再婚或找到新老伴的意願就明顯地強烈。

（四）親子關係

　　健康與壽命的增長使親子關係日益複雜，拜科技之賜，當前的父母與成年子女互動頻繁，在距離上已不是問題。然而，老年父母與子女關係仍屬早期階段關係的延續（Allen, Blieszner, & Roberto, 2000a），有兩種不同的理論描述老年人的家庭關係：「團結」注重於兩代之間長期關係的優勢和互助的期待；「矛盾」則是強調不明確的感受和可能的衝突（Connidis & McMullin, 2002; Fingerman, Birditt, & Mroczek, 2008）。社工若與長者有較多的接觸，或許可以觀察到兩代間的密切和責任，同時也可察覺到施與受間的矛盾，以及對於投入於協助時間的不確定性，尤其是父母失能後，角色的轉換可能會讓雙方都感覺負荷增加，因此增強兩難的情境。如果問題沒有被解決，可能會使得父母和子女陷入困境（Fingerman et al., 2008）。考量到家庭功能和家庭支持的重要，Greene（2000）建議社工員的評估與處遇應考量家庭的因素。

　　成年子女在生活上有許多挑戰，包含青少年的管教、工作挑戰、年老父母的照顧等。研究顯示成年子女對父母的支持型態包含：「情緒支持」，例如：傾聽與談話、電話問候、諮詢協助、情感交流；「工具性支持」，例如：交通協助、家務協助、打點雜事；「醫病處理」，例如：量血醣血壓、用藥提醒（Spitzer & Gallant, 2004）。

　　家庭照顧的內涵廣泛，包含日常活動及輔助性的生活照顧，也包含居服員照顧等。其中，以自行照顧最費力。統計資料指出，老人搬家到子女附近的數量日增，這種情況具有正面的意義，因為可獲得安全感與支持。

1990 年代多項的研究顯示，家庭照顧者還是以女兒居多（Franks, Pierce, & McFarland, 2002）。此外，低收入戶照顧老年父母者的負荷明顯高於其他型態的子女，值得特別重視。

（五）祖父母

家庭中孫字輩的誕生會使老人感到歡喜與驕傲，因為這代表香火的傳遞，祖孫關係仍然會受到成年子女的影響（Hooyman & Kiyak, 2008）。倘若祖父母與第二代的關係良好，則祖孫的互動會較為正向，可以成為孫子的朋友，且較少擔負管教的責任。一般大眾或許有些刻板印象，認為祖父母只會寵愛孫字輩，可能與此種傾向有關。其實也未必全然，例如，美國前總統柯林頓小時候就是由祖父母教養，日後仍然有成。此外，與孫子女互動，亦可使祖父母感覺年輕時的情境（Kaufman & Elder, 2003）。

祖父母在家庭或社會中所扮演的角色與功能會受到族群與文化、家庭成員、居住的距離等因素之影響。國外的研究提出五種祖孫的互動模式：影響式、支持式、被動式、權威式、疏離式（Mueller, Wilhelm, & Elder, 2002），其中，影響式是最常見的模式，祖父母居住距離不遠，時常提供物質與精神上的支持與協助。此外，受到男性參與家務及管教風氣日盛之影響，祖父母的代間關係與親職角色，在性別上的差異日減。基本上，居住的距離是影響祖父母與代間互動的主要因素（Kivett, 1996）。

自 1990 年後，美國的祖父母領養孫子女或是成為其寄養家庭的案例逐漸增加（Hinterlonh & Ryan, 2008）。研究發現，有將近一成的祖父母照顧孫子每週超過 30 小時，每年照顧孫子女的天數超過 90 天（Fuller-Thomson & Minkler, 2001）。此外，將近七十萬的年長祖父母，擔負照顧與自己同住孫子女的照顧責任（AOA, 2008）。

依據行政院主計總處（2010）人口及住宅普查資料定義的「隔代教養家庭」是指：「祖父母及未婚孫子女所組成之家戶」，此種家戶數在 2000年有 7 萬 5,249 戶，占全家庭總戶數 1.16%，到 2016 年則有 9 萬 5,904 戶，占總戶數 1.13%（衛生福利部社會及家庭署，2018），表示此類型的家庭型

態有逐年增加的趨勢。然而，隔代教養家庭不僅改變既有的家庭結構，更改變傳統的家庭關係及重新分配的家庭資源（梁雅舒，2003）。血緣照顧造成的財產、社會和人際關係的壓力非同小可，因為許多這類的祖父母境況並不好，且有為數不少的人是靠著微薄的固定收入或救濟金、低薪工作在生活甚至失業，卻還要撐起照顧孫子女的全部責任（Gibson, 2002）。

二、社區與支持系統

（一）支持網路

對成年晚期的老人而言，友誼提供必要的情緒支持、經驗分享與交流的機會，其重要性甚高。Sandmaier（1995）認為，親屬間的關係比較沒有選擇性，友誼的建立則較具選擇性，友誼比親友關係脆弱，也比較不重視正式的禮儀。隨著年紀的增長，朋友也不斷增加，朋友成為每個人重要的支持網絡，相對的，情緒歷史的角色就越重要。有些老人的交友比較符合「社會情緒選擇理論」，該理論強調，老人選擇少數幾個比較可以接近、信賴的朋友和親戚作為互動的對象。Adams、Blieszner 與 DeVries（2000）也探索老人與友誼的意義，結果顯示，當作朋友般看待的主要考量，就是有具體的行為表現（例如：樂於分享、能夠自我表露、願意提供協助）、認知方面的表現（例如：值得信賴、忠誠、興趣投合）、認識很久、住在附近。研究顯示，台灣地區65歲以上老人日常生活從事的活動項目以「與朋友聚會聊天」之重要性最高，「休閒娛樂活動」及「養生保健活動」居次。就性別來觀察，兩性均以「與朋友聚會聊天」之重要度最高，且男性在「從事休閒娛樂活動」的重要性高於女性（衛生福利部國民健康署，2018）。顯示友誼對老年人有不容輕忽的地位。

另外，國外對長照機構住民的研究顯示，朋友訪視與孤立感間有顯著的關係，但與家庭成員的探訪無關（Asams, Sanders, & Auth, 2004）。另有研究針對社區55~84歲之間的受訪者，指出感到最幸福的感受，就是身

邊擁有最多處境相同和婚姻狀況相同的朋友（Blieszner, 2001），說明老人得到最多的情緒支持是來自同年齡又可以交心的夥伴（Hooyman & Kiyak, 2008）。獨居或無家庭關係的人最容易感到孤單，除非他們能夠建立個人社會網路，成員可以包括朋友、鄰居和工作人員，在生活與精神面能夠得到支持。

　　對老年人而言，照顧和支持是一件很重要的事，多數的人都期待維持較久的付出關係（Hooyman & Kiyak, 2008）。因此，老人不只是照顧的接受者，更是親朋好友或鄰居的支持與照顧的付出者。一般而言，配偶互相照顧直到晚年，退休的成年子女時常肩負照顧老小的雙重任務，手足通常要互相協助並提供情緒支持，祖父母提供子女和孫子女財務支援，鄰居互相幫助，安養機構的長者互相支持，失能的時候亦可以互相照顧。即使已經失能的長者也能夠協助他人，助人有助於提升人生的意義，例如：老人機構的住民雖然孱弱，但有機會還是希望能夠主動協助坐輪椅的失能長者。

（二）退休與志願服務

　　退休是指，當一個人減少或中止有薪資的工作，開始領取退休金，或者認為自己屬於退休一族的時間點，稱為退休（Atchley, 2000）。雖然許多人以為65歲是退休的年齡，其實，越來越多的人選擇提早退休，因為機關或公司行號提供優退和健康保險不中止的誘因，或有人因為自己的身體狀況、工作表現與工作滿意度等因素，決定提前退休。在台灣方面，目前65歲以上老人僅有1成為有酬工作者，工作的原因以「負擔家計」的重要度最高，其次是「打發時間」。就性別觀察，女性「負擔家計」及「打發時間」的重要度高於男性；男性以「維持社會參與」的重要度高於女性較多。根據資料顯示，55~64歲者以「工作或營業收入」為最重要經濟來源；65歲以上老人則以「子女或孫子女奉養」及「政府救助或津貼」為最重要的來源（衛生福利部國民健康署，2018）。

　　許多老人在退休之後持續參與志願服務，志願服務是重要的公民參與

活動，也就是關心、投入或貢獻社會的行動（Morrow-Howell & Freeman, 2006）。以台灣方面來說，65歲以上老人參與社會活動之情形普遍低於55~64歲者，有參加社會活動之比率為50.4%，其中定期參加的活動中，又以「宗教活動」及「志願活動」較其他社會活動為高。與98年比較，有參加者減少6個百分點，定期參與「志願活動」之比率呈現增加，而「養生保健團體活動」及「休閒娛樂團體活動」呈現減少。就教育程度別觀察，定期參加「宗教活動」、「志願活動」及「進修活動」隨著教育程度增加而遞增（衛生福利部國民健康署，2018）。

　　許多機構極為依賴志願服務，例如、醫院、安養護中心、博物館、學校、老人中心、社福機構、音樂廳等。也有許多老人參與志願服務的時間遠遠超過年輕人，可能是他們閒暇的時間較多所致（Hooyman & Kiyak, 2008），志願服務提供老人有意義的社會角色，強化他們的幸福感與生活滿意度（Morrow-Howell, Hinterlong, Rozaria, & Tang, 2003）。也有研究顯示，參與志願服務的老人，和沒有參加的對照組相比較，在身體、認知和社會等功能都有明顯的進步（Fried et al., 2004）。

　　退休帶給一個人在社會角色、日常活動、社會網路、財務等方面的改變極大，當事人對於這些變動的態度以及是否能夠未雨綢繆，都會影響適應退休生活的適應程度。多數人在退休之前都會想像自己的退休處境、將退休視為絕佳的機會：能與朋友或家人相處、可以輕鬆、追求樂趣、旅遊、從事服務（AARP, 2008b）。Atchley（2000）就將退休分成四個階段的歷程：（1）退休前階段：開始想像退休的樣態和退休計畫；（2）蜜月階段：是剛開始退休的時期，當事者就像籠中之鳥，初獲自由，感受閒暇的機會；（3）覺醒階段：蜜月期結束，退休不再像以前那麼興奮；（4）重新調整階段：對退休的看法逐漸實際化，開始調整和適應，例如：找兼職或全職的工作、加入志願服務、追求新的嗜好，使退休成為正常的生活方式。

（三）退休的性別差異

　　根據 Kim & Moen（2002）對於已退休夫婦所做的長期研究顯示，男

性退休的過程較符合 Athley（2000）的退休階段理論；男性在退休後的二年較能體驗到幸福感，而女性卻較少，原因可能是女性服務職場時間較短所致。而且，不論男女，健康狀況和收入是否足夠等兩項因素影響最大（Kim & Moen, 2002）。Price（2000）探討職業婦女在退休後的反應，發現因為失去專業認同感、角色和身分，造成退休生活適應的困難。Barnes 與Parry（2004）的研究也顯示，能夠在退休後儘速找到新的認同感及角色，個人的幸福感會較高。女性投入職場越久，退休的經驗也會與男性類似。

（四）依賴固定收入

退休之前收入很少的人，退休生活會比較艱困，因為退休時，收入通常只會更少。因此調適成為退休者的因應之道。尤其對許多退休的老人而言，退休就必須依賴固定和微薄的收入，調整的方式包括：節儉、減少在外用餐、減少暖氣與冷氣的消耗、搬家等。在台灣，65 歲以上的老年人，主要的經濟來源為「子女或孫子女奉養」，其次為「政府救助或津貼」；有保存資產的占 5 成 2 的上，其中以「存款」最高，其次為「房子、土地或其他不動產」。就性別觀察，男性保存資產各類型較女性高（衛生福利部國民健康署，2013）。事實上，老年婦女的處境比男性更艱困，資料顯示，台灣 65 歲以上的老人對生活擔心者占 5 成 2，女性對老年生活較為擔心者高於男性（衛生福利部國民健康署，2018），她們不只容易陷入貧窮狀態，陷入之後留在貧窮的時間更久，依靠設為安全基金收入的情形也多於男性，即使有退休金的婦女其金額也不如男性（Finkle, Hartmann, & Lee, 2007），尤其在少數族群、兼職或低收入婦女，受到退休衝擊的程度最為嚴重，因為這些婦女通常在沒有投保的行業裡工作，使得在退休之後不但沒有退休金，也沒有社會保險可領，能夠依賴僅存的社會救濟，因為救助金額有限，貧困的情形更為嚴重。

（五）居住的選擇

許多老人偏好「在地老化」，也就是永久留在自己的家或者鄰近社

區，這種趨勢造成所謂的「自然發生的退休社區」（Naturally Occurring Retirement Communities, NORCs）（Vladeck, 2006）。根據國健署調查報告指出，老人居住選擇的差異，主要以是否能自理來區分，可自理的狀態，65歲以上老人僅1成4表示「願意」住進老人安養機構、老人公寓、老人住宅或社區安養堂。與98年比較，表示「願意」者減少3.6個百分點。就教育程度別觀察，教育程度愈高者，表示「願意」之比率相對較高。但生活無法自理時，表示「願意」住進老人長期照顧機構或護理之家者占46%，其不願意住進機構原因亦以「無認識親友同住」最高。（衛生福利部國民健康署，2018）。

在1960與1970年代搬入住家或公寓的人，不論是在城市、近郊或鄉村地區，經過多年後，出現退休老人群聚的老人社區。隨著慢性疾病、孱弱、或者失能的老人越來越多，問題就開始變得更複雜，可能同一條街或同一棟公寓的老人會共同接受同一家機構的照護。另外，開始有人無法開車、無法購物或行動不便，原本容納一家大小的房子，因為孩子離家，空間變成太大而不容易維持。這對婦女而言，處境更加艱難，因為他們可能一輩子持家，對住家的依賴和依附更為強烈，許多人也可能因為配偶早逝而守寡，在地老化使得他們不易搬遷（Shenk, Kuwahara, & Zablotsky, 2004）。

老人學家Lawton（1975）長期研究老人和他們的社會環境，他提出「人和環境契合」的模式，強調環境為個體提供一個最大量的刺激與挑戰，當人老化，環境刺激和面對的能力間兩者的平衡可能受到衝擊，老人的能力大不如前，此時老人可能需要協助，否則就必須搬遷到不同的環境，環境老人學強調的是修正環境，讓環境更安全、更適合失能、感覺器官衰退，或行動不變的老人居住（Wahl & Weisman, 2003）。社工人員運用此模式評估老人時，除了強調「最少限制的環境」，讓老人可以在其中發揮功能之外，還可以透過具體、支持性、教育性或社會心理支持的介入方案，以強化和改善老人的功能。

（六）長期照顧連續體

　　長期照護是針對慢性病與失能者提供的醫療與社會照顧方案，方案目的是為了協助病人能夠獨立生活或能夠在適當的情境下獲得較多的滿足。因此，根據衛福部對長照對象的定義為，長期照顧是提供給需要協助的個人（因身體或心智失能）多元性的、持續性的健康及社會服務；服務可能是在機構裡、護理之家或社區之中提供；且包括由家人或朋友提供的非正式服務，以及由專業人員或機構所提供的正式服務（衛生福利部，2018）。

　　在過去，長期照護與機構安置常被人劃上等號，其實不然，長照還包含有其他各種服務方案，例如：社區和居家照顧。私立的居家照護機構，提供護理、貼身照護和家務服務等，主要目的是滿足老人想持續留在家中的意願，也因為整體照護體系的各種服務的興起，開始出現老年個案管理師，通常是社會工作人員或專業護理師擔任，協助老人和家庭評估照顧上的需要，進一步協助他們做決定與選擇適當的服務，有時還必須協助他們決定是否需要安置於機構裡，在協助過程裡除了現實問題的考量外，還可能面臨許多鄰里相關的議題，進而在老人獨立和自主、安全與健康價值考量上進行抉擇。

　　對老人與其家屬而言，選擇進入機構是一件困難的決定，許多老人寧可住在家裡，珍惜自己所擁有的獨立自主生活，家庭的成員也寧可自己提供照顧，盡量避免機構安置，但是如果出現失能的狀況過於嚴重，意識不清、容易走失、失禁或者無法上下床，無法提供充分的照護，入住機構的可能就成為必要的抉擇之一。大多數的機構都有聘請社會工作人員，來協助案主和家屬做決定，另外，也協助他們從居家情境轉換到機構的角色調整與適應，以及遷居所引起的情緒議題，同時還需為他們的需求指導，進而提供必要的諮詢服務。

　　在台灣由於人口快速老化，需照顧人口急速成長，老化速度也較各國快，勞動人口負擔日益沉重，104 年全國失能失智人口超過76 萬人，120年快速增加至120 萬人，推估國人一生中長照需求時間約7.3 年（男性：

6.4 年；女性：8.2 年），再加上家庭結構的改變，照顧功能日益薄弱，婦女平均生育子女數（1.07 人），因此台灣推動長照的必要性更是刻不容緩，因此衛福部推動長照 2.0 版來因應台灣未來龐大的照顧需求（圖10-7）。

圖 10-7　長照 2.0 版

資料來源：衛生福利部長照政策專區（2018）

　　由於老人照護的選項變多，老人到底能不能或要不要留在自己的家裡，在抉擇過程裡面對服務定位的模糊性，例如：老人公寓和長期照護服務兩者之間的差異何在？兩者的分際好像越來越不清。在最少限制的老人住宅和照護最密集的機構間存在著許多的選擇，多數老人的集體住宅，提供老人獨立的公寓，附帶提供社會活動、娛樂、送餐或集體供餐、交通或在地的社會與醫療服務。

三、多元文化與性別考量

（一）少數族群老年人

　　少數族群的老年人在生命的過程中，遭遇了社會壓迫、教育機會剝奪、工作歧視，在晚期階段仍然淪為弱勢族群（Beckett & Dungee, 2000），例如，生命歷程觀點呈現，非裔美國老人年輕時期的社會境況必定與當前社會不同。在1950年代出生的美國人在族群歧視的情境下，民權運動方興未艾，後來雖獲得勝利，其子孫仍然生活在族群歧視的社會中，許多人仍然生活在困境中，為脫離貧窮而奮戰（Hooyman & Kiyak, 2008）。許多原住民仍然生活在保留地中，他們雖然仍舊以自己的傳統文化為榮，生活卻與世隔絕，今日其子孫仍然面對貧窮與社會疾病（酗酒與藥物問題）。一些新進移民地的長者，雖然教育水準較高或者財務佳，但其中有些人是來自極權國家，融入美國主流社會的機會，可能受到言語和文化的限制而產生差異（Wilmoth & Chen, 2003; Burr & Mutchler, 2003），上述老人經歷的生活壓力都會影響其世界觀與自我觀點，與對主流文化的印象（Beckett & Dungee-Anderson, 2000）。

　　就整體而言，少數族群的文化強調延伸家庭關係與世代間的互助（Becker, Beyene, New som, & Mayen, 2003），由於不強調自立自主的核心家庭結構，老人在家庭中的角色就顯得比較重要些，即使現代文化可能衝擊到這些傳統的原住民、拉丁裔和亞裔美國人的文化傳統，仍然強調尊老

和孝道，大約有四成的原住民家戶的戶長是老年婦女，他們扮演著對年輕家庭的支持和指引的重要角色（Hooyman & Kiyak, 2008）。許多拉丁裔和亞裔的延伸家庭選擇與原生家庭同住，祖父母可以協助工作的子女照顧年幼孫子。

Becker（2003）曾訪問四個不同國家的少數族群家庭，察覺在支持方式的差異，例如，拉丁裔老人會主動提供給下一代子女的協助與幼兒照顧，也期待子女能夠在未來提供協助和財務的回饋。此研究亦發現亞裔老人較樂於與成年子女同住，認為這是一種孝道的表現，許多非裔美國老人不僅提供財務支持給成年子女和孫子，甚至提供住宅（Becker et al., 2003）。

隨著老人特質的多元性和差異性與日俱增，這些差異在未來十年將有增無減，尤其是拉丁裔和亞裔文化的長者，社會工作人員必須具備多元文化的知能，明確認識其他文化、和來自該文化背景工作者的協調、尊重對方的傳統和價值、具備文化的敏感度。

（二）性別議題

正如少數族群老人的成長過程裡除了處於弱勢情境外，老年婦女的成長過程又更加弱勢，加上在家庭中的角色以妻子和家庭主婦為主，老年婦女比男性更容易處於貧窮的情境中（Browne, 1998）再加上女性的壽命較男性長。壽命統計分析，2016 年國人零歲平均餘命，男性為 76.81 歲，女性為 83.42 歲，女性較男性長壽，顯示老年女性，在慢性病的預防與照顧需求，比男性更需要重視（內政部統計處，2018），因為他們將是入住機構的高危險群。

老年歧視（ageism）是指，因為年齡因素所產生的刻板印象和偏見，再加上主流文化崇尚女性美麗的體態，老年婦女就更容易成為歧視與偏見的對象，有些老年女性也可能陷入自我貶抑的境地。

然而，老年婦女必須面對老年歧視和性別歧視的雙重危險，少數族群的老人除了這兩種風險外，還要承受來自族群歧視的風險，這種三合一的

風險很容易讓少數族群的老人處在弱勢的情境，這一點可以從貧窮的數據看出端倪，在所有族群的老人中，非裔和拉丁美洲裔老年婦女是最容易陷入貧窮的一群人，從資產（存款、股票、債卷）取得收入機會是所有族群中最低的，貧窮老年女性只占白人老年婦女的5%，非裔老年婦女則高達27%，其次為拉丁美洲裔22%，亞裔12.5%（Finkle et al., 2007）。然而，就台灣方面依據別性統計數據來看，也顯示老年婦女面臨較高的貧窮風險，65歲以上的人口男性平均每月可使用的生活費用較女性高（衛生福利部國民健康署，2018）。

四、社會優勢、危險與風險

（一）老年人的社會支持

從本章的討論可以看出，需符合以下條件的長者才能夠得到充裕的社會支持，例如，有延伸家庭、成人子女互動頻繁、有好鄰居和好朋友、處在婚姻狀態或有伴侶、有計畫的退休、財務狀況良好或錢財夠用、活躍參與志願服務或社會活動。當這些長者有需要時，通常就能夠得到支持，或者以購買服務的方式取得。然而，當老人失能需要協助時，就看個人是否具有彈性，能夠轉換角色、能夠依賴他人、接受他人的協助。問題在於大多數的老年人並沒有上述的條件，尤其是獨居、沒有子女、沒有延伸家庭、超過85歲以上、處在貧窮或不安全的居住環境中，可能必須面對孤單、孤立、營養不良或健康照護不足的議題，屬於最迫切需要社會工作人員介入的一群人。

（二）老年虐待與疏忽

由於體力的減退與失能的可能性日增，老人的自主性也逐漸減少，老人受到虐待的風險也相對升高，值得照護人員與社工員的關注。老人虐待是指任何不當的對待，不論是疏忽或遺棄、有意無意，不論身體、情緒或

財務，都是成為受虐者傷害、疼痛、失落或苦難的因素（Wolf, 2000）。老人虐待或疏忽的類型包括：各種不同傷害的舉動，例如：鞭打、不供給食物或飲水、霸凌和威脅、遺棄無自我照顧能力的老年人、強姦、不當的性行為、沒獲得允許擅自拿取財務，這些舉動可能發生在家中或機構（Wolf, 2000）。另一種情況則屬於自我疏忽，當老人獨自生活卻無法自我照顧，以致於營養不良、脫水、未洗澡、生病、生活在擁擠或髒亂的環境，這些情形較常發生在有憂鬱、多重慢性病、沒有家人支持、孤立的老人身上（Pavlou & Lachs, 2006），協助這些長者時，可能需要透過檢察官或法院的審理，例如：取得保護令和進行妥善的安置。

大多數的疏忽和虐待的加害人是成人子女、其他家庭成員或受暴者的配偶，受害者以女性和85歲以上的長者為主，女性長者受暴的比率遠高於男性或其他年齡群（National Center on Elder Abuse, 2008），研究者與實務工作者必須格外注意一項可能引起老人虐待與疏忽的主因，就是照顧者壓力異常（Brownell & Wolden, 2002）。照顧者壓力指的是失能老人的需求不斷增加，超越照顧者能夠因應的能力，可能出於一時的壓力、憤怒或失控而施暴，或者照顧者因為無知、誤認照顧情勢的負荷、無法滿足照顧的需求而有疏忽的舉動。照顧者異常是指精神疾病、人格違常或藥物濫用，心理異常的家庭照顧者對老人的施暴通常會比較持久或不斷地重演。

Wolf（2000）認為，日益增加的證據顯示，家庭照顧壓力並不足以構成老年暴力的主因。而是還有多元的風險或因素，包括：老人和照顧者過去的關係、照顧者的精神狀況、缺乏適當的服務或家庭成員可替代性。生態模式將老人受暴的問題視為多層面問題和其他社會問題環環相扣，最近的研究辨識出三個廣泛的風險因子，含括老人或照顧者的情緒問題、行為問題與家庭關係問題（Cohen, Halevi, Gagin, & Friedman, 2006），社工員在評估住在社區疑似受暴老人的時候，必須注意以下的風險因子（Bomba, 2006; McInnis-Dittrich, 2009）：

1. 家庭成員有精神違常、酗酒、物質濫用問題。
2. 老人有認知缺陷（易被疏忽）。

3. 老人身體失能或者依賴他人滿足身體的需求（易被虐待）。

4. 老人有社會孤立的情形。

5. 個人衛生情形極差、營養不良、明顯缺乏照顧。

6. 老人顯現出緊張、過度警覺、煩躁不安的情形。

7. 家庭照顧者顯示出對老人沒耐心與敵意。

　　社工人員在老人虐待和疏忽的處遇中扮演重要的角色，包括：教育、預防、辨識、介入與治療（Bomba, 2006）。Anetzberger（2000）提出整合式的架構，包括：保護、充權、倡導、提供家庭系統內受暴者和相對人的共同處遇、必要時提供緊急安置與服務，防止暴力再發生。Brandl（2000）則指出，特定的介入原則包括：同理傾聽、敏銳的問話方式以辨識虐待的性質、提供適當的安全措施以減少潛在的危險、擬定保障老人安全的計畫、評估各種選項（例如：搬到親戚家、提出告訴）、讓相對人爲自己的行爲負責、提供對待，以及讓個案感受到希望。

問題與討論 ✎

1. 請說明成年晚期階段三個分期的特徵？

2. 老人常見的慢性病，在性別上有何差異？

3. 老年期的溝通受到感官知覺衰退的影響有退化之跡象，與案主溝通時該注意哪些事情？

4. 請說明西雅圖縱貫研究的主要內容？

5. 請說明哀悼失落必須完成的四項任務？

6. 失智症的分類上，大致分爲哪兩類，請扼要說明之？

7. 社工員可以透過哪些介入預防或減少老人孤單的感受？

8. 社工員如何協助老人增強其親子關係？

參考書目

內政部統計處（2018）。**最新統計指標**。https://www.moi.gov.tw/stat/chart.aspx。

台灣失智症協會（2018）。**認識失智症**。http://www.tada2002.org.tw/ tada_know_02. html。

自殺防治中心（2018）。**老人自殺防治──自殺新聞事件的省思**。http://tspc.tw/tspc/ uploadfiles/File/book25.pdf。

行政院主計總處（2018）。**國情統計通報（第 196 號）**。http:// www.stat.gov.tw/public/ Data/51021161625L3E5JF46.pdf。

財團法人中華民國（台灣）安寧照顧基金會（2018）。**預立醫療自主計畫**。http://www. hospice.org.tw/2009/chinese/book/F14.pdf。

梁雅舒（2003）。祖父母的孩子──隔代教養家庭輔導。**學生輔導通訊**，88：34-41。

曾春典、黃瑞雄、李悌愷（1994）。台灣 65 歲以上老人之性活力調查報告。**內科學誌**，5：217-22。

黃玉、黃玫瑰、李婉萍、蘇貞瑛、謝春滿（2012）。屏東地區老年人性知識與性態度及其相關因素之探討。**臺灣老年醫學暨老年學雜誌**，7(2)：128-138。

衛生福利部（2018）。「**長照政策專區──長照十年 2.0 計畫**」。http://www.mohw.gov. tw /cht/LTC/DM1_P.a。

衛生福利部（2018）。**兩性十大死因**。https://www.mohw.gov.tw/cp-16-33598-1.html。

衛生福利部社會及家庭署（2018）。**隔代教養家庭生活需求及福利服務研究調查**。 http://www.google.com.tw/url?url=http://www.sfaa.gov.tw/SFAA/Pages/ashx/File. ashx%3FFilePath%3D~/File/Attach/4743/File_165357.pdf&rct=j&frm=1&q=&esrc=s &sa=U&ved=0ahUKEwjwgIPYlafOAhWFOJQKHW_4DugQFggdMAE&usg=AFQjC NE34abOYUYnGX7STQ2JKJdzWj_PNw。

衛生福利部國民健康署（2018）。**102 年老人狀況調查報告**。https://www.slideshare.net/ hseyilishih/102-10310。

衛生福利部國民健康署（2018）。**2015 年台灣中老年身心社會生活狀況長期追蹤調查**。https://www.hpa.gov.tw/Pages/List.aspx?nodeid=108。

Achenbaum, W. A. & Bengtson, V. L. (1994). Re-engaging the disengagement theory of aging: On the history and assessment of theory development in gerontology. *The Gerontologist*, 34, 756-763.

Adams, K. B., Matto, H. C., & Sanders, S. (2004). Confirmatory factor analysis of the geriatric depression scale. *Gerontologist*, 44(6), 818-26.

Adams, K. B., Sanders, S., & Auth, E. A. (2004). Loneliness and depression in independent living retirement communities: risk and resilience factors. *Aging Ment Health*, 8(6), 475-85.

Adams, K. B., Smyth, M. J., & McClendon, M. J. (2008). Personal losses and relationship quality in dementia caregiving. *Dementia*, 7(3), 301-319.

Adams, R. G., Blieszner, R., & DeVries, B. (2000). Definitions of Friendship in the Third Age: Age, Gender, and Study Location Effects. *Journal of Aging Studies*, 14(1), 117-33.

Administration on Aging. (2008). A statistical profile. Facts on Asian and Pacific Islander Elderly.

Akkerman, R. L. & Ostwald, S. K. (2004). Reducing anxiety in Alzheimer's disease family caregivers: the effectiveness of a nine-week cognitive-behavioral intervention. *Am J Alzheimers Dis Other Demen*, 19(2), 117-23.

Allen, K. R., Blieszner, R., & Roberto, K. A. (2000). Families in the middle and later years: A review and critique of research in the 1990s. *Journal of Marriage and Family*, 62(4), 911-927.

Alzheimer's Association. (2008b). More men take the lead role in caning for elderly parents. Available from: http://www.alz.org/ events in the news.asp.

Atchley, R. C. (1989). A continuity theory of normal aging. *Gerontologist*, 29, 183-190.

Atchley, R. C. (2000). *Social forces and aging* (9th ed.). Belmont, CA: Wadsworth.

Backman, L., Small, B. J., & Wahlin, A. (2001). Aging and memory: Cognitive and biological perspectives. In J. E. Birren & K. W. Schaie (eds.), *Handbook of the psychology of aging* (5th ed., pp. 349-377). SanDiego: Academic Press.

Baltes, P. B. & Staudinger, U. M. (2000). Wisdom. A metaheuristic (pragmatic) to orchestrate mind and virtue toward excellence. *Am Psychol*, 55(1), 122-36.

Baltes, P. B. & Baltes, M. M. (1990). Psychological perspectives on successful aging: The model of selective optimization with compensation. In P. B. Baltes & M. M. Baltes (eds.), *Successful aging: Perspectives from the behavioral sciences* (pp. 1-34). New York: Cambridge University Press.

Barnes, H. & Parry, J. (2004). Renegotiating identity and relationships: Men and women's adjustment to retirement. *Ageing & Society*, 24, 213-233

Baum, E. E., Jarjoura, D., Polen, A. E., Faur, D., & Rutecki, G. (2003). Effectiveness of a group exercise program in a long-term care facility: a randomized pilot trial, *J Am Med Dir Assoc*, 4(2), 74-80.

Becker, G., Beyene, Y., Newsom, E., & Mayen, N. (2003). Creating continuity through mutual assistance: intergenerational reciprocity in four ethnic groups. *J Gerontol B Psychol Sci Soc Sci*, 58(3), S151-9.

Beers, C. (2001). Statement at Hearing: Public Diplomacy 'House Foreign Affairs Committee'. Online. Available at: http://www.state.gov/r/us/5473.htm

Bennett, J. M. & Bennett, M. J. (2004). Developing intercultural sensitivity: An integrative approach to global and domestic diversity. In D. Landis, J. Bennett & M. Bennett (eds.), *Handbook of intercultural training* (3rd ed., pp. 147-165). Thousand Oaks: Sage.

Berkman, B. J., Maramaldi, P., Breon, E. A., & Howe, J. L. (2002). Social work gerontological assessment revisited. In J. L. Howe (ed.), *Older people and their caregivers across the spectrum of care* (pp. 1-14). Binghamton, NY: Haworth Press.

Blazer, D. (2002a). *Depression in late life* (3rd ed.). New York: Springer.

Blazer, D. (2002b). Self-efficacy and depression in late life: A primary prevention proposal. *Aging and Mental Health*, 6, 319-328.

Blazer, D. G. (2002). *Depression in late life. Mosby year book* (3rd ed.). Level of Evidence VI: Expert Opinion.

Blieszner, R. (2001). "She'll be on my heart": Intimacy among friends. *Generations*, XXV(2), 48-54.

Bomba, P. A. (2006). Use of a single page elder abuse assessment and management tool: a practical clinician's approach to identifying elder mistreatment. *J Gerontol Soc Work*, 46(3-4), 103-22.

Bonnesen, J. L. & Burgess, E. O. (2004). Senior moments: The acceptability of an ageist phrase. *Journal of Aging Studies*, 18, 123-142.

Brownell, P. & Wolden, A. (2002). Elder abuse intervention strategies: Social service or criminal justice? *Journal of Gerontological Social Work*, 40(1/2), 83-100.

Burr, J. A., & Mutchler, J. E. (2003). English language skills, ethnic concentration, and household composition: Older Mexican immigrants. *The Journals of Gerontology Series B*, 58, S83-S92.

Butler, R. N. (1963). The life review: An interpretation of reminiscence in the aged. *Psychiatry*, 26, 65-70.

Carstensen, L. L. (1992). Social and emotional patterns in adulthood: Support for socioemotional selectivity theory. *Psychology and Aging*, 7, 331-338.

Carstensen, L. L., Pasupathi, M, Mayr, U., & Nesselroade, J. (2000). Emotion experience in the daily lives of older and younger adults. *Journal of Personality and Social Psychology*. 79, 644-655.

Center for Disease Control and Prevention. (2008). Human Immunodeficiency Virus infection (HIV). 2008 Caes definition. from http://www.cdc.gov

Cohen, M., Halevi-Levin, S., Gagin, R., & Friedman, G. (2006). Development of a screening tool for identifying elderly people at risk of abuse by their caregivers. *J Aging Health*, 18(5), 660-85.

Connidis, I. A. & McMullin, J. A. (2002). Sociological ambivalence and family ties: A critical perspective. *Journal of Marriage and Family*, 64, 558-567.

Council on Social Work Education (CSWE). (2001). *Educational policy and accreditation standards*. Alexandria, Va.: Council on Social Work Education. Administration on Aging, 2008. Home page: http://www.aoa.gov

Crowther, M. R., Parker, M. W., Achenbaum, W. A., Larimore, W. L., & Koenig, H. G. (2002). Rowe and Kahn's model of successful aging revisited: positive spirituality—the forgotten factor. *Gerontologist*, 42(5), 613-620.

Cumming, E. & Henry, W. E. (1961). *Growing old: The process of disengagement*. New York: Basic Books.

Cutler, D. M. (2001). Declining disability among the elderly. *Health Aff (Millwood)*, 10(6), 11-27.

Duberstein, P. R. & Conwell, Y. (2000). Suicide. In S. K.Whitbourne (ed.), *Psychopathology in later adulthood* (pp. 245-275). NewYork: Wiley.

Feil, N. & Altman, R. (2004). Validation theory and the myth of the therapeutic lie. *Am J Alzheimers Dis Other Demen*, 19(2), 77-8.

Fingerman, K. L., Pitzer, L., Lefkowitz, E. S., Birditt, K. S., & Mroczek, D. (2008). Ambivalent relationship qualities between adults and their parents: implications for the well-being of both parties. *J Gerontol B Psychol Sci Soc Sci*, 63(6), 362-71.

Finkle, T., Hartmann, H., & Lee, S. (2007). The economic security of older women and men in the United States. Institute for Women's Policy Research: Briefing Paper. Retrieved from http://www.iwpr.org.

Foster, N. L, Wang, A. Y., Tasdizen, T., Fletcher, P. T., Hoffman, J. M., & Koeppe, R. A. (2007). Realizing the potential of positron emission tomography with 18F-fluorodeoxyglucose to improve the treatment of Alzheimer's disease. *Alzheimers Dement*, 29-36.

Fozard, J. L. & Gordon-Salant, S. (2001). Changes in vision and hearing with aging. In J. E. Birren and K. W. Schaie (eds.), *Handbook of the psychology of aging* (pp. 214-266). New York: Academic Press.

Fry, W. E. (2001). Molecular tools in epidemiology of plant diseases with special reference to potato-Phytophthora infestans pathosystem. *Plant Disease Research*, 16(1), 1-9.

Fuller-Thomson, E. & Minkler, M. (2001). American grandparents providing extensive child care to their grandchildren: prevalence and profile. *Gerontologist*, 41(2), 201-9.

Gallo, J. J. & Rabins, P. V. (1999). Depression without sadness: alternative presentations of depression in late life. *Am Fam Physician*, 60(3), 820-6.

Giffords, E. D. & Eggleton, E. (2005). Practical considerations for maintaining independence among individuals with functional impairment. *J Gerontol Soc Work*, 46(1), 3-16.

Greene, (2000). Photovoltaics: technology overview Photovoltaics: technology overview. *Energy Policy*, 28, 989-998.

Greene, Roberta R., Cohen, H. L., Galambos, C. M., & Nancy P. Kropf. (2007). *Foundations of social work practice in the field of aging: A competency-based approach*. Washington, DC: National Association of Social Workers.

Gunter-Hunt, G., Mahoney, J. E., & Sieger, C. E. (2002). A comparison of state advance directive documents. *Gerontologist*, 42(1), 51-60.

Harwood, D. M., Hawton, K., Hope, T., & Jacoby, R. (2000). Suicide in older people: mode of death, demographic factors, and medical contact before death. *Int J Geriatr Psychiatry*, 15(8), 736-43.

Havighurst, R. J. (1961). Successful aging. *The Gerontologist*, 1, 8-13.

Helm, H. M., Hays, J. C., Flint, E. P., Koenig, H. G., & Blazer, D. G. (2000). Does private religious activity prolong survival? A six-year follow-up study of 3,851 older adults. *J Gerontol A Biol Sci Med Sci*, 55(7), M400-5.

Hinterlong, J. & Ryan, S. (2008). Creating grander families: older adults adopting younger kin and nonkin. *Gerontologist*, 48(4), 527-36.

Hodgson, L. G. & Cutler, S. J. (2003). Looking for signs of Alzheimer's disease. *Int J Aging Hum Dev*, 56(4), 323-43.

Holstein, M. B. & Minkler, M. (2003). Self, society, and the "new gerontology. *The Gerontologist*, 43, 787-96.

Horn, B. K. P. (1981). Hill-Shading and the Reflectance Map. *Proceedings of the IEEE*, 69(1), 14-47. (also in Geo-Processing, Vol. 2, 1982, pp. 65-146.)

Hurd, M. (1999). Labor Market Transitions in the HRS: Effects of the Subjective Probability of Retirement and of Pension Eligibility. In J. P. Smith and R. Willis (ed.), *Wealth, Work and Health: Innovations in Measurement in the Social Sciences* (pp. 267-290). Ann Arbor, University of Michigan Press.

Hybels, C. F., Blazer, D. G., & Pieper, C. F. (2001). Toward a threshold for subthreshold depression: an analysis of correlates of depression by severity of symptoms using data from an elderly community sample. *Gerontologist*, 41(3), 357-65.

Iliffe, S. & Manthorpe, J. (2004). The debate on ethnicity and dementia: from category fallacy to person-centred care? *Aging Ment Health*, 8(4), 283-92.

Jang, Y., Haley, W. E., Small, B. J., & Mortimer, J. A. (2002). The role of mastery and social resources in the associations between disability and depression in later life. *The Gerontologist*, 42, 807-813.

Kaufman, G. K. & Elder, G. H., Jr. (2003). Grandparenting and age identity. *Journal of Aging Studies*, 17, 269-282.

Kaufman, G. & Elder, G. (2002). Revisiting age identity: A research note. *Journal of Aging Studies*, 16, 169-176.

Kaye, K. & Gribsby, J. (2007). Medical factors affecting mental capacity. In S. H. Qualls & M. A. Smyer (eds.), *Changes in decision-making capacity in older adults: Assessment and intervention* (pp. 61-89). Hoboken, NJ: John Wiley & Sons

Kemper, S. & Mitzner, T. L. (2001). Language production and comprehension. In J. E. Birren

& K. W. Schaie (eds.), *Handbook of the psychology of aging* (5th ed., pp. 378-398). San Diego, CA: Academic Press.

Kim, J. E. & Moen, P. (2002). Retirement transitions, gender, and psychological well-being: a life-course, ecological model. *J Gerontol B Psychol Sci Soc Sci*, 57(3), 212-22.

Kinsey, A. C., Pomeroy, W. P., & Gebhard, P. H. (1953). *Sexual Behavior in the Human Female*. Philadelphia: Saunders.

Kinsey, A. C., Pomeroy, W. P., & Martin, C. E. (1948). *Sexual Behavior in the Human Male*. Philadelphia: Saunders.

Kohn, R., Goldsmith, E., Sedgwick, T. W., & Markowitz, S. (2004). In home mental health services for the elderly clinical. *clinical gerontologist*, 27, 71-85.

Krause, I. B. (2003). Learning how to ask in ethnography and psychotherapy. *Anthropol Med*, 10(1), 3-21.

Landes, A. M., Sperry, S. D., Strauss, M. E., & Geldmacher, D. S. (2001). Apathy in Alzheimer's disease. *J Am Geriatr Soc*, 49(12), 1700-7.

Lee, G. R., DeMaris, A., Bavin, S., & Sullivan, R. (2001). Gender differences in the depressive effect of widowhood in later life. *J Gerontol B Psychol Sci Soc Sci*, 56(1), S56-61.

Madden, D. J. (2001). Speed and timing of behavioral processes. In J. E. Birren & K. W. Schaie (eds.), *Handbook of the psychology of aging* (5th ed., pp. 288-312). San Diego, CA: Academic Press.

McInnis-Dittrich, K. (2009). *Social work with older adults: A biopsychosocial approach to assessment and treatment* (3rd ed.). Boston, MA: Allyn and Bacon.

Morrow-Howell, N., Hinterlong, J., Rozario, P., & Tang, F. (2003). Effects of volunteering on well-being of older adults. *Journals of Gerontology: Social Sciences*, 58B, S137-S145.

Morrow-Howell, N., Proctor, E., Blinne, W., Rubin, E., Saunders, J., & Rozario, P. (2006). Post-acute dispositions of older adults hospitalized for depression. *Aging and Mental Health*, 10(4), 352-361.

Mueller, M. M., Wilhelm, B., & Elder, G. H. (2002). Variations in grandparenting. *Research on Aging*, 24, 360-388.

Musick, M. A., Traphagen, J. W., Koenig, H. G., & Larsen, D. B. (2000). Spirituality in physical health and aging. *Journal of Adult Development*, 7, 73-86.

Naditz, A. (2003). Deeply affected. As the nation ages, Alzheimer's will strike more people close to us. *Contemp Longterm Care*, 26(7), 20-2, 24.

National Center for Health Statistics. National Health Interview Survey (NHIS): 2007 data release [online]. Available from: http://www.cdc.gov/ nchs/about/major/nhis/nhis_2007_data_release.htm.

National Institutes on Aging (2001). *Action Plan for Aging Research: Strategic Plan for*

Fiscal Years 2001-2005. Washington, DC: U.S. Department of Health and Human Services.

National Institutes on Aging (2008). Studies suggest people with early AD can still learn. From https://www.nia.nih.gov/

Nelson-Becker, H., Nakashima, M., & Canda, E. R. (2007). Spiritual assessment in aging: a framework for clinicians. *J Gerontol Soc Work*, 48(3-4), 331-47.

Pavlou, M. P. & Lachs, M. S. (2006). Could self-neglect in older adults be a geriatric syndrome? *J Am Geriatr Soc*, 54(5), 831-42.

Pearlin, L. I., Mullan, J. T., Semple, S. J., & Skaff, M. M. (1990). Caregiving and the stress process: an overview of concepts and their measures. *Gerontologist*, 30(5), 583-94.

Pigue, O., Grayson, D. A., Broe, G. A., Tate, R. L., Bennett, H. P., Lye, T. C., Creasey, H., & Ridley, L. (2002). Normal aging and executive functions in "old-old" community dwellers: poor performance is not an inevitable outcome. *Int Psychogeriatr*, 14(2), 139-59.

Pinquart, M. & Sorensen, S. (2001). Gender differences in self-concept and psychological well-being in old age: a meta-analysis. *J Gerontol B Psychol Sci Soc Sci*, 56(4), 195-213.

Salthouse, T. A. (2000). Aging and measures of processing speed. *Biol Psychol*, 54(1-3), 35-54.

Schaie, K. W. & Hofer, S. M. (2001). Longitudinal studies in research on aging. In J. E. Birren & K. W. Schaie (eds.), *Handbook of the psychlolgy of aging* (5th ed., pp. 55-77). San Diego, CA: Academic Press.

Schaie, K. W. & Willis, S. L. (2002). *Adult development and aging*. Upper Saddle River, NJ: Prentice-Hall.

Schneider, L. S., Porsteinsson, A. P., Peskin, E. R., & Pfeiffer, E. A. (2003). Choosing treatment for Alzheimer's patients and their caregivers. *Geriatrics*, 58 Suppl 1: 3-18, 23, 19-22.

Schneider, R. R., Stelfox, J. B., Boutin, S., & Wasel, S. (2003). Managing the cumulative impacts of land uses in the Western Canadian Sedimentary Basin: a modeling approach. *Conservation Ecology* 7(1):8. [online] URL: http://www.consecol.org/vol7/iss1/art8/.

Schulz, R. & Martire, L. M. (2004). Family caregiving of persons with dementia: prevalence, health effects, and support strategies. *Am J Geriatr Psychiatry*, 12(3), 240-9.

Shenk, D., Kuwahara, K., & Zablotsky, D. (2004). Older Women's Attachments to their Home and Possessions. *Journal of Aging Studies*, 18(2), 157-169.

Smyth, K. A., Feinstein, S. J., & Kacerek, S. (1997). The Alzheimer's disease support center: Information and support for family caregivers through computer-mediated communication. In P. F. Brennan & S. J. Schneider (eds.), *Information Networks for*

Community Health (pp. 189-204). New York, NY: Springer.

Stoller, E. & Gibson, R. (2000). Advantages of using the life course framework in studying aging. In E. Stoller & R. Gibson (eds.), *Worlds of difference: Inequality in the aging experience* (pp. 19-32). Thousand Oaks, CA: Pine Forge Press.

Striebe, M. S. & Schut, H. (1999). The Dual Process Model of coping with bereavement: rationale and description. *Death Studies*, 23, 197-224.

Tornstam, L. (2000). Transcendence in later life. *Generations*, 13(4), 10-14.

Vladeck, B. C. (2006). Paying for hospitals' community service. *Health Aff (Millwood)*, 25(1), 34-43.

Wahl, H. W. & Weisman, G. D. (2003). Environmental gerontology at the beginning of the new millennium: reflections on its historical, empirical, and theoretical development. *Gerontologist*, 43(5), 616-27.

Wallhagen, M. I., Strawbridge, W. J., Shema, S. J., & Kaplan, G. A. (2004). Impact of self-assessed hearing loss on a spouse: a longitudinal analysis of couples. *J Gerontol B Psychol Sci Soc Sci*, 59(3), S190-6.

Walz, G. (2002). Pathogenesis of cystic kidney diseases. *Verh Dtsch Ges Pathol*, 86, 138-44.

Will, S. L. & Nesselroade, C. S. (1990). Longterm effects of fluid ability training in old-old age. *Developmental Psychology* 26, 905-910.

Wilmoth, J. M. & Chen, P. C. (2003). Immigrant status, living arrangements, and depressive symptoms among middle-aged and older adults. *J Gerontol B Psychol Sci Soc Sci*, 58(5), S305-13.

Wolf, D. B. (2000). Social work and speciesism. *Soc Work*, 45(1), 88-93.

Yardley, L. & Smith, H. (2002). A prospective study of the relationship between feared consequences of falling and avoidance of activity in community-living older people. *Gerontologist*, 42(1), 17-23.

Zeiss, A. M. & Kasl-Godley, J. (2001). Sexuality in older adults' relationships. *Generations*, 25(2), 18-25.